GUANGZHOU KAIFANGXING JINGJI
REDIAN LINGYU SHIJIAN YANJIU

广州开放型经济
热点领域实践研究

刘　旭◎等著

暨南大学出版社
JINAN UNIVERSITY PRESS

中国·广州

图书在版编目（CIP）数据

广州开放型经济热点领域实践研究/刘旭等著 . —广州：暨南大学出版社，2020.7

ISBN 978 – 7 – 5668 – 2937 – 5

Ⅰ.①广…　Ⅱ.①刘…　Ⅲ.①开放经济—区域经济发展—研究—广州　Ⅳ.①F127.651

中国版本图书馆 CIP 数据核字（2020）第 126429 号

广州开放型经济热点领域实践研究
GUANGZHOU KAIFANGXING JINGJI REDIAN LINGYU SHIJIAN YANJIU
著　者：刘　旭　等

出　版　人：张晋升
统筹策划：苏彩桃
责任编辑：武艳飞　刘碧坚
责任校对：张学颖　王燕丽　孙劭贤
责任印制：汤慧君　周一丹

出版发行：暨南大学出版社（510630）
电　　话：总编室（8620）85221601
　　　　　营销部（8620）85225284　85228291　85228292　85226712
传　　真：（8620）85221583（办公室）　85223774（营销部）
网　　址：http：//www.jnupress.com
排　　版：广州市天河星辰文化发展部照排中心
印　　刷：深圳市新联美术印刷有限公司
开　　本：787mm×1092mm　1/16
印　　张：16.75
字　　数：310 千
版　　次：2020 年 7 月第 1 版
印　　次：2020 年 7 月第 1 次
定　　价：63.00 元

（暨大版图书如有印装质量问题，请与出版社总编室联系调换）

序

    1978 年年底党的十一届三中全会，揭开了改革开放的序幕，开启了我国波澜壮阔、日新月异的发展新篇章。回顾改革开放 40 多年的发展历程，无论从世界发展的历史透视，还是与同时期其他国家的发展成就相比，中国经济发展创造了奇迹。1979—2012 年，我国经济快速增长，年均增长率达到 9.9%，比同期世界经济平均增长率快 7 百分点，也高于世界各主要经济体同期平均水平。2013—2018 年，我国经济持续较快增长，年均增长率为 7.0%，明显高于世界同期 2.9% 的平均增长率。1979—2012 年，中国对世界经济增长的年均贡献率为 15.9%，仅次于美国，居世界第 2 位。2013—2018 年，中国对世界经济增长的年均贡献率为 28.1%，居世界第 1 位。自 2006 年以来，中国对世界经济增长的贡献率稳居世界第 1 位，是世界经济增长的第一引擎。

    中国对外开放取得的成就是中国经济奇迹的重要组成部分。中国是经济全球化的参与者、受益者，也是经济全球化的建设者、贡献者。1980 年 4 月和 5 月，中国先后恢复在国际货币基金组织和世界银行的合法席位；2001 年加入世界贸易组织；2003 年至今，与 25 个国家和地区达成了 17 个自贸协定；党的十八大以来，我国积极推动共建"一带一路"，得到 160 多个国家（地区）和国际组织的积极响应。1978 年我国货物进出口总额占世界比重为 0.8%，居世界第 29 位，2012 年占世界比重提升到 10.4%，居世界第 2 位。2013 年，我国货物进出口总额首次跃居世界第 1 位。2018 年，我国货物进出口总额为 46 230 亿美元，居世界第 1 位，占世界比重达到 11.8%，比 1978 年提高 11 百分点。1979—2018 年，我国吸引非金融类外商直接投资年均增长 44.4%。1979 年我国吸引非金融类外商直接投资额居世界第 122 位，2012 年上升至世界第 3 位，2013—2014 年稳居世界第 2 位。2018 年，我国吸引非金融类外商直接投资额达 1 350 亿美元，居世界第 2 位，比 1979 年提高 120 位。我国对外直接投资额从 1982 年的 0.4 亿美元增至 2018 年的 1 298.3 亿美元，年均增长 25.2%。1982 年，我国对外直接投资额居世界第 29 位，2013—2015 年稳居世界第 4

位，2016 年首次跃居世界第 2 位。2018 年，我国对外直接投资额为 1 298 亿美元，居世界第 2 位，比 1982 年提高 27 位。

广州作为广东省省会，在源远流长的海上丝路上，2000 多年来一直是华南地区的政治、经济、文化中心。作为第一批沿海开放城市，广州始终站在开放的前沿，走在风气之先，勇当改革先锋，率先拥抱市场经济，成为中国改革开放的缩影，见证了祖国 40 多年的沧桑巨变。1979 年广州利用外资仅为 165 万美元，2017 年达 63 亿美元，增加近 4 000 倍。2017 年广州进出口总值为 1 432 亿美元，是 1987 年的 66 倍。世界 500 强的 921 个项目落户广州。广州经济总量按可比价格计算，2017 年广州 GDP 是 1978 年的 126 倍，连续 27 年在全国稳居第 3 位。40 多年来，广州以轻工业为发端，培育出电子信息制造业、汽车工业、石化三大支柱产业，形成汽车、石油化工、电子、金融、交通运输等 10 个千亿级产业集群。2017 年广州市汽车产量 310 万辆，比 1978 年增长 1 350 倍。

产业结构不断升级，从以工业为主导转向以服务业为主导，新产业展现活力、新业态蓬勃发展，正逐步成为推动广州经济向高质量发展的重要力量。2017 年，第三产业增加值比重超七成，较 1978 年大幅提高 41 百分点。新能源汽车、光电子器件、液晶显示屏、工业自动调节仪表与控制系统、工业机器人等新兴产品产量均保持较快增长。民用无人机、环保、医疗设备等一批成长中的高新技术产品规模逐渐扩大。近年来广州提出聚焦"IAB"（新一代信息技术、人工智能、生物医药）、NEM（新能源、新材料）重点产业行动计划，成功引进富士康、思科、LG、科大讯飞、百济神州等一批企业项目，工业向高端化发展。

刘旭是伴随改革开放 40 多年的历程成长起来的，大学毕业后一直在外经贸系统工作，长期处在对外开放的第一线，是广州开放型经济发展的亲历者、见证者、实践者和奉献者。最初在广东省外贸公司工作的八年，他亲身经历了广东改革开放的火热实践，亲身见证了广东人敢闯敢试、敢为人先的改革精神，目睹了改革开放所取得的辉煌成就，为其后来对开放型经济的实践探索和研究打下了很好的基础。在广州市外经贸委（广州市商务局）先后担任技术与服务贸易处、机电与科技产业处、市场秩序与调节处处长，贯彻执行党和国家关于对外贸易、经济合作、外商投资和经济开发区管理的政策、法规，积极参与推进外贸体制改革，紧密结合广州市开放型经济发展和外经贸业务管理工作实践，对进口政策、加工贸易转型升级、国家汽车出口基地、平行进口汽车、保税物流体系建设、国际邮轮产业、保税燃油机制创新、服务外包、服务贸易创新发展、外资企业运行分析、社保金征收政策、商务诚信建设等开放型经济领域的重点、热点、难点问题进行系统深入思考和探索，形成了可复制可推广的经验和成果，许多成果得到卓有成效的转化和应用。例如，其曾牵头组织广州市向国家申报服务贸易创新发展试点城市获得国务院批准。

当前我国开放型经济迈向高质量发展新时代，广东遵照习近平总书记的嘱托，推进粤港澳大湾区建设，要在形成全面开放新格局上走在全国前列。本书作者将自己 30 多年对广州市开放型经济实践研究成果结集出版很有意义。该书收录的 20 多篇文章，作为我国开放型经济发展的缩影，展示了广州市开放型经济的风雨历程、改革探索和发展成就，阐释了敢闯敢试、敢为人先的广州市在探索开放型经济发展中的创新实践和经验启示。该书对新时代形成全面开放新格局，推动开放型经济高质量发展具有现实意义和借鉴作用。例如，关于广州市区港联动保税物流体系总体规划的研究，加快建设广州南沙平行进口汽车贸易枢纽港的思路和对策，关于广州市保税燃油业务创新发展的报告等，对新时代自贸试验区改革创新发展有很好的启示借鉴意义；又比如，提升广州汽车产业国际化水平的探讨，出实招　重实效　推动汽车及零部件出口基地发展，2018 年广州汽车产业外经贸发展情况及展望等，对汽车产业国际化和高质量发展具有参考借鉴作用；再比如，关于服务贸易和服务外包的一系列研究成果，对新时代促进外经贸发展转型，推动开放型经济高质量发展具有很好的启示和借鉴作用。其他的就不再一一列举。

刘旭作为一名工作在外经贸系统的研究与业务结合的学者型领导干部，取得如此研究成果确实不易，这是他长期致力于开放型经济重点、难点、热点问题研究钻研的结果，与他强烈的使命担当和对事业的执着追求密不可分，这些成果不仅促进了他自身业务能力的提升和工作业绩的卓越，也推动了开放型经济实践问题的研究，给予其他从事开放型经济工作的人士以启示和帮助。

余甫功

2019 年 10 月 28 日于黄华园

目 录
CONTENTS

1998 年度广州市外商投资企业出口运行状况分析[①]

1998 年是我国对外贸易出口经受了严峻考验的一年。受亚洲金融危机不断加深的影响，广州市外商投资企业出口累计增速呈逐月下降趋势，由 1 月份 17.6% 回落到 12 月份 1.15%，平均每月下降 1.37%。但由于国家、省、市及时采取了一系列鼓励出口的政策和措施，特别是下半年，各主管部门加大工作力度，实现了外商投资企业出口的有效增长。据海关统计，广州市外商投资企业全年出口总额 50.45 亿美元，占全市对外贸易出口总额 75.20 亿美元的 67.08%，同比增长 1.15%，为确保全市对外贸易出口正增长做出了贡献。

一、出口运行状况主要呈现以下特点

（1）外商投资企业出口成为全市对外贸易的主力军，其中加工贸易占主导地位，一般贸易快速增长。全市外商投资企业出口 50.45 亿美元，占全市出口总额 67.08%，其中加工贸易 47.08 亿美元，占全市出口总额 62.61%，占全市加工贸易 81.72%，占外商投资企业出口 93.32%，成为广州市对外贸易出口的支柱。但加工贸易累计增速逐月下降，从 1 月份 18.90% 回落到 12 月份首次出现负增长 0.40%，平均每月下降 1.61%。此外，一般贸易快速增长，全年累计出口 2.99 亿美元，同比增长 31.25%。

（2）出口商品结构逐步优化。资本、技术密集型出口产品增长较快，其中机电产品 7.61 亿美元，同比增长 6.90%；车辆船舶 2.90 亿美元，增长 4.00%；化工产品 1.24 亿美元，同比增长 19.00%；以上产品累计出口 11.75 亿美元，占外商投资企业出口 23.29%，同比增长 7.30%；而劳动密集型出口产品除玩具外降幅较大，其中，鞋帽 11.21 亿美元，同比下降 5.70%，纺织品 7.44 亿美元，同比下降 3.20%。

---

① 此文被商务部外资司在 1999 年初召开的全国外资管理工作会议上向全国各省市推荐。

（3）对亚洲出口占较大份额，对欧美等远洋市场增长较快。全年对亚洲出口44.46亿美元，占外商投资企业出口总额88.10%，比去年44.80亿美元略有下降。主要市场分布情况为：中国香港42.22亿美元，下降1.30%，日本1.03亿美元，增长23.40%，东盟0.55亿美元，下降10.50%；此外，对美国出口2.86亿美元，增长20.20%；欧洲2.45亿美元，增长17.80%。

（4）产品出口企业有所减少，但企业出口规模有所扩大。全年有产品出口实绩的企业2 494家，比上年2 880家减少386家，减幅13.40%；其中年出口额超1 000万美元共96家，比上年89家增加7家，出口额占全市外商投资企业出口5.40%；出口同比增长的有1 229家，占49.28%。企业出口规模的扩大有效抵消了出口企业数量减少的负面影响。

（5）出口排列前20名的企业总体保持增长，但个别企业情况欠佳。出口排列前20名企业累计出口14.35亿美元，占外资企业出口总额28.44%；同比增长5.57%。以上企业年出口额均超过3 000万美元，其中广州东宝（番澳）首饰有限公司、广州广船国际股份有限公司年出口额超1亿美元。在出口同比增长企业中，广州广船国际股份有限公司、从化东麟钻石有限公司、广州欣昌鞋业有限公司、镇泰（广州）有限公司、美国通用电气塑料中国有限公司、广州万邦鞋业有限公司、镇泰海珠有限公司等累计增幅为10%以上；但广州东宝（番澳）首饰有限公司、番禺创信鞋业有限公司、广州市华光电子有限公司因投资方变更、出口单价下跌等原因出口下降超过10%。

（6）开发区和保税区出口有声有色，其他地区部门出口有喜有忧。广州经济技术开发区、保税区、天河高新技术开发区出口增长分别达30.89%、35.58%、18.52%，充分表明高新技术对出口增长的强大拉动力。在各区、县级市出口情况中，从化市（现从化区）异军突起，全年出口1.69亿美元，同比增长19.42%，荔湾区、东山区、黄埔区、白云区，花都市（现花都区）也有不同程度的增长；而越秀区、海珠区、芳村区（2005年4月28日划归荔湾区管辖），增城市（现增城区）同比下降超过10%；重点出口大户番禺市（现番禺区）功亏一篑，出口虽达19.32亿美元，但同比下降2.11%，这是在连续保持11个月出口增长之后，12月份首次出现负增长；市属系统中，除经委系统出口7.70亿美元，同比增长7.20%以外，其余各系统均有较大跌幅。

二、1998 年出口回顾与总结

受亚洲金融危机不断蔓延加深、国际金融市场持续动荡的影响，1998 年我国对外贸易出口受到严重冲击和挑战，我市外商投资企业出口也经历了严峻的考验。由于部分企业属从事低值加工的劳动密集型企业，在经济环境较差的情况下，明显地暴露其竞争力较低的弱点，部分传统大宗商品（如鞋类、纺织品、钢材、水泥等）出口单价与周边货币大幅贬值的亚洲国家相比失去竞争优势，使出口销售额持续下降。这是影响出口的最主要因素。同时，我国现行的增值税率与出口退税率差异较大，造成企业出口货物的税负过重，特别是部分以进料加工项下"大进大出"为主的外商投资企业（如制鞋、制衣等行业），受"免抵退"税政策影响较大，削弱了参与国际市场竞争的能力。此外，政府各职能部门从各自管理的角度出发所出台的一些管理措施不配套不协调，在打击走私和逃套汇、加强加工贸易管理中，办事程序增加，在执行政策过程中出现偏差，使企业在货物通关、转厂、外汇核销、出口退税等方面遇到不少困难，给扩大出口工作增加了难度。

面对出口工作中出现的各种困难和问题，各外经贸管理部门在市委、市政府的正确领导下，统一思想，振奋精神，充分利用国家、省、市及时采取的一系列鼓励出口政策和措施，深入基层，主动为出口企业排忧解难，切实减轻企业的负担，千方百计扩大出口。同时，国家及时发挥经济杠杆的调节作用，多次调低银行存贷款利率，并对船舶、鞋类、纺织品、钢材、水泥、自行车等20 多种大宗商品提高出口退税率，降低企业生产经营成本，提高了企业扩大出口的积极性，有效抗击了亚洲金融危机对出口的负面影响，并保持有效增长。

三、对 1999 年外商投资企业出口的工作思路和建议

改革开放 20 年，外商投资企业出口对我国国民经济和对外贸易飞速发展做出了巨大的贡献。当前我国的利用外资政策正处于调整完善期，虽然亚洲金融危机、国际金融市场动荡、国内市场疲软等不利因素对我国出口造成相当的压力，但是 1999 年是我国成立 50 周年，同时澳门回归祖国，以及步入世纪之交等一系列国内国际重大活动必将对我国经济和对外贸易产生重大影响，机遇与挑战并存，因此，我们应在以下方面做好外商投资企业出口工作：

（1）切实改善外商投资环境，落实企业应享受的优惠政策，努力减轻企业的负担，吸引和搞好外商投资产品出口企业，努力培养新的出口增长点。

（2）大力发展加工贸易，鼓励外商投资企业直接对外签订来料加工项目协议和合同。广州市邻毗港澳，在加工贸易中具有得天独厚的区位优势和人力

资源优势，引导企业依法开展加工贸易，是确保广州市经济发展和扩大出口的重要动力。

（3）着重调整出口商品结构，抓好重点行业和出口大户，扶持名牌产品出口，逐步形成市场竞争优势。在保持制鞋、纺织服装、玩具、珠宝首饰等传统大宗商品出口的同时，大力扶持机电、化工、船舶等高新科技和高附加值的产品出口，这对广州市经济增长、产业升级和扩大出口都具有重要意义和作用。

（4）调整出口市场结构，开拓多元化出口市场，在稳定亚洲市场、发展欧美市场的基础上，积极开拓俄罗斯、东欧、南美、非洲等新兴市场，大力发展直销贸易和远洋贸易，从根本上避免国际区域性经济风险。

（5）重点扶持出口额超1 000万美元的出口大户和新投产的出口企业，继续主动做好与海关、外管、税务等部门的协调工作，及时解决企业在货物通关、转厂、出口配额、保证金台账、外汇核销、出口退税中存在的问题，帮助企业千方百计扩大出口。

（6）坚持对各部门各企业的定点联络制度，把下基层调研和服务作为一项基本制度常抓不懈，重点跟踪出口企业情况，根据下达的年度出口任务，强化监督，狠抓进度，努力做好外商投资企业出口运行状况分析工作，为完成全年出口任务而拼搏。

附：外商投资企业各统计分析表

表1　外商投资企业分贸易方式出口统计分析表
1998年12月

资统01表

编制单位：广州市外经贸委外资企业管理处　　　　　　　　　　　　单位：万美元

贸易方式	本月数			累计数		
	金额	上年同期	同比（±%）	金额	上年同期	同比（±%）
出口合计	49 564.55	54 781.88	−9.52	504 452.25	498 705.68	1.15
（1）一般贸易	2 156.41	1 364.29	58.06	29 904.21	22 783.39	31.25
（2）加工贸易	46 988.37	53 203.89	−11.68	470 761.37	472 713.39	−0.41
其中：来料加工	4 504.14	5 917.25	−23.88	32 809.04	34 477.65	−4.84
进料加工	42 484.23	47 286.64	−10.16	437 952.33	438 235.74	−0.06
补偿贸易						
（3）其他贸易	419.77	213.6	96.52	3 786.67	3 208.90	18.01

主管：陈立民　　制表：刘旭　　制表日期：1999 年 1 月 20 日

注：①本表主要根据广州市属地区企业海关出口统计数据编制，仅供广州市外经贸委内使用。

②1998 年度外商投资企业累计出口 504 452.25 万美元，占全市出口实绩 752 011.85 万美元的 67.08%，同比增长 1.15%，高于同期全国对外贸易出口增幅 0.5% 和全市对外贸易出口增幅 0.1%。

表 2　外商投资企业分主要部门出口统计分析表

资统 02 表

编制单位：广州市外经贸委外资企业管理处　　　　　　　　　　　单位：万美元

单位名称	计划调控目标	海关统计数			
		本年累计数	完成进度（±%）	上年同期	同比（±%）
出口合计	528 847.00	504 452.25	95.39	498 705.68	1.15
（1）外经贸委系统	3 884.00	4 399.39	113.27	4 723.65	－6.86
（2）经委系统	65 996.00	77 045.91	116.74	71 869.59	7.20
（3）商委系统	278.00	673.00	242.09	873.00	－22.91
（4）农委系统	4 686.00	2 303.81	49.16	2 877.51	－19.94
（5）建委系统	950.00	3 176.77	334.40	4 325.50	－26.56
（6）其他系统	1 114.00	1 173.56	105.36	1 579.89	－25.72
（7）广州经济技术开发区	32 377.00	36 522.59	112.80	27 902.43	30.89
（8）保税局	1 432.00	2 164.41	151.15	1 596.42	35.58
（9）天河高新技术开发区	3 335.00	3 612.12	108.31	3 047.80	18.52
（10）荔湾区	2 006.00	2 204.17	109.88	1 980.72	11.28
（11）越秀区	1 804.00	1 683.86	93.34	2 152.19	－21.76
（12）东山区	3 046.00	3 798.69	124.71	3 563.33	6.61
（13）海珠区	16 757.00	13 544.86	80.83	15 891.83	－14.77
（14）天河区	18 983.00	18 136.27	95.54	18 433.85	－1.61
（15）黄埔区	28 307.00	31 373.00	110.83	30 695.14	2.21
（16）白云区	48 057.00	46 815.33	97.42	43 866.27	6.67
（17）芳村区	8 053.00	7 346.32	91.22	8 510.50	－13.68
（18）番禺区	197 394.00	193 153.12	97.85	197 308.85	－2.11

（续上表）

单位名称	计划调控目标	海关统计数			
		本年累计数	完成进度（±%）	上年同期	同比（±%）
（19）花都区	19 968.00	17 803.56	89.16	16 927.11	5.18
（20）增城区	57 001.00	19 707.85	34.57	25 742.58	−23.44
（21）从化区	13 419.00	16 858.25	125.63	14 116.57	19.42

主管：陈立民　　制表：刘旭　　制表日期：1999 年 1 月 20 日

注：其他系统包括计委（物资总公司）、交委、教委、汽车集团、船舶总公司、妇联、工商联、广州港务局等单位。

表3　外商投资企业分主要出口大类商品统计分析表

资统 03 表

编制单位：广州市外经贸委外资企业管理处

单位：万美元

项目	本月数			累计数			占出口总额（%）	
	金额	上年同期	同比（±%）	金额	上年同期	同比（±%）	本年度	上年同期
出口合计	49 565	54 782	−9.5	504 452	498 706	1.2		
一、主要商品小计	48 680	53 362	−8.8	475 639	467 946	1.3	94.3	93.8
（1）鞋帽	12 410	12 407	0.0	112 096	118 811	−5.7	22.2	23.8
（2）机电电子	9 165	8 284	10.6	76 111	71 177	6.9	15.1	14.3
（3）纺织品	8 776	8 649	1.5	74 411	76 858	−3.2	14.8	15.4
（4）玩具家具运动器材	5 093	4 249	19.9	52 808	50 024	5.6	10.5	10.0
（5）车辆船舶	768	4 196	−81.7	29 039	27 930	4.0	5.8	5.6
（6）珠宝首饰	3 862	5 452	−29.2	29 931	30 481	−1.8	5.9	6.1
（7）塑料制品	2 534	3 017	−16.0	25 891	22 402	15.6	5.1	4.5
（8）仪表乐器	2 825	3 140	−10.0	26 017	28 116	−7.5	5.23.9	5.6
（9）金属制品	1 929	2 334	−17.3	19 919	15 686	27.0	3.9	3.1
（10）皮革制品	1 319	1 634	−19.3	17 063	16 082	6.1	3.4	3.2
（11）化工产品	1 372	1 081	26.9	12 353	10 379	19.0	2.4	2.1

（续上表）

项目	本月数			累计数			占出口总额（%）	
	金额	上年同期	同比（±%）	金额	上年同期	同比（±%）	本年度	上年同期
二、其他商品小计	885	1 420	−37.7	28 813	30 760	0.1	5.7	6.2

主管：陈立民　　制表：刘旭　　制表日期：1999 年 1 月 20 日

表4　外商投资企业分国别分地区统计分析表

资统 04 表

编制单位：广州市外经贸委外资企业管理处　　　　　　　　　　单位：万美元

分国别分地区	本月数			累计数		
	金额	上年同期	同比（±%）	金额	上年同期	同比（±%）
出口合计	49 564.6	54 781.9	−9.5	504 452.3	498 705.7	1.2
一、亚洲	44 612.7	48 717.1	−8.4	444 572.0	447 982.5	−0.8
其中：（1）中国香港	42 105.0	46 064.7	−8.6	422 198.9	427 868.8	−1.3
（2）中国澳门	284.6	351.0	−18.9	2 235.4	1 427.5	56.6
（3）中国台湾	169.4	173.9	−2.6	1 140.1	980.3	16.3
（4）日本	1 110.0	1 125.8	−1.4	10 349.9	8 390.4	23.4
（5）韩国	56.8	81.2	−30.0	378.2	592.5	−36.2
（6）东盟	734.3	688.0	6.7	5 520.8	6 168.5	−10.5
二、美洲	2 761.2	2 394.2	15.3	31 260.0	26 330.5	18.7
其中：（1）美国	2 559.2	2 237.3	14.4	28 552.9	23 746.2	20.2
（2）加拿大	120.5	51.1	135.8	1 020.5	907.3	12.5
三、欧洲	1 649.1	3 290.3	−49.9	24 492.8	20 788.2	17.8
四、非洲	144.6	197.7	−26.9	1 556.5	2 024.9	−23.1
五、大洋洲	396.9	182.6	117.4	2 571.0	1 579.6	62.8

主管：陈立民　　制表：刘旭　　制表日期：1999 年 1 月 20 日

表5　年出口额超千万美元的外商投资企业同比横幅前20名统计分析表

资统05 表附一

编制单位：广州市外经贸委外资企业管理处　　　　　　　　　　单位：万美元

企业名称	主要出口商品	累计数		
		金额	上年同期	同比（±%）
出口合计		504 452	498 706	1.15
一、主要企业合计		44 675	16 460	171.41
（1）番禺利得鞋业有限公司	鞋类	2 286	0	
（2）卡夫广通食品有限公司	食品	1 362	19	7 220.70
（3）广州华纳有限公司	点须刨	2 836	167	1 596.33
（4）英辉南方造船（番禺）有限公司	螺旋桨	1 584	102	1 451.97
（5）广州宏仁电子工业有限公司	电子产品	1 226	89	1 273.96
（6）松下、万宝、（广州）空调器有限公司	空调机	2 285	231	890.92
（7）粤海番禺石油化工储运开发有限公司	石化产品	1 588	169	840.15
（8）广州国光成谦电子有限公司	电子产品	1 253	259	384.18
（9）广州南方传输系统有限公司	通信器材	1 079	240	350.35
（10）番禺通用电子通讯器材有限公司	通信器材	2 948	1 069	175.77
（11）镇泰（中国）工业有限公司	玩具产品	2 988	1 353	120.77
（12）松下、万宝、（广州）压缩机有限公司	机电产品	1 099	512	114.73
（13）三协精机（广州）有限公司	机电产品	1 919	896	114.26
（14）广州保税区恒和金银珠宝有限公司	珠宝首饰	1 800	859	109.64
（15）增城市顺龙高尔夫球制品有限公司	运动器材	1 025	511	100.48
（16）德尔福·克电气（广州）有限公司	机电产品	1 122	566	98.29
（17）广州中慧电子有限公司	电子产品	1 648	882	86.77
（18）广州联辉塑胶电子实业有限公司	电子产品	2 086	1 152	81.08
（19）从化志华灯饰有限公司	灯饰	1 374	773	77.80
（20）广州广船国际股份有限公司	船舶	11 168	6 613	68.88
二、其他企业小计		410 212	427 464	-4.04

主管：陈立民　　　制表：刘旭　　　制表日期：1999年1月20日

表6 出口额前20名外商投资企业统计分析表

资统 05 表

编制单位：广州市外经贸委外资企业管理处

单位：万美元

企业名称	本月数			累计数		
	金额	上年同期	同比（±%）	金额	上年同期	同比（±%）
出口合计	49 565	54 782	-9.52	504 452	498 706	1.15
一、主要企业合计	16 151	18 379	-12.12	143 469	135 895	5.57
（1）广东东宝（番澳）首饰有限公司	2 113	4 102	-48.50	13 752	18 440	-25.42
（2）广州广船国际股份有限公司	22	2 158	-98.98	11 168	6 613	68.88
（3）广州进道集装箱有限公司	281	524	-46.45	9 686	10 701	-9.49
（4）番禺潭洲振裕纺织染印有限公司	1 228	958	28.23	9 277	9 338	-0.65
（5）从化东麟钻石有限公司	1 123	750	49.72	8 888	6 088	45.99
（6）广州欣昌鞋业有限公司	891	608	46.57	8 867	6 399	38.57
（7）番禺创信鞋业有限公司	1 090	2 156	-49.46	8 798	10 591	-16.93
（8）镇泰（广州）有限公司	1 209	422	186.68	8 517	6 373	33.65
（9）广州海丰鞋业有限公司	985	472	108.72	7 573	6 669	13.55
（10）广州荣诚鞋业有限公司	1 185	430	175.84	7 179	6 847	4.85
（11）广州万邦鞋业有限公司	815	805	1.24	7 160	6 055	18.24
（12）依利安达（广州）电子有限公司	709	733	-3.27	6 646	6 136	8.31
（13）美国通用电气塑料中国有限公司	768	887	-13.50	5 530	4 474	23.62
（14）番禺中德电控有限公司	445	479	-7.26	5 278	4 942	6.80
（15）广州市华光电子有限公司	548	638	-14.03	5 187	6 208	-16.45
（16）番禺中德电控有限公司	673	729	-7.63	4 784	4 864	-1.65
（17）广州番禺兴泰鞋业有限公司	520	720	-27.69	4 679	3 827	22.26
（18）广州镇达玩具有限公司	388	420	-7.62	4 374	4 593	-4.76
（19）镇泰海珠有限公司	746	153	388.69	3 067	2 778	10.41
（20）广州市广荣鞋业有限公司	412	236	74.89	3 060	3 960	-22.72
二、其他企业小计	33 414	36 403	-8.21	311 418	308 029	1.10

主管：陈立民　　制表：刘旭　　制表日期：1999 年 1 月 20 日

表 7　外商投资企业加工贸易银行保证金台账业务情况分析表

1998 年 12 月

资统 05 表

编制单位：广州市外经贸委外资企业管理处　　　　　　　　　　　　单位：万美元

时间 项目	本月数			累计数		
	发生数	上年同期	同比（±%）	发生数	上年同期	同比（±%）
开设笔数	1 282	1 240	3.39	12 793	13 222	− 3.24
开设金额	94 690	80 944	16.98	752 905	785 735	− 4.18
核销笔数	1 060	1 100	− 3.64	11 932	10 058	18.63
核销金额	57 874	54 258	6.66	669 195	480 874	39.16

主管：陈立民　　　制表：刘旭　　　制表日期：1999 年 1 月 20 日

广州市推进社会保障体系进程中应研究解决的若干问题[①]

广州市近年来推行的社会保障制度，是适应社会主义市场经济体制改革的需要，也是保障职工合法权益、维护社会稳定的需要，它有利于加快建立和逐步完善广州市多层次社会保障体系，有力地促进广州市的经济发展和社会进步，我们在开展进一步扩大利用外资，深入基层和企业千方百计扩大出口的工作中了解到，这方面广州市执行得比较严格规范，但在具体执行过程中外商投资企业对社会保险金、残疾人就业保障金、劳动者生活补助费反映的问题比较多，为此，我们专门对广州市外商投资企业劳动工资及相关的社会保险金、残疾人就业保障金、劳动者生活补助费等执行情况进行了专项抽样调查，发出150份调查表，共收回73份有效调查表，借此剖析和研究存在的主要问题。

一、参与调查的企业基本情况

对企业基本情况，即投资总额、员工人数、行业分布、员工月平均工资四个方面进行调查。参加调查的包括镇泰集团、旭丽电子（广州）有限公司、大众电脑集团、美国通用电气塑料中国有限公司、广州太平洋马口铁有限公司、广州华凌空调有限公司、广州添利线路板有限公司、五羊本田摩托（广州）有限公司、广船国际股份有限公司、番禺合兴油脂有限公司等共73家代表不同行业的广州外商投资企业。

（一）投资总额

（1）投资总额100万美元及以下企业：5家，占调查企业数6.85%。

（2）投资总额101万~500万美元企业：21家，占调查企业数28.77%。

---

①　此文获2002年广州国际经济贸易学会年会论文三等奖。

（3）投资总额 501 万～999 万美元企业：15 家，占调查企业数 20.55%。

（4）投资总额 1 000 万元及以上企业：32 家，占调查企业数 43.84%。

（二）员工人数

（1）100 人及以下，人数较少企业：12 家，占调查企业数 16.44%。

（2）101～999 人，人数中等规模企业：36 家，占调查企业数 49.32%。

（3）1 000 人及以上，人数较多企业：25 家，占调查企业数 34.25%。

大部分企业外地员工约占企业人数 2/3，其中制鞋、纺织服装、玩具及塑料制品、电子、五金机械及家电等劳动密集型企业外地员工为 80% 以上。

（三）行业分布及职工月平均工资

分别对家具及文具、制鞋、玩具及塑料制品、纺织服装、五金机械及家电、电子、车辆船舶、化工及日用品等不同行业进行调查。

1. 行业职工月平均工资

按员工人数加权平均计算，依次为家具及文具 711.99 元、制鞋 899.26 元、玩具及塑料制品 903.31 元、纺织服装 1 049.42 元、五金机械及家电 1 121.79 元、电子 1 186.47 元、车辆船舶 2 077.98 元、化工及日用品 5 010.10 元，其中家具及文具行业最低，制鞋、玩具及塑料制品行业较低，化工及日用品行业最高。

表 1　行业职工月平均工资情况

序号	行业	企业数（家）	占调查企业数（%）	总人数（人）	企业平均人数（人）	每月人均工资（元）
	合计	73		97 302	1 333	
1	家具及文具	4	5.48	1 736	434	711.99
2	制鞋	11	15.07	28 062	2 551	899.26
3	玩具及塑料制品	11	15.07	26 763	2 433	903.31
4	纺织服装	15	20.55	10 031	669	1 049.42
5	五金机械及家电	15	20.55	10 264	685	1 121.79
6	电子	7	9.59	11 403	1 629	1 186.47
7	车辆船舶	2	2.74	7 522	3 761	2 077.98
8	化工及日用品	6	8.22	821	103	5 010.10
9	其他	2	2.74	700	350	2 012.79

注：其他包括油脂加工企业 1 家，建材企业 1 家。

2. 职工月平均工资档次及行业分布

抽样调查表明：

（1）56家企业职工月平均工资未达到2001年广州市职工平均工资1 581元标准，占76.71%，其中：①制鞋（11家）、电子（7家）、家具及文具（4家）企业的职工月平均工资均未达到1 581元；②玩具及塑料制品、纺织服装、五金机械及家电三个行业八成以上企业也未达到职工月平均工资1 581元水平。

（2）达到或超过市职工月人均收入1 581元标准以上共17家，占23.29%，包括化工及日用品（6家）、车辆船舶（2家）、五金机械及家电（2家）、纺织服装（3家）、玩具及塑料制品（2家）、其他（2家）。

表2　职工月平均工资档次及行业分布

序号	职工月平均工资（元）	企业数（家）	占调查企业数（%）	行业分布（家）								
				制鞋	电子	家具及文具	玩具及塑料制品	纺织服装	五金机械及家电	车辆船舶	化工及日用品	其他
	合计	73		11	7	4	11	15	15	2	6	2
1	450~791	15	20.55	5	1	2	3	3	1			
2	792~949	20	27.40	2	2		6	3	7			
3	950~1 580	21	27.77	4	4	2		6	5			
4	1 581~1 845	6	6 022.00				1	2	1	1		1
5	1846以上	11	15.07				1	1	1	1	6	1

注：1999年广州市规定在职职工最低工资标准是450元；市社保局规定2001年最低缴费工资外地户口791元，广州本地户口949元；2000年广州市职工平均工资1 581元；2001年广州市职工平均工资1 845元，以上参数作为划分工资收入档次区间的依据。

（四）各级员工月平均工资及其人数结构

1. 按职工月平均工资划分

表3　各级员工月平均工资及其人数结构（按职工月平均工资划分）

序号	职工月平均工资（元）	员工总人数	占比例（%）	各级员工分布							
				高层管理人员		中层管理人员		专业技术人员		一般员工	
				人数	占比例（%）	人数	占比例（%）	人数	占比例（%）	人数	占比例（%）
	合计	97 304		878	0.9	5 893	6.06	7 081	7.28	83 452	85.77
1	450～791	48 593	49.94	1	0	8	0	346	0.36	48 238	49.58
2	792～949	16 261	16.71	2	2			6	148	0.15	16 111	16.56
3	950～1 580	17 781	18.27	34	0.03	314	0.32	1 403	1.44	16 030	16.47
4	1 581～1 845	1 559	1.60			266	0.03	42	0.04	1 251	1.29
5	1 846 以上	13 110	13.47	841	0.86	5 305	5.45	5 142	5.28	1 822	0.19

在抽样调查的 97 304 人中，月平均工资 1 581 元以上 14 669 人，占 15.08%；月平均工资 1 581 元以下 82 635 人，占 84.92%，其中月平均工资 791 元以下 48 593 人，占 49.94%。

2. 按各级员工划分

表4　各级员工月平均工资及其人数（按各级员工划分）

序号	各级员工	该层级总人数（人）	占企业员工人数（%）	工资为本企业一般员工（倍）	人均月平均工资			
					1 581 元以上		1 581 元以下	
					人数	占该层级人数比例（%）	人数	占该层级人数比例（%）
	合计	97 304			14 669	15.08	82 633	84.92
1	高层管理人员	878	0.3～5	3～10	841	96.00	37	4.00
2	中层管理人员	5 893	5～10	2～5	5 571	94.54	322	5.46
3	专业技术人员	7 081	5～25	1.5～2.5	5 184	73.21	1 897	26.79
4	一般员工	83 452	50～90		3 073	3.68	80 739	96.75

调查数据显示，从高层管理人员到一般员工，人数结构呈几何级数递增，而工资收入呈几何级数递减，其中月平均工资 1 581 元以下者，高层管理人员 37 人，占该层级人数 4%；中层管理人员 322 人，占该层级人数 5.46%；专业技术人员 1 897 人，占该层级人数 26.79%；一般员工 80 739 人，占该层级人数 96.75%，这表明绝大多数的一般员工月平均工资低于 1 581 元。

二、广州市社会保险金、残疾人就业保障金、劳动者生活补助费的征收标准

表 5　广州市社会保险金、残疾人就业保障金、劳动者生活补助费的征收标准

征收项目	征收标准	征收依据
社会保险金	全部是以缴费工资为基数，但是 1999 年广州市规定在职职工最低标准是 450 元，而缴费工资 2001 年最低标准是：广州户口按上年度职工月平均工资 1 581 元的 60% 即 949 元、外地户口按 50% 即 791 元，最高不超过上年度职工月平均工资 3 倍	（1）《关于提高三条社会保障线水平等有关问题的紧急通知》（穗劳计〔1999〕14 号） （2）《关于广州市建立统一的企业职工基本养老保险制度实施意见的通知》 （穗府〔1999〕25 号） （3）《关于调整私营企业和个体工商户从业人员基本养老保险缴费基数问题的紧急通知》（穗府办〔2001〕14 号）
	（1）养老：广州户口，企业交 20%，个人交 8%；外地户口，企业交 11%，个人交 8%	（1）《广东省社会养老保险实施细则》（省府 2000 年第 57 号令） （2）《关于调整社会基本养老保险缴费比例的通知》（穗劳社福养〔2001〕7 号）
	（2）失业：城镇户口，企业交 2%，个人交 1%；农村户口，企业交 2%	《广东省失业保险规定》（省府 1998 年第 49 号令）
	（3）生育：只限广州户口，企业交 0.7%	《广州市企业职工生育保险管理办法》（穗劳险司字〔1995〕第 006 号）
	（4）工伤：企业交 1%	《广州市按比例安排残疾人就业办法》（市人大常委会 1999 年第 16 号公告）
	（5）医保：限广州户口，企业交 8%，个人交 2%	《广州市城镇职工基本医疗保险试行办法》（市府 2001 年第 17 号令）

（续上表）

征收项目	征收标准	征收依据
残疾人就业保障金	以职工人数 1.5%、社会平均工资 80% 为基数计算	《广州市按比例安排残疾人就业办法》（市人大常委会 1999 年第 16 号公告）
劳动者生活补助费	劳动合同终止不续订时，以劳动者终止合同前 12 个月平均收入为标准，最低不得低于当年广州市最低工资标准，最高不超过上年度社会平均工资 3 倍，在用人单位工作每满一年工龄补一个月工资	（1）《广州市劳动合同管理规定》（市人大常委会 1997 年第 87 号公告） （2）《关于明确解除、终止劳动合同经济补偿金或生活补助费的计算基数的通知》（穗劳计字〔1998〕11 号） （3）《关于印发〈违反和解除劳动合同的经济补偿办法〉的通知》（劳部发〔1994〕481 号）

三、广州市与其他城市有关社会保险金等的征收标准比较

据企业反映，其他省市没有向企业征收残疾人就业保障金。北京、上海、深圳、湖南、河北等省市也没有要求企业支付劳动者生活补助费。而社会保险金，各地的工伤保险、失业保险等的征收标准基本相同，但养老保险金在征收比例和缴费工资标准方面存在差异。

表 6　广州市与其他城市有关社会保险金等的征收标准比较

城市		2001 年缴费工资最低标准（元）	养老保险征收比例（%）			月最低缴纳养老保险金（元）		
			合计	企业	个人	合计	企业	个人
深圳市		1 152	14	9	5	161. 18	103. 68	57. 50
东莞市		630	20	15	5	126. 00	94. 50	31. 50
无锡市		650	19	11	8	123. 50	71. 50	52. 00
昆山市		420	24	18	6	100. 80	75. 60	25. 20
吴江开发区		450	25	17	8	112. 50	76. 50	36. 00
上海市		888	28. 5	22. 5	6	253. 08	199. 80	53. 28
广州市	本地户口	949	28	20	8	265. 72	189. 80	75. 92
	外地户口	791	19	11	8	150. 29	87. 01	63. 28

调查情况显示，广州市养老保险金在征收比例上，本地户口与上海市接近，外地户口与东莞市、无锡市等相近；在缴费工资基数最低标准上，广州市制定的标准仅次于深圳市并与上海市相当，达 949/791 元，因而月最低养老保险金也相应较高。

四、广州市社会保险金、残疾人就业保障金、劳动者生活补助费征收标准存在的主要问题

（一）接受调查的外商投资企业的总体评价

表 7　接受调查的外商投资企业对征收标准的评价

评价	项目								
	社会保险金			残疾人就业保障金			劳动者生活补助费		
	企业数（家）	比例（%）		企业数（家）	比例（%）		企业数（家）	比例（%）	
		占调查企业	占表态企业		占调查企业	占表态企业		占调查企业	占表态企业
一、表态	63	86.30		26	35.62		15	20.55	
（1）认为太高	31	42.47	49.21	22	30.14	84.62	10	13.70	66.67
（2）认为较合理	31	42.47	49.21	4	5.48	15.38	4	5.48	26.67
（3）认为太低	1	1.37	1.58	无			1	1.37	6.67
二、未表态	10	13.70		47	64.38		58	79.45	

被调查的 73 家企业中，对社会保险金的征收，认为太高 31 家，占 42.47%，认为较合理 31 家，占 42.47%，两者企业数相当，未表态 10 家，占 13.70%；对残疾人就业保障金的征收，认为太高 22 家，占 30.14%，认为合理 4 家，占 5.48%，未表态 47 家，占 64.38%；对劳动者生活补助费的征收认为太高 10 家，占 13.70%，认为较合理 4 家，占 5.48%，未表态 58 家，占 79.45%。

（二）存在的主问题

1. 社会保险金

广州市社保局按照统计局公布的 2000 年在职职工月平均收入 1 581 元，对广州户口按 60%（即 949 元）、外地户口按 50%（即 791 元）作为缴费工资

基数征收社会保险金。虽然其他城市征收比例大致相同，但在缴费工资基数上，广州市制定的下限征收标准与东莞、无锡、昆山等城市相比较高，而且广州市一般员工处于低收入阶层人数众多，集中在制鞋、电子、家具及文具、玩具及塑料制品、五金机械及家电等劳动密集型企业，上述企业普遍反映广州市缴费工资基数偏高。有的企业认为社会保险金应参照企业员工实际工资收入来征收，取消现行的下限标准，改为以广州市最低工资标准450元为下限。有的企业建议广州市应该参考其他经济发展和生活水平相当的城市征收标准和方法来制定本市标准，也有的企业建议社会保险金征收比例应按现行比例减半征收。

许多外商投资企业反映广州市社会保险金等征收的费用近年增长过快，已占员工工资总额约30%，造成劳动力成本较快上涨，使广州市企业在国际、国内同行业市场竞争中能力下降，影响了外商在广州进一步扩大投资的积极性。近年国际市场竞争激烈，希望政府部门采取有力措施，切实为企业减负。

2. 残疾人就业保障金

企业提出：残疾人就业保障金按企业员工人数来安排残疾人或计算缴费，对劳动密集型企业有失公平。因为劳动密集型企业比高科技企业更依赖于熟练操作的员工，而且其行业利润率普遍低于高科技行业，同时这一类企业已经为社会劳动就业做出了贡献，按目前以员工总人数来安排残疾人或计算缴费政策无疑更加重了企业的负担。以拥有员工1 000人的企业为例，按2001年人均每月平均工资1 581元的80%为征收基数，以职工总人数1.5%计算，企业每月需每人交18.972元，一年需交22.77万元，征收标准太高，政府应尽量减轻其负担。

有的企业反映其他省市基本上没有征收残疾人就业保障金，残疾人就业保障金属于社会责任，因为这是国家应提供的福利，企业依法纳税已承担了社会责任，不应再额外负担残疾人就业保障金，否则，企业便成了社会福利机构。

3. 劳动者生活补助费

认为此项太高（不合理）的外商投资企业提出，劳动者生活补助费应予免征。因为企业已为员工购买了社保中的失业保险，对劳动合同期满不再续约的员工，其补偿理应由社会保险中的失业保险金支付，不应再由企业额外支付劳动者生活补助费，只是对劳动合同期限未满而因故解除合同的，企业才应支付经济补偿金。企业反映，北京、上海、深圳、湖南、河北等省市都没有要求企业支付劳动者生活补助费。

五、完善广州市社会保障体系的工作建议

通过这次抽样调查表明，外商投资企业对广州市投资环境总体上是比较满意的。我国实行社会保险等保障制度，是适应社会主义市场经济体制改革的需要，也是保障职工合法权益、维护社会稳定的需要，它有利于加快建立和逐步完善广州市多层次社会保障体系，有力地促进经济发展和社会进步，这方面广州市执行得比较严格规范，对此外商也是基本认同的。调查中外商投资企业所反映的情况主要原因是各地区执法力度的差异而产生实际征收标准的不一致。针对反映较多的劳动者生活补助费、社会保险金、残疾人就业保障金等征收问题，建议采取相关政策和措施加以解决。

（一）劳动者生活补助费问题

国家法规方面，《中华人民共和国劳动法》没有具体规定，劳动部办公厅《关于贯彻〈外商投资企业劳动管理规定〉有关问题的复函》（劳办发〔1995〕163号）规定：劳动合同期满终止合同的，用人单位可以不给予职工经济补偿。劳动部《关于贯彻〈中华人民共和国劳动法〉若干问题的意见》（劳部发〔1995〕1309号）也规定：劳动合同终止，用人单位可不支付劳动者经济补偿金，国家另有规定的，可以从其规定。地方法规方面，广州市从1998年3月1日开始实施的《广州市劳动合同管理规定》（市人大常委会1997年第87号公告）第三十一条规定劳动合同终止，用人单位不续订劳动合同的，应当按劳动者在本单位的实际工作期限……每满一年发给不低于一个月工资的生活补助费；工作年限满半年不满一年的，发给一个月；不满半年的，发给半个月。生活补助费的标准均按劳动者终止合同前12个月的月平均工资计算。此规定的实施对保护广州市劳动者的合法权益起到很大的作用，但由于1999年1月1日广州市开给实施《广东省失业保险规定》（省府1998年第49号令），要求包括外商投资企业在内的所有企业为员工购买失业保险，并明确劳动者失业的基本生活由失业保险金支付，但由于没有相应停止征收劳动者生活补助费，在一定程度上造成了重复征收。据了解，目前北京、上海、深圳、湖南、河北等省市都没有征收劳动者生活补助费，因此根据企业反映的情况，结合广州市的实际，笔者建议：

第一，鉴于从1999年起广州市已规定所有企业必须为员工购买社会保险中的失业保险，因此对劳动合同期满不再续约的员工，应纳入社会保险中的失

业保险金统筹解决，不应再由企业额外支付劳动者生活补助费，造成企业重复征收。

第二，对于劳动合同期限未满而因故解除合同的，继续按照劳动部《关于印发〈违反和解除劳动合同的经济补偿办法〉的通知》（劳部发〔1994〕481号），由企业按有关规定支付经济补偿金。

第三，建议市政府请市劳动和社会保障局牵头相关职能部门研究，提出具体修改意见，提请市人大常委会按法定程序对《广州市劳动合同管理规定》第三十一条及有关法规做出修订，取消因劳动合同终止外商投资企业需支付劳动者生活补助费的有关条款，相应改为纳入社会保险的失业保险金统筹解决。

（二）社会保险金征收比例和缴费工资基数的确定

在征收比例上，广州市本地户口与上海市接近，外地户口与东莞市、无锡市等相近，是较符合广州市实际情况的，主要的问题是缴费工资基数的确定。这在一方面，广州市一般员工大多数属于低收入阶层（抽样调查企业中月平均工资低于1 581元80 739人，82.98%，其中低于791元48 238人，占49.58%），集中在制鞋、电子、家具及文具、玩具及塑料制品、五金机械及家电等劳动密集型企业，因而广州市缴费工资基数相对于一般员工偏高；另一方面，据社保局统计，广州市退休人员占全市职工23.1%，因而广州与上海等特大城市情况类似，社会养老负担相对于东莞、无锡、昆山等新兴城市沉重得多。因此，根据广州市的实际情况，笔者认为：

第一，从长远目标上，广州市缴费工资基数应取消最低征收比例，即取消广州户口不低于社会平均工资60%、外地户口不低于50%的限制《关于广州市建立统一的企业职工基本养老保险制度实施意见的通知》（穗府〔1999〕25号）和《关于调整私营企业和个体工商户从业人员基本养老保险缴费基数问题的紧急通知》（穗府办〔2001〕14号）。改为在规定不得低于在职职工最低工资标准（2001年为450元）上，按企业员工实际每月工资收入计征。并继续保留缴费工资最高不超过本市上年度职工月平均工资3倍的规定。使我市社会保险金的征收标准与所有在职员工的实际收入相适应。但在近期目标上可循序渐进，每年确定的实际缴费工资基数应逐步缩小与低收入阶层的一般员工实际工资收入的差距。

第二，2000年广州市职工平均工资每月1 581元（缴费基数广州市本地户口为949元、外地户口为791元），2002年3月广州市统计局最新公布，2001年广州市职工月平均工资1 845元，列全国各主要城市首位，如果按去年征收比例推算，2002 年广州市本地户口缴费基数为 1 107 元，比上年增加 158 元，外地户口缴费基数为 922.5 元，比上年增加 131.5 元，将更加超出大多数属于低收入阶层的一般员工实际收入水平，因此建议由广州市劳动和社会保障局牵头，有关政府职能部门协助召开听证会，在广泛征求广州市各行各业人员意见的基础上，结合广州市国民经济发展和人均收入水平综合平衡，参考与广州经济发展水平相当的其他省市的征收标准和方法，尽快修订符合广州市实际情况的缴费工资基数，以利于切实减轻企业的负担和增强其市场竞争力，利于进一步完善广州市社会保障体系。

（三）残疾人就业保障金问题

鉴于企业依法纳税已承担了社会责任，不应再额外支付残疾人就业保障金，且残疾人就业保障金在其他省市基本上没有征收，因而广州市以暂停征收残疾人就业保障金为宜。建议市政府请市残疾人联合会牵头，劳动、人事、财政、工商等行政部门协助，提出具体意见，提请市人大按法定程序对《广州市按比例安排残疾人就业办法》（市人大常委会 1999 年第 16 号公告）做出相应修订，并根据广州市残疾人数量和需要扶助资金总量，可考虑通过财政专项拨款、财政转移支付，或举办各种社会慈善福利活动筹集资金等办法予以解决。

促进加工贸易转型升级　走广州外经贸可持续发展之路[①]

一、广州市加工贸易产业与技术发展状况

改革开放以来，广州市深入贯彻执行国家发展加工贸易一系列政策，充分发挥毗邻港澳的地缘优势和珠三角跨国公司的聚集优势，紧紧抓住我国"入世"后外国资本加速向我国转移的有利机遇，积极对外招商引资，着力优化投资环境，使加工贸易得到迅猛发展，产品技术含量不断提高。在商务部公布的《关于 2002 年全国加工贸易发展简况的通报》中，广州市列全国各省（市）的第六位。加工贸易产业与技术发展具有以下几个特点：

（一）规模和速度发展势头良好，近年呈跨越式发展的态势

表 1　1996—2004 年加工贸易出口比重情况

年份	全市出口总值（万美元）	其中：加工贸易			
		加工贸易出口（万美元）	净增值（万美元）	同比（±%）	占全市出口比重（%）
1996	654 521	496 958	168 385	7. 20	75. 93
1997	751 438	581 083	210 060	16. 93	73. 33
1998	748 667	576 025	208 468	− 0. 01	76. 94
1999	785 851	592 029	196 773	2. 78	75. 34
2000	917 625	672 811	220 884	13. 64	73. 32
2001	918 640	656 174	223 657	− 2. 44	71. 43
2002	1 116 216	786 320	131 737	20. 13	70. 45
2003	1 403 300	1 021 600	235 658	29. 98	72. 80
2004 1—6 月	820 524	591 610	157 162	36. 18	72. 10

[①]　此文获 2004 年广州国际经济贸易学会年会论文一等奖。

"九五"期间，广州市加工贸易仅以平均每年 4.4 亿美元的总量增长，跨入"十五"的头两年以年均 18.27 亿美元的总量增长，是"九五"年均增量的 4 倍多。并且 2003 年加工贸易出口首次突破 100 亿美元大关，达 102.16 亿美元，比上年增长 29.98%，从 9 月份起月度出口首次突破 10 亿美元创历史新高。在加工贸易出口的强有力支撑下，2003 年广州市外贸出口成为改革开放以来增速最快、增量最多的一年（加工贸易净增量 23.57 亿美元，占全市出口净增总量 30.18 亿美元的 78.10%）。出口增速高于全市一般贸易（20.93%）和全省加工贸易（26.90%）增长水平。2004 年上半年，加工贸易出口增幅 36.18%，再创历史新高。广州市在 21 世纪初提出加工贸易发展"分两步走"的十年发展规划，即 2005 年加工贸易出口 120 亿美元，2010 年达 180 亿美元，预计 2004 年可提前一年实现第一步发展目标。

（二）优化出口商品结构成效显著

以前广州市出口商品主要是轻纺产品和初级产品，到了"九五"期末的 2000 年，机电产品出口的比重也远远落后于全国和全省的平均水平。广州市高新技术产品出口虽起步较晚，但发展速度很快。

表 2　2001—2004 年广州市加工贸易出口的机电产品比重情况

年份	全市机电出口（万美元）	其中：加工贸易			
		加工贸易出口（万美元）	占全市比重（%）	净增额（万美元）	增长率（%）
2001	445 243	286 662	64.38	18 063	5.93
2002	464 320	326 712	70.36	93 334	39.98
2003	677 194	503 769	74.39	177 057	54.19
2004 1—6 月	414 528	310 758	74.97	108 518	53.66

2001 年广州市机电产品的出口比重占 48.47% 左右，2002 年占 41.60%，2003 年占 48.26%，到 2004 年上半年已经占全市出口比重的 50.52%，显示出强劲的发展态势。目前全市机电产品出口的 75% 和高新技术产品出口的 96% 均来自加工贸易，充分表明加工贸易是牵引出口产品结构优化的主动力。

表3　2004年1—6月广州市属企业机电和高新技术产品出口情况

商品名称	全市出口			其中：加工贸易		
	出口值（万美元）	同比增长（%）	占全市比重（%）	出口值（万美元）	同比增长（%）	占全市同类商品比重（%）
机电产品	414 528	45.68	50.52	310 758	53.66	74.97
高新技术产品	175 857	21.43	21.43	169 162	94.58	96.19

按照广州市加工贸易发展目标，到"十五"期末的2005年机电产品出口比重占全市出口总额的55%以上，略高于全国机电出口的比重。形成以广州经济技术开发区、南沙经济技术开发区、广州高新技术产业开发区、广州加工区、天河软件园为龙头的电子信息产品、家电、汽车及零配件、造船、精细化工、新材料、生物医药、钢铁等高新技术产业群。

（三）深加工结转和产业配套能力不断增强

加工贸易增值率由1996年约20%提高到2003年50.44%；2003年加工贸易深加工结转转入转出总金额36.59亿美元，占全市加工贸易进出口值23.66%，其中：转入值17.58亿美元，转出值19.01亿美元。产品技术含量和附加值显著提高，有效带动了国内配套产业的发展。据不完全统计，近几年每年加工贸易国内购料超过15亿美元，约占全市加工贸易出口18%。

（四）凭借广州加工制造业的优势和跨国公司全球市场网络的优势，加工贸易出口成为开拓多元化市场的排头兵

"八五"期末的1995年，广州市加工贸易的出口市场90%集中在中国香港，美国、加拿大、日本相加仅占5.2%，欧洲仅占4%，出口市场也只有154个（加工贸易出口市场只有123个），到了2003年，广州市外贸出口的国家和地区达到196个，其中加工贸易出口的市场为161个。美国（占26.53%）、欧盟（占17.61%）、日本（占8.6%）等国家的出口比重迅速提高。

表4　2001—2003年出口超1 000万美元的企业发展一览表

年份	出口超1 000万美元企业（家）	出口超3 000万美元企业（家）	出口超1亿美元企业（家）	大型企业出口（亿美元）	占全市出口比重（％）
2001	204	61	12	63.60	69.24
2002	228	83	14	80.57	72.18
2003	252	89	22	105.53	75.20

随着我国"入世"后经济全球化和产业结构调整加速，欧、美、日等世界著名跨国公司加快向我国转移高新技术产业投资和生产能力，世界500强目前已有115家落户广州，投资总额达58.2亿美元，并利用广州作为其全球布局的区域性加工制造基地，积极以其国际市场营销网络加快出口。外商投资制造业集中在汽车、造船、钢铁、食品、精细化工、医药、机械设备、电子信息、珠宝首饰等领域，如本田汽车、丰田汽车、美国通用塑料、宝洁、高露洁棕榄、奥的斯电梯、台湾光宝、大众电脑、捷普电子、日本松下、精工电子等跨国企业，有的还成立了技术研发中心和维修检测中心，使广州通过加工贸易参与国际分工的层次迅速得到提升。

二、加工贸易产业升级和技术进步的重要性和紧迫性

改革开放20多年来，广州市加工贸易从无到有，到2003年已达102.16亿美元，占全市出口72.8％，居全国出口前6位。以加工贸易为主体的机电产品出口已占全市出口额超过50％，企业超过2 700家，形成了一批以IT为代表的加工贸易产业群，为出口创汇和保持外贸顺差发挥了重要作用，解决了劳动就业逾160多万人，促进了城乡协调发展。实践证明，发展加工贸易产业符合我国基本国情，为我国实现小康、加快工业化进程做出重要贡献。

当前，应清醒地认识到传统加工贸易产业的发展面临着劳动力成本逐步提高、相关政策有待进一步配套和完善、国际贸易壁垒频繁、国际区域竞争更加激烈等外部压力，而加工贸易自身也存在着一些亟待解决的问题，主要是企业自主开发能力不强、区域发展不平衡、劳动密集型企业还占大多数等，必须进行转型升级，扩大高附加值产品出口，全面提高出口竞争力。

党的十六届三中全会明确指出，继续发展加工贸易，着力吸引跨国公司把更高技术水平、更大增值含量的加工制造环节和研发机构转移到我国，引导加工贸易转型升级。它为加工贸易发展指明了方向。新一轮全球生产要素优化重

组和产业转移的重大机遇，为我国加工贸易转型升级提供了外部条件；我国在全球生产要素优化重组和产业转移中处于非常有利的位置，为加工贸易转型升级提供了内部条件。据国务院发展研究中心的调查统计，我国加工贸易企业中达到母公司先进技术水平的占21%，达到国内同行领先水平的占47%，应该说资本型、技术型企业内容和形式都已发生重大变化。近年许多国家和我国上海、苏州、深圳等兄弟省市已从开展加工贸易产业升级中尝到甜头，纷纷吸引外资进入高技术和高附加值的加工贸易领域。面对日趋激烈的国际和国内竞争，广州市的加工贸易发展不进则退，我们不发展，就会将机遇拱手让给别人。必须通过加快发展来解决前进中出现的问题。要从战略和全局高度充分认识发展加工贸易的重大意义。准确把握加工贸易发展的机遇和有利条件，创新管理方式，真正把引导加工贸易发展和转型升级摆在突出位置，形成高新技术产品出口拉动机电产品出口增长、机电产品出口拉动全市外贸出口增长的新局面，大力推动加工贸易更多地进入先进制造技术和新兴制造业领域。

要充分利用广州市发展加工贸易的三大优势，一是自身较完整的工业化体系与跨国公司全球销售网络相结合的特定优势；二是产业配套较完善及深加工结转运作较顺畅的内部化优势；三是毗邻港澳、地处泛珠三角中心位置、拥有南沙大海港、新白云国际机场、陆路便利通关的立体区位优势，承接国际产业转移新一轮发展机遇，把加工贸易作为吸引外资的载体，全面促进加工贸易转型升级和可持续发展。

三、当前影响加工贸易转型升级的环境因素

（一）政策环境

1. 深加工结转税收政策的影响

（1）深加工结转是加工贸易转型升级中不可分割的重要组成部分。目前广州市2 700家加工贸易企业中，70%以上有加工贸易深加工结转业务。2003年全市深加工结转进出口值36.59亿美元，占全市加工贸易进出口值23.66%。企业之间、行业之间、原材料、零部件和半成品、成品之间的相互紧密配套，形成比较完善的加工产业链和产业配套群体。通过深加工结转这种方式大大降低企业的采购成本和物流成本，吸引跨国公司加大力度投资以电子、通信、信息、汽车为代表的高新技术"龙头"产业，并形成了围绕"龙头"企业的结转配套产业集聚，促进了企业的技术进步和产业优化，成为推动加工贸易转型

升级和向更高层次发展不可缺少的重要环节。

（2）深加工结转货物无法出口退税是长期以来困扰加工贸易发展的主要问题。第一，目前国家没有统一深加工结转税收政策。各地区实际执行方式不尽相同，大多数地区采取了免税或挂账处理，也有个别地区按征税处理。第二，没有很好地利用国际、国内两个市场。一方面，企业深加工结转出口产品采用的国产原材料不能享受出口退税政策，严重影响了企业使用国产原材料的积极性。另一方面，国内过去长期存在的供给短缺状况已基本缓解，由卖方市场转为买方市场，许多国产料件和产品出现过剩。因此，国家应通过制定深加工结转的出口退税政策，鼓励企业更多地采用国产原材料加工产品出口，从而带动国内相关产业的发展。

（3）尽早出台进料加工实行"免抵退"税的政策以符合鼓励企业更多地使用国产料件的政策导向。原来实行的挂账或免税的办法，国产料件的税金要进成本，由企业负担。企业为了降低经营成本，在国内料件质量、价格与进口料件相同的情况下，更愿意选择用进口料件而不使用国产料件。若实行"免抵退"税办法，国产料件的税金可以退税，基本解决了国产料件税金计入成本由企业负担的问题，真正使企业在价格成本和品质比较下，采用国产原材料和零配件比选择进口原材料和零配件更合算更快捷。

（4）要把解决深加工结转出口退税问题作为促进加工贸易转型升级的重要举措。深加工结转是加工贸易不可分割的重要组成部分，建议国家税务部门及早制定积极的出口退税政策：对深加工结转进料加工实行"免抵退"税、来料加工实行"不征不退"的办法。这不仅符合我国加工贸易和产业发展的客观规律和要求，也有利于我国抓住当前国际产业转移的契机，加速发展国内配套产业，全面提升产业结构。

2. 必须重视和研究加工贸易国货复进口数量激增的状况

2003 年全市加工贸易国货复进口 8.47 亿美元，净增 4.67 亿美元，同比增长 122.89%，占全市国货复进口 10.3 亿美元 82.23%，呈急剧增加之势。其主要原因是：

（1）跨国公司加大对华投资力度及其全球战略、物流配送的运作要求。许多大型出口企业把货物运到香港，并作为国际物流分拨配送的主要集散地之一分拨世界各地，其中部分产品流回到内地下游配套厂作深加工。

（2）受以下三个政策性因素的影响，而将部分可作为内销的产品改成先直接出口核销后，再重新申请进口。具体为：一是深加工结转国内采购料件不能退税的政策；二是加工贸易不作价设备所生产的产品属独立车间或工厂生产的必须全部出口、非独立车间必须 70% 以上出口的政策；三是外商投资允许类项目产品全部直接出口享受鼓励类项目进口设备免税政策的，要对设备进口关税和增值税采取先征后退的方式，即每年核定确属产品全部出口后，才能退还设备税款 20% 并分五年还清税款的政策。

国货复进口造成了出口货物香港"一日游"的大量增加，出口虚增、口岸通关的压力增大，易被不法分子利用进行骗税、逃套汇等违法活动，对此应引起高度重视，及时研究并制定相关措施及早解决。笔者建议：一是国家及时出台对深加工结转国内购料实行进料加工"免抵退"税、来料加工"不征不退"税的政策，从根本上解决国内采购料件不能退税的问题；二是对加工贸易不作价设备、外商投资允许类项目全部出口归属鼓励类项目的进口设备，建立和加强监控和审核机制，防止不法分子利用国家鼓励对用于产品出口的有关进口设备实行减免税的优惠政策，通过国货出口复进口并最终将产品转为内销，使国家的应收税款流失。

3. 解决加工贸易非对口合同征收印花税的问题

企业所签订的加工贸易合同主要是收取加工费，与一般贸易的成交买卖合同金额全收全付不一样，而税务部门依据《中华人民共和国印花税暂行条例》中对加工贸易承揽合同按加工或承揽万分之五税率缴纳印花税的规定，对进料加工合同中所签订的购进合同和出口合同分别按合同金额征收万分之五的印花税，存在明显的不合理性，企业反映十分强烈。按 1 家年加工贸易出口额 1 亿美元的企业估算，如果按已批准的加工贸易业务合同分别按购料合同和出口合同金额两次计征印花税，公司一年要增加印花税款约 35 万元。初步匡算全市各类加工贸易企业将加重负担超过 9 000 万元，因此，建议税务部门应根据加工贸易合同的特点，对进料加工合同只按总差价收入的万分之五税率征收印花税，不再分别对其购进合同和出口合同重复征收。

（二）内部环境

（1）加工贸易国际物流配套滞后。广州市航空港、海港建设中适合现代加工贸易国际物流特点的配套设施建设相对滞后，特别是缺少像上海市外高桥、深圳市盐田港等软硬件配套设施较完善的保税物流园区，成为加工贸易利用现代国际物流大进大出的瓶颈。

（2）目前广州市劳动密集型的产业仍以低成本为主。商品结构中轻纺服装、鞋类、塑料五金制品、食品等传统商品仍占相当大比例，产品附加值低，且市场结构高度集中在中国香港、美国、日本、欧盟等几个国家和地区的传统市场，而美、欧、日等国家近年对我国外贸出口设置了不少贸易壁垒，出口前景受约于人。

（3）具有自主知识产权和核心竞争力的产品较少。不少企业还停留在模仿低价竞争阶段，创新能力及参与国内外竞争的能力不够强，科研力量不足，产业配套不完善等，这就难以成为创新型产业集群的栖身地。

四、观念转变和手段创新是实现加工贸易转型升级的必要前提

（一）必须认准自己的比较优势，在转型升级中真正发挥本地区具有国际竞争力的比较优势产业

国际竞争力其实就是比谁的技术含量更高并且综合生产成本更低。生产成本取决于所投入的生产要素，即人才、科技、劳动力、土地资源、运输成本、产业基础的价格因素，拥有上述要素比较优势的产品，其相对成本也较低。像从化等山区，劳动力、土地等要素较有优势，但科技、人才等要素相对处于劣势，因此，在产业升级中应循序渐进，因地制宜，第一步先集中力量发展钻石加工等劳动密集型产业，使本地区经济迅速壮大，进一步吸纳人才和提升科技水平，再发展技术密集型产业，使自己的产品由低端逐渐走向高端，在国际竞争中取得比较优势。如果不切实际地对比较落后的地区也片面强调发展高新科技产业，竞相建立高新科技产业园，结果是放弃了自己的比较优势，既发展不了高科技产业，又丢掉了自己的传统强项，欲速则不达。

（二）树立科学发展观，创造绿色 GDP

绿色 GDP 是扣除经济生活中投入的资源和环境成本后得出的国内生产总值。2003 年我国 GDP 总量虽不足世界 1/30，但原油消耗却达 2.5 亿吨，消耗量居世界第二位；煤消耗 15.8 亿吨，占世界消耗量 1/3；钢材消耗 2.7 亿吨，占世界消耗量 1/4，比美、日、英、法等国家的总和还多；水泥消耗 8.4 亿吨，占世界消耗量 55%。过去一些地区只片面强调 GDP 的高增长，而不惜以高耗能、低产出为代价的教训是深刻的。我们在促进加工贸易转型升级的同时，必须落实科学的发展观，通过产业结构调整，实现速度与规模、效益相统一，环境与人口、资源相协调，在促进经济增长的同时，推动社会的全面进步，走可持续发展的道路。

（三）促进传统出口产品由低端走向高端，作为促进转型升级的重要手段

近年 IT 技术成熟应用于电子玩具，使之销量强势增长并与传统玩具滞销形成强烈反差。镇泰集团紧紧抓住这一商机，及时调整出口产品结构，进行产品升级换代，由传统的毛娃娃玩具，改为大力发展电子图书和集 IT 技术、光电技术于一体的声控玩具等，大大提高了玩具产品的科技含量，并借此跻身世界主要玩具厂商之列。广州广船国际股份有限公司不断通过技术更新，2003年为瑞典 Gotland 航运公司建造了 2 艘新一代高速车客滚装船，每艘造价高达 6 000 万美元，这是我国造船工业第一次承接客滚船国际订单，也是国内第一次建造 1 600 米车道客滚船，建造难度大，被列入国家重大技术攻关项目，这两艘高档客轮的成功建造成为我国造船工业的一大突破。镇泰集团和广州广船国际股份有限公司的成功给广州市传统产业的升级提供了有益的启示。

（四）注重引进外资先进技术的消化吸收是提升产业结构水平的捷径

重引进、轻消化吸收是我国技术引进中长期存在的问题，高新技术产品引进后的消化吸收和技术进步已经成为我国高新技术进口中的核心问题，它对减少研发过程、迅速提升我国产业结构水平作用显著。因此，要建立以企业为中心的技术研发创新机制，并在引进技术转化为先进的生产力的过程中，加快掌握能够推动行业技术进步和可持续发展的关键技术与共性技术，为技术创新奠定坚实的基础。

总而言之，在转型工作中应正确处理好三种关系：一是产业结构的关系，如资金密集型与劳动密集型、传统产业与先进技术产业的关系；二是区域经济关系；三是要与利用外资的质量和水平相适应。要做到三个结合，即扩大引进技术和全面增强自主创新能力相结合、利用外资和大力促进国内产业结构优势相结合、沿海地区加快发展和北部山区协调发展相结合。增强新一轮国际产业转移吸纳能力、消化能力和创新能力，促进加工贸易转型升级。

五、充分利用广州大空港、大海港和陆路通关的优势，大力发展加工贸易国际物流的构想

加工贸易的转型升级不仅仅是传统意义上的产业升级换代，更重要的是要适应当前国际贸易发展的新趋势、新特点，通过大力发展现代物流业为加工贸

易开创一个全新的领域。广州在城市发展"南拓北优"的战略规划中，北面有新落成的白云国际机场，南面有高起点建设的南沙海港，加工贸易的发展要抓住这一难得的机遇，大力发展航空港、海港配套的商贸物流产业区，配合"南拓"战略重点发展适合于大运量、低成本、海上运输为主的临港工业，配合"北优"战略重点发展时效要求高、贵重、保鲜货物等适合航空运输的加工配送工业，再加上已成功实施的进出口货物陆路通关便利措施，为泛珠三角发展战略提供一个功能强大的物流平台，为广州地区加工贸易及物流业的升级转型提供难得的契机。

（一）重点研究、规划和建设新白云国际机场适应航空运输的物流园区，带动北部地区经济腾飞

广州白云机场虽然2002年货物吞吐量已达25.92万吨，但由于广东的进出口贸易占全国三分之一，物流量巨大，导致部分空运货物需要绕道香港、深圳出境，增加了企业的物流成本。新机场落成后，预计货物吞吐量为2005年80万吨，2010年可达110万吨。目前，花都计划建设占地11.5公顷的广州航空港物流中心，南航已经建起2 500亩的物流园区，而国际物流巨头联邦快递也已经确定进驻新机场，随着更多国际和国内航线的开通，加快发展商贸物流产业区已势在必行。为此，笔者建议如下：

第一，大力发展适合航空货物运输的出口监管仓、保税物流中心、快件中心等。对广州新白云国际机场的物流业规划建设中，借助计算机联网监控等先进科技手段，充分利用花都、从化等距离新机场近、交通便利、土地资源相对低廉等优势，开展保税仓储、分拨配送、转口贸易等业务，借助珠三角高新技术企业较多，重点拓展在珠三角地区增长较快的高新技术产品如芯片、手机、手提电脑，以及名贵花卉如兰花、盆景等，鲜活水产品、珠宝首饰等适合空运产品，争取把珠三角乃至华南地区的航空货物通过广州新白云国际机场辐射至国内外，同时，也带动花都、从化等地区经济振兴，促进全市各区域的经济和社会协调发展。

第二，推广多点报关、机场验放的通关模式。在广东乃至泛珠三角区域内，对机场"卡车航班"提供一次审报、一次查验、一次放行的直通式通关，海关、商检、口岸、物流、外经贸、企业联合建立物流信息平台，使企业在平台上办理运输通关和物流配送等业务，提供网上一站式服务，实现信息共享和网络化。

第三，借助CEPA的实施，通过完善新机场软硬件配套设施，做大做强广

州市的珠宝加工业。广州市珠宝加工业年出口超 10 亿美元，具有雄厚的实力和发展前景。根据珠宝首饰属特殊贵重物品，必须确保运输安全和快捷的特殊要求，可参照"卡车航班"运输车队的条件，允许珠宝首饰的生产、加工企业自行或委托运输；引导珠宝首饰运输原由莲花山水道经香港机场转口欧美地区前置为直接从广州新机场出口，从而大大提高安全性和贸易通关便利化。

（二）高起点地建设海港保税物流园区，借助港区联动大力发展加工贸易

整合出口加工区，保税区、出口监管仓等资源。以高科技、颇具规模产业为发展重点，积极进行转型升级规划，在黄埔港、南沙港及其相邻区域，建立仓储运专区。学习上海外高桥保税区、深圳盐田港等兄弟省市口岸软硬件配套建设的好经验好做法，探索从传统的空运直通式向港区联动的自由港发展，将保税物流园区的政策优势与港口的政策优势互补，形成集出口加工、国际贸易、现代物流、港口运作等产业一体的自由贸易区，凭借广州紧靠海港、空港的优越地理位置和便捷的交通条件，依托便捷通关，拓展临港工业、物流园区等产业，吸引珠三角加工贸易货物中转集装箱在保税物流园区进行拆拼箱。实现航、港、区一体化运作，集装箱综合处理与货物分拨、分销、配送等业务联动，使港口成为珠三角国际中转箱源的集散地，并形成四大功能：即国际中转、国际配送、国际采购、国际转口贸易。物流园区实行一次申报、一次查验、一次放行，并采用区域监控和 GPS 物流监控相结合等先进手段，提高对加工贸易保税货物监管的有效性。吸收并集聚国际物流企业构筑高起点的现代物流产业，积极吸收国际知名航运公司和物流企业，集聚一批面向全球市场的采购、中转、分拨、配送等物流企业，形成集陆、海、空、航运、金融、保险、加工贸易、产品加工和产业配套配合立体发展的大商品、大物流格局。

六、广州市加工贸易转型升级可持续发展的战略和思路

以提高广州市国际竞争力为目标，以加强招商引资促进加工贸易发展为重点，以优化软环境为根本措施，以加快加工贸易园区建设为主要载体，引导加工贸易转型升级，通过引进一批、提升一批、转移一批，进一步调整加工贸易的产业结构和出口商品结构，全面提升广州市加工贸易的质量水平，坚定不移地走可持续发展道路。这要从以下几个方面取得突破：

（一）制订广州市加工贸易转型升级中长期发展规划

继续贯彻外商投资产业政策，吸引更多的外商投资高新技术产业和先进制造业，带动一批境外配套企业跟进投资，力争形成配套齐全、内外结合、增值率高、创新能力强的经济增长带和新兴产业群。对符合鼓励类条件的加工贸易项目积极落实国家有关进口设备减免税、土地征用费、企业所得税减征等有关扶持政策。进一步优化加工贸易产业结构，提高技术含量，加强产业配套，扩大产业带，促进技术进步与产业升级，率先成为高新技术产业研发和先进生产制造基地。

（二）设立加工贸易发展专项基金

落实国家关于鼓励加工贸易发展的政策措施，通过政策引导和财政扶持，鼓励出口规模较大和高附加值的企业加工贸易项目落地生根，大力培育年出口额超 1 000 万美元的外向型企业。基金主要用于：

（1）实施出口商品多元化战略，组织加工贸易企业参加境外展览会，进一步开拓国际市场。

（2）扶持企业开展核心技术研究开发，以及引进高附加值、高技术含量项目。

（3）加工贸易工业园区软硬件配套设施建设。

（4）对新办加工贸易的企业进行业务培训和国家政策的宣传。

（5）加工贸易政策的调研。

（6）对符合下列条件的开展加工贸易的企业给予扶持。

①拥有自主知识产权品牌并有较大出口实绩的企业。

②利用先进技术改造传统大宗出口产品取得明显成效的企业。

③获得质量体系认证的外商投资先进技术企业和产品出企业。

④为出口增长做出较大贡献的企业。

基金来源：建议以 2003 年度全市加工贸易出口净增额（约 23.57 亿美元）计算，每美元给予 0.01 元人民币作为启动（按此估算首期可筹集 2 357 万元人民币）。以后每年可按上年度加工贸易出口净增额乘以 0.01 元人民币计算划拨增量资金，滚动发展。

（三）加快推广加工贸易企业联网监管模式

要加快推进加工贸易企业计算机联网监管的工作，在完善加工贸易计算机管理系统并实现外经贸、海关、企业三方联网的基础上，加快在年出口额1 000万美元以上以高新技术为主的大型企业中推广，实现从合同管理为主向企业管理为主、从纸质手册管理为主向电子账册管理为主的"两个转变"。根据企业的各自特点分别实施封闭型保税工厂模式、标准模式、加工贸易联网监管区模式、过渡模式、联网监管公共平台模式，使加工贸易工作适应国际采购、IT业发展和企业生产销售的需要。

（四）利用加工贸易大力发展广州汽车产业

随着日本三大汽车制造商本田落户黄埔，日产落户花都、丰田落户南沙，加上宝隆汽车落户增城和近百家配套的汽车零部件企业的加入，广州已成为具备相当规模的生产和技术能力的汽车工业基地。我们要在跨国汽车企业通过全球生产来降低生产成本的战略转移中抓抢机遇，大力发展汽车加工业。2004年广州本田扩产后达24万辆轿车，日产可达15万辆，年底出口加工区的本田飞度轿车将正式投产，产品全部出口；南沙丰田汽车项目也确定以出口为主。预计广州轿车生产规模到2005年为40万~50万辆，2008年达80万辆，未来10年汽车生产规模将超过100万辆，整车和零部件产值将超过2 000亿元，将有力促使广州跻身全国十大汽车及零部件加工出口基地，成为广州市高新技术产品出口的明星。

（五）引进先进技术改造传统产业，把传统大宗商品逐步发展成为具有典型广州特色的创新型高端产业集群

要认准自己的比较优势，因地制宜地培育和发展既有本地区特色又能促进加工贸易转型升级的运作模式，改造传统大宗商品，提升其科技含量和产业集聚规模，促进传统出口产品由低端走向高端。重点扶持和引导传统出口产品中塑料玩具向人工智能型玩具、日用化工向精细化工、传统空调和冰箱等家电向环保节能型家电、普通船舶向高速车客滚装船的方向发展等，使广州市传统出口产品焕发崭新的活力。

（六）抓好加工贸易园区的配套建设与示范效应，使之成为招商引资的载体与加工生产的出口基地

协调相关部门进驻园区为外商提供"一站式"服务，要以各地区特色行业为突破口，依靠完备的法制环境，政府高效的政务环境吸引外商前来投资和促进加工贸易项目落地生根。突出抓好广州开发区科学城、保税区IT产业园、

出口加工区本田汽车、南沙开发区丰田汽车生产基地及临港钢铁和石化工业园、云埔工业区塑胶轻工业园、番禺珠宝产业园、花都首饰城和皮具城、从化钻石加工基地、新塘牛仔服装生产基地等，及时总结富有特色的加工贸易行业经验，推动加工贸易朝着高质量、高层次的方向发展，为提高利用外资和扩大出口提供良好的载体。

（七）深化加工贸易深加工结转管理方式，提高深加工程度，延长加工贸易增值链条，扩大产业集聚和辐射效应

引导企业积极利用"两区"（出口加工区、保税区）、"两仓"（保税仓、联网监管仓）开展加工贸易，实现外经贸、海关对加工贸易企业保税货物的有效监管。通过协调海关、税务等部门对加工贸易旧设备结转给予相关便利等措施，形成全市加工贸易梯度产业格局，通过深加工结转带动从化等山区加工贸易的发展，在促进加工贸易区域协调发展上取得新突破，对外经贸部门及海关审批的高新技术企业设立便捷通关渠道，鼓励企业选择适用提前报关、联网报关、快速通关、上门验放、加急通关、担保验放等便捷通关措施，努力提高IT产品和高新技术产品出口。

（八）鼓励扩大引进外商投资先进技术与高等院校、科研机构联合，形成产学研、科工贸的有机结合

在积极引导外商把更高技术水平、更大增值含量的加工制造环节和研发机构落户广州市的同时，应增强对高新技术产品技改和研发的支持力度，培育一批具有自主知识产权和核心技术的企业，在引进专业高级人才、研发场所、市场开发、人员培训等方面相应给予税收优惠、财政资金等扶持。要在外商投资先进技术企业，以及技术发展基金等评定中，鼓励企业如安美特（中国）化学有限公司、广州大旺食品有限公司、广州高露洁有限公司、万邦鞋业有限公司等建立自己的研发中心，努力开发高端产品和适应国际市场新潮流的产品。广州市现拥有高等院校39所、科研机构183家，科研人才聚集，为此，可采取政府搭台、企业唱戏等做法，以组织座谈会、双向交流观摩等形式帮助有较好发展前景产业的大型企业与广东省高校、科研机构携手建立实验室和研发中心，如宝洁公司与清华大学强强联合在高校建立研发中心等模式，使科技人才与企业产品开发资源共享、优势互补。

（九）积极实施名牌出口和科技兴贸战略，着力提高加工贸易高新技术产品和机电产品的出口份额和国际市场占有率

进一步提高机电产品和高新技术产品出口的比重，把汽车、船舶、摩托车、电子、精细化工等作为发展重点。扶持一批拥有自主知识产权，有品牌、有出口市场前景的商品加快发展。促进加工贸易不断向高附加值、高技术产品升级，不断提升广州市 OEM（贴牌生产）出口能力，并加快向开展 ODM（按订单设计生产）方式出口转变，逐步实现 OBM（自有品牌营销）方式出口。扩大具有自主知识产权和核心竞争力产品出口，在继续着力扶持"万力"牌轮胎、"珠江"牌钢琴、"华凌"牌空调、"万宝"牌电冰箱等品牌产品出口的基础上，努力培育一批新的有较强国际竞争力的知名品牌。

关于广州市区港联动保税物流体系总体规划的研究①

市场全球化、贸易自由化和经济一体化已成为世界经济发展的主流。为抓住我国加入 WTO、实施 CEPA 和启动"9＋2"泛珠三角发展战略的新契机，利用广州市大空港、大海港、大物流的优势，进一步发挥广州中心城市的作用，带动周边城市的发展，根据海关总署 2004 年初制定的《加工贸易和保税监管改革指导方案》关于建立"以保税区区港联动为龙头，以保税物流中心（A 型、B 型）为枢纽"的整体思路和改革方案，结合广州的发展实际，经过论证及整体规划，广州拟建立由区港联动和保税物流中心（B 型）紧密结合的"一区多园、海空结合、优势互补、协调发展"的保税物流体系。

一、广州建设区港联动保税物流体系的背景

海关总署于 2004 年 1 月 2 日发布了《加工贸易和保税监管改革指导方案》，提出了建立"以保税区区港联动为龙头，以保税物流中心（A 型、B 型）为枢纽，以优化后星罗棋布的出口监管仓库和公共型、自用型保税仓库为网点"的三个层次、六种监管模式的多元化保税仓储物流监管体系的整体思路和改革方案。目前，上海、青岛、宁波、大连、张家港、厦门象屿、深圳盐田港、天津等 8 个保税区因邻近深水港都已先后获国务院批准进行区港联动试点，苏州工业园区 B 型保税物流中心也获准运作。

广东，作为改革开放的前沿地，已逐步发展成为世界上重要的制造业基地之一，外向型经济规模不断扩大和升级，迫切需要加速实现泛珠三角区域的

---

① 此文是笔者与广州市外经贸委加工贸易处韩桢祥于 2004 年 12 月共同编写，国务院于 2007 年 12 月批准设立广州保税物流园区，2008 年 10 月批准设立广州南沙保税港区，2010 年 7 月批准设立广州白云机场综合保税区。

"大通关、大物流、大经贸"。而广州市作为广东省的省会及中心城市，在《广州城市建设总体战略概念规划纲要》提出实施"南拓北优，东进西联"的城市发展战略，正按省委、省政府的重要部署，努力建设成带动广东、辐射华南、影响东南亚的国际化大都市。目前，广州市同时拥有南沙、黄埔深水港和全国三大枢纽机场之一的广州白云机场，为发展国际物流体系提供了难得的优越条件。因此，抓住机遇，充分利用国家的新政策，大力发展"区港联动"及"保税物流中心"已势在必行。

根据广州市发展规划和实际需要，广州市区港联动保税物流体系总面积5.42平方公里，其中，在广州保税区设立区港联动，规划面积约0.5平方公里；在南沙和广州白云机场分别设立保税物流中心（B型），规划面积分别为2.62平方公里和2.3平方公里。建设覆盖面最广、功能最全、各具特色、面向国内、国外两个市场的广州市区港联动保税物流体系。

二、广州建设区港联动保税物流体系的必要性和可行性

（一）广州既定经济发展定位及规划为广州建设区港联动保税物流体系奠定了坚实的基础

符合广东省委、省政府对广州发展定位。按照广东省委、省政府关于把广州建设成为"带动全省、辐射华南、影响东南亚"的现代化大都市的发展构想，建设广州区港联动保税物流体系符合广东省委、省政府强化广州中心城市建设及增强拉动效果的发展定位，也有利于CEPA的实施，有利于"9+2"泛珠三角发展战略的实施，有利于国家关于中国—东盟建立自由贸易区发展战略的实施。

符合广州既定的经济社会发展规划。改革开放以来，广州就确立了"外向带动"的经济社会发展战略，积极发展外向型经济，增强城市国际竞争力。在《广州城市建设总体战略概念规划纲要》提出实施"南拓北优，东进西联"的城市发展战略，重点建设黄埔、南沙、广州国际空港三大国际物流园区。以广州保税区为依托建立区港联动，以南沙开发区和白云机场为依托设立两个保税物流中心（B型）符合广州既定的经济社会发展规划。

（二）珠三角强大的外向型经济及国际制造产业说明广州建设区港联动保税物流体系具有现实的必要性及强大的发展需求

以国际化为主要路径的珠三角，在与跨国公司的竞争合作中，产业结构从

简单加工型升级到生产制造型，现已成为世界前 20 名的制造业加工区域。广州已形成了以汽车制造、石油化工、电子信息为支柱的门类齐全，综合配套能力、科研技术能力和产品开发能力较强的现代工业体系。珠三角制造业、广州机械装备工业和南沙地区临港工业的发展壮大，都将为广州保税区、南沙开发区及白云机场保税物流中心带来巨大的物流需求。

（三）同时具有国际机场和国际深水港，为广州建设区港联动保税物流体系提供了难得的优越条件

国际上同时拥有国际机场和国际深水港的城市只有十多个，广州是其中一个广州港国际海运通达 80 多个国家和地区的 300 多个港口，并与国内 100 多个港口通航，是中国华南地区最大的对外贸易口岸，是我国与东南亚、中印半岛、中东、非洲、澳洲和欧洲各国运距最近的大型口岸。2003 年全港货物吞吐量达到 1.72 亿吨，全港集装箱吞吐量 276.9 万吨，港口货物吞吐量居世界港口前 10 位。

广州新白云国际机场是全国三大枢纽机场之一，具有密集的航线网络和强大的辐射能力。其航空业务量占珠三角市场份额 70% 左右，货运站总建筑面积达 10 万多平方米，仅货运处理区的面积就超过了 7.6 万平方米。新货站的一期设计年吞吐量达 80 万吨，远期规划为 250 万吨，是目前内地第一、亚洲第二、世界第三的航空货运站。

世界经济不断向市场全球化、贸易自由化、经济一体化发展，珠三角强大的制造业需要有强大的国际物流业的支撑，泛珠三角发展需要具有强大辐射能力的中心城市的拉动，因此，启动广州市建设区港联动保税物流体系的建设已势在必行。

广州保税区紧靠国际深水港——黄埔港，符合设立区港联动的基本条件和业务需求。南沙保税物流中心紧靠 4 个 5 万吨级深水泊位，广州空港保税物流中心所依托的广州空港保税物流中心紧靠广州白云机场。广州南沙和空港保税物流中心都符合海关总署关于"保税物流中心（B 型）只能设在靠近海港、空港及内陆物流需求量较大的地区"的要求。

因此，充分发挥广州市同时拥有国际深水港和国际机场的优越条件，通过资源整合，建立"一区多园、海空结合、优势互补、协调发展"的保税物流体系，符合国家关于建立"以保税区区港联动为龙头，以保税物流中心（A 型、B 型）为枢纽"的整体思路和改革方案，可加快广东乃至泛珠三角地区保税物流业的发展，促进产业结构升级，实现建设覆盖面最广、功能最全、各具特色、面向国内国外两个市场的广州市区港联动保税物流体系。

三、广州建设区港联动保税物流体系的总体规划

以"全面发展、协调发展、可持续发展"的科学发展观为指导,以"一区多园、海空结合、优势互补、协调发展"为总目标,充分发挥广州同时具有保税区、国际深水港和国际空港的优势,以广州保税区为依托建立区港联动,以南沙开发区和白云国际机场为依托设立两个保税物流中心(B型),进一步发挥广州中心城市的作用,依托珠三角,实现珠三角区域的"大通关、大物流、大经贸"协同发展,拉动泛珠三角的经济发展的区港联动保税物流体系。

(一)以广保通码头和黄埔新港为依托,在广州保税区内设立区港联动

以广州东部产业带为中心,依托广州保税区的政策优势和黄埔新港的港口优势,建设区港联动的保税物流中心。即利用目前广州保税区围网内临近港口的0.8平方公里土地,与广保通码头和黄埔新港码头实现双联动,为广州东部和东莞等制造业中心提供配套服务。

第一,园区面积:约0.5平方公里。

第二,四至范围:东至东江边、南至金桥路、西至广保大道、北至保盈大道。

第三,港口条件:广保通码头长期作为保税区的配套码头,积累了丰富的保税货物理货经验,有3000吨级码头泊位2个,2003年集装箱吞吐量为4万吨;黄埔新港有3500吨泊位8个,其中集装箱泊位3个,2003年集装箱吞吐量为56万吨。

第四,区与海港的地理位置关系:广州保税区区港联动紧靠广保通码头,距黄埔新港约1.5公里。

(二)以南沙优良深水港为依托,建立南沙保税物流心(B型)

整合广州港口资源,运用高科技的电子监管手段,扩大联动范围,实现保税区政策外延和港口、海关管理接轨,在南沙建设南部保税物流中心(B型)。

第一,中心面积:广州南沙保税物流中心陆域规划用地总面积约2.2平方公里,分三期规划建设:①近期首先启动监管区面积为0.5平方公里的区域;②中期开发0.88平方公里,监管区面积扩展为1.38平方公里;③远期开发江海联运区,占地面积约0.85平方公里。

第二,港口条件:广州港南沙港区一期工程,为4个5万吨级深水泊位,

已于 9 月 28 日投产使用；二期工程规划为 6 个 5 万吨级泊位。

第三，中心与海港的地理位置关系：南沙保税物流中心（B 型）紧靠广州港南沙港区一期工程。

（三）以广州白云国际机场为依托，建立广州白云国际物流有限公司保税物流中心（B 型）

凭借白云国际机场的枢纽地位和充足运力，积极发展 IT 物流，打造空运物资保税物流中心，通过信息共享实现快速通关，快速集拼，快速流动，创造世界速度。

第一，中心面积：规划用地约 2.3 平方公里。

第二，空港条件：广州白云国际机场是全国三大枢纽机场之一，是我国首个按照中枢机场理念设计和建设的航空港。货运站总建筑面积达 10 万多平方米，仅货运处理区的面积就超过了 7.6 万平方米，新货站的一期设计年吞吐量达 100 万吨，远期规划为 250 万吨，是目前内地第一、亚洲第二、世界第三的航空货运站。

第三，中心与空港的地理位置关系：广州白云国际物流有限公司保税物流中心位于广州空港物流园区内，南接白云国际机场。

四、广州市区港联动保税物流体系总体规划的发展目标

加快发展陆—海联运，海—空联运等多式联运的直通式运作，以点带面，实现港口升级和区域发展双向促进，实现保税区区港联动和南沙、空港保税物流中心（B 型）资源的优化配置，做大做强国际中转、配送、采购等现代物流的功能，将海港、空港、保税区在概念、形态上的"1 + 1 = 2"，演变为"1 + 1 > 2""1 + 2 > 3"的促进效应，以建设总面积为 5.42 平方公里的一区多园，可实现覆盖面最广、功能最全、各具特色、面向国内国外两个市场的广州市区港联动保税物流体系为总目标。

广州保税区区港联动主要为电子通信、汽车、机械设备等行业的发展提供支撑，依托广州开发区，辐射东莞、清远、河源等地区。

南沙保税物流中心（B 型）主要为钢铁、石化、汽车造船业等临港工业的发展提供支撑，辐射佛山、东莞等地区。

广州白云国际物流有限公司保税物流中心（B 型）主要为信息技术、珠宝、鲜活商品等适合航空运输行业的发展提供支撑，辐射珠三角及华南地区。

五、广州市区港联动保税物流体系总体规划的功能设定

广州市区港联动保税物流体系着力于构筑空港、海港、保税物流中心联动发展、协调发展的新框架，以货物在境内外快速流动、实现海空港优势互补、提高海关监管效率为重点，提高广州的城市竞争力和辐射力，适应世界经济市场全球化、贸易自由化、经济一体化的发展潮流。其基本功能设定是：货物到港（海港或空港）后，在海关监管下，在保税状态下，通过港区直通式进出物流园区，实现对保税货物进行国际中转、国际分拨配送、国际采购中心和国际转口贸易四大功能。

（1）国际中转功能：接收通过各种运输方式的到达集装箱和货物，直接换箱或进行分拣、集拼、储存和综合处理，并换装其他国际航线船舶后，继续运往其他（地区）指运口岸。

（2）国际分拨配送功能：根据用户的订货要求，在保税物流中心内进行货物的分拣、配备，进行简单加工和增值服务、批量转换，拼箱重组后以最合理的方式送交国内或国外用户。

（3）国际采购中心功能：吸引跨国采购中心进入保税物流中心投资，对国内采购商品进行分拣、重组或对进口商品简单加工和增值服务后，向国外分销、集运。依托于珠三角庞大的制造业和完整的供应链，保税物流中心在建设国际采购中心上具有独特的优势。

（4）国际转口贸易功能：商品从生产国运往保税物流中心进行中转，储存或进行简单加工和增值服务后再销往消费国。国际转口贸易服务于国际中转、国际分拨配送和国际采购中心三大功能的贸易活动。

六、广州市区港联动保税物流体系总体规划的管理模式

在海关、检验检疫等有关部门的业务指导下，将严格遵照国家对区港联动和保税物流中心（B型）的有关监管办法，只设仓储物流和运输物流企业，围绕着货物流转顺畅、区港协调运营和提高海关监管效率三个重点来运作，实行"封闭式、网络化、高效率、全程监控"的管理模式，与其他区域之间设置符合检验检疫、海关监管要求的出入卡口，实现"一次报检报关、一次查验、一次放行"；建立区域性信息管理系统，真正体现"一线放开、二线管住、区内自由"；建立区域信息化管理系统，海关各有关主管部门、企业之间实行电

子联网，管理部门实行电子信息共享，企业通过网络办理报关、税费支付等手续。

（一）海关监管

海港、空港到园区，一区多园之间及跨区域、跨关区保税货物的转关运输可通过运用先进的 GPS 技术、海关直通监管车等手段，采用报关信息和物流动态信息相结合的方式，进行全程监控，同时结合风险管理，定向核查，可实现有效监管。

海关对物流园区与境外之间进出货物的实施封闭监管，从毗邻物流园区的港区进出的，直接通过海关设立在连接物流园区和港区之间的自动卡口进出办理海关手续；从非毗邻园区的港区进出的，运抵物流园区办理海关手续。跨关区货物，按照转关运输的有关规定办理，实行计算机联网管理和海关稽查制度。区内企业应建立符合海关监管要求的计算机数据库。海关对企业实行电子账册管理。

物流园区与其他海关特殊监管区域、场所（指保税区、出口加工区、保税仓库等）之间货物的往来，由收发货企业联名向转出地主管海关提出申请，经海关核准后，按照海关转关运输的有关规定办理，物流园区与同一海关其他特殊监管区域、场所之间货物的往来，由收发货企业在特殊监管区域的公共平台上申请。经海关审核同意，可按"分批送货、集中报关"的程序操作。

（二）检验检疫

物流园区内建立与完善既适应现代物流需要，又符合检验检疫监督管理要求的查验场地和检疫处理场所。进出物流园区的货物及包装物、铺垫材料、运输工具、集装箱等属于法律法规规定应当实施检验检疫的（以下简称"应检物"），由园区内检验检疫机构统一实施检验检疫和监督管理。

从境外进入园区的应检物，在进境时，检验检疫机构依法实施卫生检疫、动植物检疫和检疫除害处理，应检货物除涉及安全、卫生和环境保护的外，免于实施品质检验；进入园区入境货物到港后，可直接运往物流园区内进行检验检疫机构指定的查验、检疫处理场地实施查验或检疫处理。

从园区出境的应检物，在出境时，检验检疫机构依法实施卫生检疫、动植物检疫和检疫除害处理，属商品检验和食品卫生检验范围内的应检物，除需标明中国制造，或者使用中国注册商标，或者申领中国产地证，或者需检验检疫机构出具质量证书的外，免予实施品质检验或食品卫生检验。

应检物从园区外（"园区外"指区以外的中华人民共和国境内其他地区）进入园区，视同出口，从园区进入园区外，视同进口，检验检疫机构依法实施检验和监督管理，免于实施检疫；对进入园区后离境出口或入区后又复出区的应检物，已实施检验并在检验有效期的，不再实施检验；应检物从园区外进入园区时，凭园区外属地检验检疫机构出具的证单向区内检验检疫机构办理查验、换证手续。园区内应检物在园区内销售、转移，免于检验检疫和检疫处理。检验检疫机构对需在物流园区内进行分拣、刷贴标志、换包装、整理等简单加工的动植物产品和食品等重点产品的加工过程、存放场所以及集装箱场站实施监督管理。园区内企业在园区内自用的设备、办公和生活消费用品，免予实施品质检验，免予实施强制性认证。

从园区离境出口的产品，符合中华人民共和国出口货物原产地规则和普惠制给惠国原产地规则的，可向检验检疫机构申请办理原产地证明书。

通过物流园区电子信息平台，实现检验检疫与海关、港区信息共享，实行"电子报检""电子检验检疫""一单两报""无纸化"通关。

（三）外汇管理

按照现行《保税区外汇管理办法》（汇发〔2002〕74 号）的规定，对物流园区内注册的货物分拨企业，在自有外汇不足以对外付汇的情况下，允许企业购汇解决。通过物流园区的贸易，其对应的外汇收支，原则上要求在区内企业进行。实行区内企业非贸易购汇试点，对货物流与资金流不一致的付汇，选择在区内试点。

总之，广州保税物流体系的管理模式，是通过信息围网、物理围网和卡口管理，实现空间上的聚集、中心内货物自由流动和国内货物入中心退税，充分发挥保税物流中心联结国内外两个市场的作用，促进对外贸易、现代物流的快速发展。

七、广州市区港联动保税物流体系总体规划的政策配套

借鉴国际自由港（自由区）的成功经验，着力于加快中国"入世"与国际规则对接的步伐，根据国家现有的关于保税区及出口加工区等的相关法律规定及政策，结合区港联动和保税物流中心的特点，进行相应的政策配套。

（一）税收政策

比照出口加工区的相关政策，对具有进出口经营权的区外企业运入物流园

区的货物视同出口，由区外企业凭出口货物报关单（出口退税专用）和相关退税凭证申请办理退（免）税。物流园区内企业在区内加工的货物，凡属于货物直接出口和销售给区内企业的，免征增值税、消费税。从区内出口的货物，不予办理退税。

对区外企业销售给区内企业并运入物流园区供区内企业使用的国产设备、原材料、零部件、元器件、包装物料，以及建造基础设施、企业和行政管理部门生产、办公用房的基建物资（不包括水、电、气），区外企业可凭海关签发的出口货物报关单（出口退税专用）和其他现行规定的出口退税凭证，向税务机关申报办理退（免）税。

对从区外进入物流园区供区内企业使用的国产设备、包装物料、建造基础设施以及行政管理部门办公用房所需合理数量的基建物资等，海关按照对出口货物的有关规定办理通关手续，并签发报关单出口退税联。

对区外企业销售给区内企业、行政管理部门并运入物流园区供其使用的生活消费用品、交通运输工具，海关不予签发出口货物报关单（出口退税专用），税务部门不予办理退（免）税。

对区外企业销售给区内企业、行政管理部门并运入物流园区供其使用的进口机器设备、原材料、零部件、元器件、包装物料和基建物资，海关不予签发出口货物报关单（出口退税专用），税务部门不予办理退（免）税。

主管税务机关接到区外企业的退（免）税申请后，按照《国家税务总局关于印发〈出口加工区税收管理暂行办法〉的通知》（国税发〔2000〕155号）、《国家税务总局关于出口加工区耗用水、电、气准予退税的通知》（国税发〔2002〕116号）、《国家税务总局关于芜湖出口加工区基建物资出口退税的批复》（国税函〔2008〕05号）及其他相关文件规定，审核无误后，办理退税对物流园区内企业从境外进口自用基建项目所需的设备和物资、生产所需的设备及其维修用零配件、为物流配送临港增值加工等加工所需的包装物料、自用合理数量的办公用品，予以免税。

对物流园区运往区外的货物，海关按照对进口货物的有关规定办理进口报关手续，并对报关的货物征收关税和进口环节增值税、消费税。

区外企业销售并运入物流园区的货物，一律开具《广东省出口商品统一发票》，不得开具增值税专用发票或普通发票。物流园区外运入区内的货物视同出口并给予办理退税后再复出区外的货物的增值税实行单独统计，由中央财政返还由地方财政负担超基数部分出口退税的25%的增值税。

区内企业按现行有关法律法规和规章缴纳地方各税。区内的内、外资企业分别按国家现行内外资企业所得税法律法规和规章缴纳所得税。

（二）外经贸政策

进入物流园区的注册企业，要拥有进出口经营权；优先赋予国际货代和船代资格，简化无船承运人办理程序。

区内注册的中资企业享有进出口经营权。

物流园区与境外之间进出的货物，除实行出口被动配额管理外，不实行进出口配额、许可证管理，由货主或其代理人向主管海关备案。

物流园区内可进行分级、挑选、刷贴标志、改换包装形式等简单加工。

（三）外汇管理政策

外汇管理政策：园区的外汇管理应按照国家外汇管理总局 2002 年第 72 号《保税区外汇管理办法》的文件贯彻执行，在区内企业落实进出口经营权后实施的配套政策。主要包括：货物从物流园区运到境外，或者从境外运抵物流园区，区内的企业无须办理出口收汇和进口付汇核销手续；保税货物从区外进入物流园区或者从物流园区运往区外，由区外企业按照规定办理出口收汇和进口付汇核销手续；区内企业办理进出口收付汇核销后，与区外企业（无进出口经营权）结算以人民币计价。

（四）海关与有关部委统一管理的政策

为了区分园区和保税区、港区的货物，园区需使用与现保税区不同的专用关区代码，以便统一贸易方式；电子报关单中的贸易方式予以明确，解决国家外汇管理局收付汇手续问题；解决卡口自动识货放行的 SCA 验鉴和备案货物 EDI 事后不交单的问题，为确保 EDI 无纸报关的顺利实施，协商解决相关证件与海关进行联网监管的问题。

八、广州市区港联动保税物流体系总体规划的工作计划

广州应充分利用国家的新政策，利用广州大空港、大海港、大物流的优势，尽快启动广州市区港联动保税物流体系的申报工作，通过区港联动和保税物流中心建设，推动产业结构升级，增强广州开放型经济的国际竞争力。

（一）建立广州市区港联动保税物流体系协同工作机制

工作小组由市领导任组长、海关广东分署和市政府副秘书长任副组长。工

作小组办公室设在市府办公厅（口岸管理处），并增设工作小组办公室牌子。市府办公厅是广州市海、陆、空口岸管理、协调部门，负责全市区港联动和保税物流体系（B型）有关的口岸衔接、协调及报批工作。成员单位包括海关广东分署、广东省检验检疫局、国家外汇管理局广东省分局、广州海关、黄埔海关、市政府办公厅、市政府研究室、市外经贸局、市港务局、市计委、市交委、检验检疫局、市财政局、国税局、市规划局、国土局、广州开发区管委会（保税业务管理局、经发局、国土局）、南沙指挥部（经发局、国土局）、南方航空集团、市港务集团、广州白云国际物流有限公司等。

（二）项目主办单位抓紧完善项目的建设论证及与上级相关部门的衔接

广州开发区管委会、南沙指挥部、南方航空集团、广州白云国际物流有限公司分别做好区域内联动规划，应进一步完善必要的前期基础设施建设论证，拿出具体可行方案。黄埔海关和广州海关负责协调海关政策、联系海关总署、送审报批和园区业务运作要求、监管制度等工作。市商检局负责与国家商检部门的有关衔接工作，并提出设立后的驻场方案。市财政局、国税局分别负责沟通财政部、税务总局，做好报批的有关衔接工作。

（三）各相关部门各司其职通力合作

市外经贸局负责协调国家商务部，做好报批的有关衔接工作。市政府研究室负责全市宏观产业布局、政策法规的衔接工作。市计委负责按照广州市物流发展和"东进西联南拓北优"城市发展规划对广州市区港联动保税物流体系提出意见，并就广州市区港联动保税物流体系纳入广州物流发展整体规划提出方案。市交委是负责整合全市可供区港联动和保税物流体系有关的现有交通运输资源，并提出相应的方案。市规划局和国土局按职责负责用地规划、提供土地选址和相关用地报批工作，并衔接好有关报批工作。市港务局负责整合可供与保税区联动的港口码头资源，提出具体的区港可联动方案。

（四）尽快申报设立广州市区港联动保税物流体系

根据申请设立区港联动保税物流体系应由省人民政府向国务院提出申报的要求，广州市应尽快拟定《广州市区港联动保税物流体系的总体规划》，上报广东省政府审定后向国务院提出申报。

（五）落实建设方案

待得到国务院批准后，将参照《海关总署关于印发出口加工区隔离设施及海关有关监管设施标准的通知》《海关总署关于印发关于对出口加工区卡口设置专用通道的要求的通知》的有关规定进行监管隔离设施等建设工作。广州市政府将按照国务院及各部委、广东省政府的有关要求，高水平建设"一区多园、海空结合、优势互补、协调发展"的广州市区港联动保税物流体系，把项目实施的工作组织好和落实好。

让广州珠宝走出国门走向世界^①

广州是古代中国"海上丝绸之路"的起点，是南中国的千年商都。广州珠宝产业历史悠久，是中国内地最成熟、最具规模的金银珠宝首饰批发中心、加工基地和零售市场之一。改革开放以来，广州开放型经济蓬勃发展，随着中国加入WTO以及CEPA的实施和黄金市场的逐步开放，广州的珠宝产业迎来了高速发展时期。

一、广州珠宝产业发展状况及主要特点

（一）出口跨越式发展占据全国半壁江山

"十五"时期，广州珠宝出口年均增长率达18.45%。2005年，广州地区珠宝首饰进出口额28亿美元，其中出口16.16亿美元，比"九五"期末4.79亿美元翻了近两番，珠宝出口占全国的二分之一，跃居全市出口大类商品第四位。

表1 广州市"十五"期间珠宝首饰出口情况

年份	金额（万美元）	同比（%）
2001	82 080.11	6.19
2002	96 933.26	18.10
2003	118 749.20	22.51
2004	142 432.30	19.94
2005	161 602.29	13.46

注："十五"期间平均增长率为18.45%。

---

① 笔者2006年10月于广州编写。

（二）开拓国际珠宝市场取得新突破

2005 年广州市珠宝首饰出口的国别和地区达 77 个，比"九五"期末多 22 个；出口前三位的美国（5.68 亿美元）、欧洲（5.32 亿美元）、中国香港（4.94 亿美元）共占全市珠宝首饰出口额 98.64%，呈现三驾马车齐驱的局面。广州珠宝加工量占香港转口贸易的七成，其中经香港转口到美国市场的金银首饰六成来自广州。在 CEPA 的有力推动下，广州与香港珠宝业积极合作，优势互补，形成一体化发展的新格局。

（三）高起点建成以番禺、花都和从化为核心的珠宝首饰制造基地

番禺区建立了沙湾珠宝产业园、钻汇珠宝采购中心等园区，以此为中心吸引了近 300 家珠宝企业落户，占全市珠宝企业三分之二；花都区规划了占地 2 300 亩的国际金银珠宝城，已有 80 多家国内外著名企业进驻；从化市（现从化区）已形成以旗杆镇为核心的钻石加工基地；园区通过为珠宝生产厂家提供保税手册开设、转厂核销、产品检验、便捷通关等"一站式"的配套服务，以优良的投资环境成为吸引外资和产业集聚的重要载体。

（四）产业呈现集聚化和专业化

广州集聚了近 500 家来自比利时、以色列、印度、意大利、美国、加拿大、德国、法国、韩国、日本等国家和中国香港等地区的珠宝厂商，投资领域涵盖了金银首饰镶嵌、钻石打磨切割、宝石精细加工、珠宝首饰设备制造等，形成了产品种类档次齐全、加工技术全面的产业集群，集聚化和专业化的加工生产使广州珠宝在国际市场中具有很强的竞争力。

（五）走出去和引进来相结合享誉世界大展和国际珠宝界

组织企业参加美国拉斯维加斯珠宝展、香港国际珠宝展等世界著名珠宝展，并同期举办广州珠宝投资环境介绍会，引起了国际珠宝界的轰动，近年外商及港商来穗投资呈急剧增长之势，仅香港就几乎所有知名品牌都已落户广州。同时，广州连续三届举办了中国（广州）国际黄金珠宝玉石展览会，已成为国际珠宝业重要的展览盛事之一，每届吸引了来自以色列、印度、比利时、意大利、美国、中国香港等 70 多个国家及地区超过 7 000 名珠宝业内人士采购商洽。广州珠宝以款式新颖、工艺精湛、价格适宜的鲜明特色在国际珠宝界声名鹊起。

二、广州珠宝产业发展环境分析

在全球经济一体化的背景下，广州珠宝产业面临着新的发展环境。

（一）发展前景及机遇

（1）珠宝产业的兴旺发达是反映一个城市文化品位和国际化程度的重要标志。珠宝首饰是有着浓厚人文色彩和文化底蕴的特殊产业，它象征着人们对高品质、高价值的物质与精神的追求，是东西方文化交汇、传统工艺与现代文明融合的结晶。从珠宝经济区域分布看，国际上美国拉斯维加斯和纽约、瑞士巴赛尔、比利时安特卫普、印度孟买等城市，以及中国香港、广州、上海、北京等都是经济发达、个性鲜明、辐射力强的国际化都市。广州大力发展珠宝产业，可进一步提升作为国际化大都市的知名度和文化底蕴。

（2）绿色环保的特色使珠宝产业焕发强大的生命力。作为珠宝产业，一是在加工、生产、检验、销售各环节自始至终无污染；二是集技术工艺密集型和劳动密集型于一体，投资少、价值高；三是适宜在多层结构的工业厂房开展集约式生产，可最大限度地提高有限土地资源的利用率；这些特色与广州中心城市的产业发展导向是一致的。

（3）国民经济持续增长成为珠宝产业发展的原动力。珠宝行业专家认为，一国的珠宝首饰是与其 GDP 同步发展的，需求曲线也是与 GDP 上升曲线趋势相吻合的。中国近 20 年来 GDP 年均增长率为 8%～9%，据中国宝玉石协会专家预计，到 2010 年，中国珠宝销售额将达到 1 800 亿元，年出口值超过 70 亿美元，占全国 GDP 的 1%，珠宝业将成为中国市场中最有潜力和投资价值的发展领域。而广州作为综合经济实力居全国第三位的城市，近五年 GDP 年均增长率达 13% 以上，良好的经济运行态势使广州珠宝有广阔的发展空间。

（4）逐步与国际接轨的产业政策为珠宝发展提供了良好机遇。随着中国"入世"及 CEPA 实施，国家对黄金珠宝行业进出口经营权逐步放宽，相关的税收政策也做出了调整，钻石毛坯实现了进口零关税，贵金属、宝石等进出口关税、消费税也做出了相应下调，2006 年 7 月 1 日又对毛坯钻石、成品钻石的进口环节增值税实际税负分别降为 0 和 4%，这都有利于广州珠宝抓住国际产业转移的机遇加快发展。

（5）独特的区位优势，为广州发展成为中国乃至世界最重要的珠宝制造地和集散地奠定了基础。广州是中国对外贸易的重要门户，处于泛珠三角、中国—东盟自由贸易区的核心位置，拥有国内三大枢纽机场之一的白云国际机场、位居世界十大港口之列的广州港、四通八达的铁路、高速公路和快速轨道组成的现代交通网络，以及先进的信息交换枢纽、独特的区位优势、便利的物流和通关环境为广州发展成为中国乃至世界重要的珠宝制造和出口中心提供了优越的条件。

（6）穗港两地珠宝界携手合作共创双赢。香港作为国际物流中心和金融中心，具有优秀的设计、先进的技术和现代的管理理念；而广州拥有丰富的人力资源、精湛的加工技艺、低廉的物流成本和高效的运作效率。CEPA 的全面实施，使穗港区域经济进一步融合，两地加强合作、优势互补、资源共享，共同促进了珠宝业的蓬勃发展。

（二）面临的主要障碍和问题

随着近年企业数量和生产规模的急剧扩大，制约广州珠宝产业进一步发展的问题也日益凸显，主要表现为：

（1）珠宝企业加工制造技术含量偏低，主要依靠外国和中国香港地区的制造加工工艺，许多企业仍停留在以 OEM（贴牌生产）为主的来料加工模式。

（2）广州没有像印度等国家的钻石原材料资源优势，也没有建立珠宝采购中心，珠宝加工地与国际原材料采购地处于分离状态，不能直接为本地加工企业提供稳定的原材料来源，造成了产业链的不完整，增加了企业的物流成本和生产周期。

（3）珠宝现有的监管检测手段与比利时国际一流水平的 HRD 检测实验室等相比，专业化水平不够高、国际公信力不够强。由于珠宝首饰体积小价格高，且检测技术要求高，个别企业为逃避高额的从价税而采取价格低报等不正当的手段谋利。

（4）没有珠宝公共研发机构，也没有公共的产业发展和咨询平台。缺乏研发能力和自主创新，没有真正形成自主品牌。

三、提升广州珠宝产业国际化水平的必要性和重要性

当前，广州市珠宝产业正处于从规模数量型向质量效益型转变的关键时期。在经济全球化的发展趋势下，广州珠宝产业要在日趋激烈的国际市场竞争中取得主动地位，关键在于创立新形势下的发展模式，必须以技术进步和体制创新为动力，走有广州珠宝产业特色的发展道路。

（一）创建珠宝采购中心运作模式是广州市珠宝产业走向国际化的必要前提

据珠宝行业商会分析，目前国际钻石市场正呈现往亚洲转移的趋势，中国已成为继印度之后世界第二大钻石制造业大国，广州钻石加工量已占广东90%和全国一半以上。鉴于此，广州市应借鉴比利时的成功经验，吸引控制着世界70%钻石毛坯的英国伦敦世界钻石有限公司（DTC）等国际重量级珠宝商集聚广州，以充足的原材料供应为珠宝产业提供强大的保证，同时开展珠宝成品的国际交易。

为此，必须建立国际级的广州珠宝采购中心，创新珠宝的保税监管模式，借鉴国外先进管理理念，在该中心内设立海关、外经贸、品质检测、保险、物流等政府及相关职能机构，汇集国际珠宝原材料供应商、厂商和贸易商，提供直接相互交流与交易的场所。拓展保税仓功能，使之成为集原材料采购、产品交易、品质检测、转厂核销、保税展览、保险、专业押运、便捷结算等特色功能于一体的"一站式"国际级交易平台。通过促使广州珠宝产业从单一加工向以国际物流、金融保险、保税展览等为主要特征的现代服务业延伸，形成相互配套的国际化产业集群。

（二）建立珠宝技术研发服务公共平台是广州珠宝产业可持续发展的不懈动力

产业集群必须有强大的技术研发服务公共平台作支撑，才能不断发展壮大。比利时钻石举世闻名，其中钻石公共管理组织——比利时钻石高阶层议会（HRD）功不可没。它设立了宝石学院、钻石科技研究中心，并以高素质的管理水平和专业的检测技术，有力地帮助政府扶持钻石工业和贸易的发展，HRD已成为世界钻石品质和最高行业标准的代名词。在以钻石高阶层议会为代表的公共服务平台的支撑下，安特卫普集聚了钻石交易所、钻石检测中心、钻石银行（ADB）、保险公司和设计公司等机构，吸引了众多世界顶级的钻石公司在此交易，成了世界钻石交易中心。

广州要借鉴比利时钻石高阶层议会的成功经验，结合自身实际，建立珠宝行业的技术研发服务公共机构，在技术研发、标准制订、品质鉴定认证、人才培训、国际交流与合作等方面提供一流的公共服务，为本地企业提供共有技术支撑，并成为本地企业与政府部门、科研机构、国际同行业等相互交流与合作的平台。

因此，广州珠宝产业要抓住机遇，加快发展。现阶段关键是要尽快提升广州在全球珠宝产业价值链的地位，向产业价值链的上下游延伸，上游主要是创立技术研发服务公共机构，下游主要是构建珠宝采购中心。通过创立这两大平台推动产业转型升级，加快提升广州珠宝产业的国际化水平。

四、提升广州珠宝产业国际化水平的对策与思路

要把握广州珠宝产业发展的新机遇，科学制定和实施提升国际化水平的发展目标和工作措施。

（一）发展目标

以开放型经济为主导，按照《广州市国民经济和社会发展第十一个五年规划纲要》的总体要求，抓住全球经济一体化和珠宝产业转移的机遇，以转变增长方式为主线，以自主创新为动力，以优化投资环境为根本措施，推动珠宝产业集聚升级。力争到 2010 年，广州市珠宝出口值超过 32 亿美元，比"十五"期末翻一番，实现珠宝出口由规模数量型向质量效益型转变；在更大范围、更宽领域上形成产业服务配套、投资贸易并举的新格局，把广州发展成为世界珠宝制造出口中心、交易集散中心和技术创新基地，全面提升广州珠宝的国际竞争力。

（二）工作措施

1. 整合资源高起点地打造珠宝产业的特色园区

制订行业发展规划，发挥番禺、花都和从化珠宝加工基地的集聚和示范作用，把外经贸、海关、税务、商检等相关政府职能部门引入园区，为珠宝出口提供"一站式"便利服务和安全保障。落实好扶持珠宝产业发展的政策措施；积极协调解决企业在生产经营、货物通关、外汇核销、出口退税等方面遇到的问题。努力为企业创造良好的营商环境，使珠宝产业园区成为招商引资和扩大出口的良好载体。

2. 以拓展保税仓功能为手段创新珠宝采购中心模式

建立与国际接轨的会员制度，引入推荐制度、公示制度、升降级制度等实施细则，促使会员自觉守法经营，营造信誉好、专业化水平高的交易环境。在完善会员制度、担保制度、保险制度、检测机构制度、闭路电视监控系统、信

息化管理系统等基础上，引入银行信用评估制度，一方面借助其全球客户跟踪评估的专业化服务，确定客户的信用等级，进一步降低监管和交易风险；另一方面可借助其强大的资金实力，吸引更多的国际珠宝商在珠宝采购中心进行交易，提升广州市珠宝采购中心的国际行业地位。

3. 创立"产—学—研"三位一体发展模式的珠宝产业技术研发服务公共机构

（1）切实加强与高等院校合作，建设高水平的珠宝专业学院，培养珠宝技术专业人才和管理人才。加快与香港生产力促进局等拥有先进技术资源的国内外专业机构合作，建立钻石科技研究开发中心，消化吸收国外的最新成果，创新珠宝加工的新工艺、新技术、新款式，形成自主创新研发体系。

（2）进一步加强与中国宝玉石协会、比利时钻石高阶层议会等国际级权威机构合作，建立具有国际一流水平的珠宝检测中心，为塑造广州市珠宝国际品质提供有力的保证。借鉴比利时具有国际一流水平的 HRD 检测实验室以专业化的检测和认证充当第三方物流监督执行者的成功经验，使钻石进出口通关能保持较低的抽查率，为提高监管水平和通关效率提供强大的技术保障。

（3）以"行业自管，政府监管，社会共管"为理念，加快与国际珠宝业接轨，建立广州珠宝产业技术研发服务公共机构，为行业创新发展提供指导性意见和公共服务，将广州建设为具有国际先进水平的珠宝检测中心、认证中心、人才中心和技术创新基地。

4. 打造一批拥有自主知识产权和良好出口市场前景的珠宝企业

（1）鼓励企业原始创新、引进消化吸收再创新。加快珠宝企业由 OEM（贴牌生产）向 ODM（按订单设计生产）方式出口转变，逐步实现 OBM（自有品牌营销）方式出口。扩大具有自主知识产权和核心竞争力产品出口，努力培育一批新的有较强国际竞争力的知名品牌，将广州发展成为珠宝制造和出口基地。

（2）定期举办高水平的国际珠宝设计大赛。吸引国际著名设计师参与，学习和借鉴珠宝发达国家的先进设计理念和精湛工艺水平，通过比赛和学习提高，不断发掘和培养出广州本土化珠宝设计师，引导本土品牌的培育和成长。通过参与或赞助"美在花城""新丝路花雨"等既有中国特色又有较大国际影响力的大赛提高广州珠宝的知名度。

（3）积极扶持企业树立品牌原创意识。重点扶持规模较大、基础较好的企业打造珠宝品牌，提升珠宝的技术含量和研发水平，培育自主知识产权。继承和发扬广州市珠宝传统特色，不断挖掘珠宝文化元素，提升珠宝的文化内涵和产品附加值。

5. 加强对重点国家的招商引资力度，全力打造国际化珠宝谷

（1）利用广州市珠宝产业的国际竞争比较优势，发挥广州市珠宝较完整的产业配套、低廉的物流成本和高效的运作效率，以及国内巨大的市场空间等比较优势，重点引进世界级珠宝原材料供应商，克服"木桶短板"缺陷，为珠宝企业加工和贸易提供充足的原材料来源，实现真正意义上的国际性珠宝交易平台。

（2）通过组团参加美国拉斯维加斯珠宝展、瑞士巴赛尔珠宝展和香港国际珠宝展等国际著名珠宝展，多种方式向国际珠宝界提供深入了解和接触广州珠宝业的渠道，争取更多的国际珠宝厂商来穗投资和贸易，形成国际化的珠宝产业集群。

（3）加强与境外贸易发展机构、珠宝行业协会和商会的交流和合作。发挥行业商（协）会的功能，定期开展国际贸易发展机构、珠宝行业协会和商会以及相关机构之间的沟通和交流，充分利用其在国际珠宝界的客商网络和管理经验，努力扩大与国际珠宝行业的合作，通过优势互补，共同促进珠宝产业的繁荣。

6. 努力办好中国（广州）国际黄金珠宝玉石展览会

要进一步加强与亚洲博闻公司等国际资深珠宝专业展览公司合作，扩大中国（广州）国际黄金珠宝玉石展览会的规模，着重吸引以色列、印度、比利时、意大利、美国等珠宝传统大国以及我国香港的珠宝企业参展，提高海外客商的参展率。通过走访国内外大型珠宝展、安排海外业界人士到广州实地参观、邀请知名行业协会、国外宝石学院和权威性刊物在展会期间举办主题讲座等一系列措施，扩大海内外客商参展网络。进一步做好组织和管理工作，把中国（广州）国际黄金珠宝玉石展览会打造为亚洲最重要的国际珠宝展览会，促进广州珠宝更快更好地走出国门，走向世界。

提升广州汽车产业国际化水平的探讨①

汽车产业是广州国民经济的三大支柱产业之一。改革开放以来，广州汽车产业迅猛发展，产业集群和辐射效应明显增强，已成为国内乃至国际重要的汽车生产基地，带动了广州开放型经济的快速发展。

汽车产业已成为当今全球化程度最高的产业之一。面对跨国公司新一轮产业转移的浪潮，广州汽车产业应如何根据国内和国际市场的发展趋势，在国际分工中找准自己的定位，科学谋划广州汽车未来的发展方向，提升广州汽车产业的国际化水平，这是当前亟待解决的重要课题。

一、广州汽车产业的基本情况及主要特点

广州是中国对外经贸往来的重要门户，汽车产业的发展与广州的对外开放也密切相关。

（一）广州汽车产业的基本情况

1. 广州汽车产业的发展历程

中华人民共和国成立初期，广州汽车产业基础很薄弱。1956 年，广州客车厂用进口车底盘装配下线了第一辆"华南"牌客车。20 世纪 90 年代初，中法合资成立了广州标致汽车有限公司，但不久经营陷于困境。广州及时调整了汽车产业发展战略，法国标致等合资伙伴退出。1998 年 7 月，中日合资成立了广州本田汽车有限公司，东风本田发动机以及骏威、羊城、五十铃等客车项目也先后确立，由此迎来了汽车产业腾飞的时期。2003 年 6 月，东风日产乘用车公司在花都成立，8 月，全国首个专供出口基地——本田汽车（中国）有限公司在广州出口加工区成立。2004 年 2 月和 8 月，广汽丰田发动机有限公

① 此文 2007 年 7 月和 8 月在全国核心期刊《大经贸》连载刊登。

司、广州丰田汽车有限公司先后在南沙经济技术开发区成立。截至 2006 年年底，已有汽车及零部件企业近 400 家，其中整车企业 18 家，广州汽车产业在对接全球成为重要汽车整车及零部件生产基地的国际化道路上迈出了重要的一步。

2. 广州汽车产业对经济的贡献度情况

2000 年以来，广州汽车产业快速发展。产量由 2000 年的 3.81 万辆提高到 2006 年的 55.52 万辆（其中轿车 54.91 万辆），比 2000 年增长 14.57 倍，年均增长 56%，占全国汽车总产量 7.55%，全国每 14 辆汽车中就有 1 辆广州制造。2006 年汽车工业产值 1 162.23 亿元，占全市工业总产值的比重达到 14.34%，远超出支柱产业占工业总产值 5% 的通行标准。汽车工业增加值、利润、销售收入、资金利润率、资金利税率、劳动生产率等汽车工业综合经济指标排在全国前列，轿车产量跃居全国第二。汽车、石油化工和电子产品三大支柱产业的产值比重，由 2005 年的 33.1：37.3：29.6 调整为 2006 年的 37.9：35.5：26.6，汽车制造业成为广州支柱产业中的龙头。

表 1 广州市汽车制造业发展情况

年份	指标				
	工业总产值（亿元）	汽车制造业总产值（亿元）	汽车占工业总产值比重（%）	汽车产量（万辆）	增长率（%）
2000	3 088.79			3.81	125.44
2001	3 391.04			5.56	45.93
2002	3 786.08			9.78	75.89
2003	4 705.91	462.43	9.83	18.90	93.25
2004	5 749.48	629.89	10.96	27.64	46.24
2005	6 770.02	849.48	12.55	41.35	50.80
2006	8 102.82	1 162.23	14.34	55.52	34.27

注：根据广州市统计局《广州市统计年鉴》2000—2005 年、《广州市国民经济和社会发展统计公报》2003—2006 年、2007 年 1 月广州市《政府工作报告》整理。

（二）广州汽车产业发展的主要特点

1. 高起点规划汽车产业布局，以日系三大汽车为主体的产业集群崛起

引进外资效果显著，截至 2006 年 9 月，广州市共引进汽车及零部件产业项目 383 个，投资总额 48.02 亿美元，实际利用外资 27.76 亿美元，其中超千万美元的项目 101 个，日系三大汽车齐聚广州。建立了以东部广州本田、北部东风日产、南部丰田汽车为核心的汽车产业基地，通过与跨国公司开展战略性合作，广州汽车产业迅速崛起，竞争力得到明显提高。广州已形成以轿车为龙头，客车、货车、专用车及汽车零部件协调发展的格局，成为继上海、长春之后的国内三大汽车生产基地之一。

2. 出口快速增长，发展潜力巨大

表 2　2001—2006 年广州市汽车及零部件出口情况

年份	汽车及零部件		其中：整车			其中：零部件	
	金额（万美元）	同比（%）	数量（辆）	金额（万美元）	同比（%）	金额（万美元）	同比（%）
2001	3 729	85.95	348	534	18.30	3 195	105.62
2002	4 125	10.62	9 836	814	52.32	3 311	3.64
2003	5 362	29.98	2 563	1 228	50.83	4 134	24.85
2004	8 359	55.88	15 715	1 264	2.97	7 094	71.60
2005	30 155	260.77	52 856	16 432	1199.67	13 723	93.44
2006	78 376	159.91	55 309	30 136	83.39	48 240	251.54

注：数据来源于广州市外经贸局统计。

广州汽车及零部件出口由 2001 年的 0.37 亿美元提高到 2006 年的 7.84 亿美元，年均增长 84.17%。2006 年，整车出口 5.53 万辆，占全国汽车年产量 9.96%；出口额 3.01 亿美元，在全国名列前茅。按企业性质分，外商投资企业占汽车出口值 3/4，内资企业占汽车出口值 1/4。按贸易方式分，加工贸易占汽车出口值 2/3，一般贸易占汽车出口值 1/3。对亚欧美市场共占汽车出口值九成多，对非洲市场刚起步而潜力较大。

2006 年，本田汽车（中国）有限公司出口欧洲达到欧 4 排放标准的本田飞度轿车 2.40 万辆，出口额 2.60 亿美元，增长 99.71%，均价达 1.36 万美

元,居全国首位,是同期全国轿车出口均价的近两倍,出口量占全国轿车出口1/4;东风日产出口安哥拉1 000辆轿车;广汽丰田出口9.22万台发动机,出口额1.79亿美元;东风本田发动机、广州五十铃、羊城客车等也实现了批量出口,使汽车出口呈加快增长的态势。

3. 配套能力不断增强,区域辐射能力明显提高

2006年广州汽车零部件产值173.30亿元,比2004年提高了2.8倍,占汽车工业产值14.91%。零部件包括汽车发动机、制动系统、驱动桥、减震器、仪表、转向器、空调、车灯总成、座椅、轮胎、音响等。广州汽车产业的辐射能力日益增强,截至2006年年底,广东省汽车及零部件企业逾1 000家,其中广州市近400家,佛山市250多家,深圳市140多家,东莞市100多家,中山市40多家。2006年投产的广州丰田凯美瑞轿车国内配套率达78%,其中广州地区和周边地区配套率各占一半。

4. 通过引进先进技术,加快消化吸收,汽车产业技术创新水平有较大提升

"十五"期间,成立了广州汽车技术中心、广州本田汽车研究开发有限公司等一批汽车研发中心,研制了混合动力电动大客车。企业已成为自主创新的主体,广州本田技术研发中心参与了新款飞度和雅阁轿车等20多个新产品的适应性二次开发,建立了动力性能、道路模拟、零部件强度等7个整车实验室;广州五十铃、骏威客车、羊城汽车共开发了180多款各种客车和载货车;广汽集团共取得专利29项,其中发明专利5项,实用新型专利24项,取得各类技术成果494项;华南轮胎公司的"万力"牌轮胎、安达轴瓦公司的发动机轴瓦在全国处于领先地位。从2003年至2005年,汽车制造业累计技术引进合同97个,合同金额6 545万美元,分别占广州地区引进合同总数和总金额的五分之一,2005年自主品牌汽车产品出口已达1.50亿美元。

5. 国有骨干企业不断发展壮大

广州汽车工业集团有限公司在2006年中国企业500强中排名第51位,拥有羊城、骏威等自有品牌并拥有一定的市场占有率。与日本本田、丰田、五十铃和韩国现代汽车公司建立了战略合作关系,拥有汽车零部件有限公司、广州汽车工程研究院等独资或控股企业38家。2006年,广汽集团工业总产值701.50亿元,增长53.30%;生产汽车35.40万辆,增长42.32%;销售汽车35.20万辆,增长41.53%,在全国15家汽车重点生产企业中,经济效益排名第1位。

6. 定位于"高品位、国际化、综合性"的每年一届中国（广州）国际汽车展览会已成为国内三大车展之一

2006 年广州车展面积达 8.8 万平方米，国内外汽车参展商 386 家，发布新款车型 68 款，吸引国内外媒体 540 家（其中国外媒体 70 家），参观人数达 55 万人。广州车展的规模和水平已与北京、上海车展以及底特律、法兰克福、东京、巴黎、日内瓦五大国际车展相媲美。同期举办的"中国（广州）汽车发展论坛"，被国际业界称为最具国际性、专业性、前瞻性的汽车发展论坛之一。

二、在国际化背景下广州汽车产业的发展条件及环境分析

（一）全球汽车产业国际化的发展趋势

世界汽车产业历经 100 余年的发展，20 世纪 90 年代以来，汽车产业全球化兼并重组步伐加快，形成了"6＋3"的格局（通用、福特、戴姆勒—克莱斯勒、丰田、大众、雷诺—日产 6 大汽车集团以及宝马、标致雪铁龙、本田 3 家独立大型厂商），9 家跨国公司的汽车产量占全球汽车总产量的 95％，其中前 6 家占 80％左右，后 3 家占 15％左右。目前这些跨国公司都在中国设立了合资公司，把在中国的投资和生产纳入其全球战略。

1. 世界汽车产能情况

2004 年全世界汽车产量达 6 462 万辆。主要生产厂家集中在美、日和欧洲，汽车产量前 5 名依次是：美国 1 198 万辆，占世界总产量的 18.54％；日本 1 051 万辆，占 16.26％；德国 557 万辆，占 8.62％；中国 507 万辆，占 7.85％；法国 370 万辆，占 5.73％；5 个国家的汽车产量占世界总产量的 57.01％。近年来，虽然一些新兴国家汽车产业发展很快，但还难与美、日及欧洲的汽车强国在资本、技术、市场运营等领域抗衡。

2001—2004 年，德国汽车产量占世界产量的比重从 10.11％下降到 8.62％，平均每年减少 0.5 百分点，而中国汽车产量占世界产量的比重从 4.15％上升到 7.85％，平均每年增加 1.2 百分点。2005 年中国汽车产量达 583 万辆，比 2004 年增长 14.99％，占世界汽车产量的比重超过德国，成为世界第三大汽车生产国。

2. 世界汽车产业的市场销售情况

（1）最大的汽车消费市场仍集中在发达国家。目前世界汽车需求量的

80%集中在发达国家，20%在发展中国家。其市场差异化的特点：一是日本出口多进口少，美国是进口多出口少，西欧国家是基本持平；二是发达国家将高档车出口到发展中国家，而发展中国家将中、低档车出口到发达国家；三是在东欧、南美和亚洲新型汽车市场上，轿车和商用车销售形势都很好。价格便宜的中小型轿车销量较好，高档轿车和豪华轿车的需求量正在下降。

（2）各大汽车公司在中国市场销售大增。2006 年，包括在中国合资厂生产和国外进口在内，通用汽车销售 87.67 万辆，增长 32%；在中国市场占有率达 11.8%，领先于其他跨国汽车巨头；大众汽车销售 71.1 万辆，增长 24.3%；福特汽车销售 16.67 万辆，增长 86.6%。

（3）产能过剩，市场竞争激烈。轿车是世界汽车产业的主导产品，约占汽车生产总量的 70%；其次是商用车占 26%；重中型货车占 3.7%；大中型客车占 0.3%。各大汽车生产厂家都十分重视提高生产能力，但世界汽车市场的有效需求不能同步增长，个别地区甚至出现负增长。据汽车行业专家分析，目前世界汽车产能已达 7 000 万辆，与市场需求相比，产能过剩约 25%，给汽车生产国带来很大的压力。

3. 世界汽车产业的发展模式

世界各国汽车产业的发展大致有三种模式：一是美国和西欧等发达国家为代表的自主研发型模式，率先进行创新的企业能保持在技术方面的领先地位；二是以日本和韩国为代表的技术引进—消化吸收—自主开发型模式；三是以墨西哥为代表的跨国公司主导的技术依附型模式。

4. 世界主要汽车城市的发展状况

美国底特律市是世界最大的汽车产业中心，号称"世界汽车之都"，是通用、福特、克莱斯勒（1998 年被德国戴姆勒—奔驰公司并购）三大公司的总部所在地。汽车制造业是底特律市的支柱产业，与汽车制造业有关的钢材、仪表、塑料、玻璃、轮胎、发动机等零部件生产专业化、集约化程度很高，它周围的卫星工业城市集聚了众多配套的零部件公司。美国 1/4 的汽车在底特律市所属的密歇根州制造。三大公司占美国汽车总产量的比重在 1990 年、1995 年分别达到 83.2% 和 78.9%。近年来美国汽车公司纷纷在国外设立分厂，造成密歇根州的失业率增加。底特律市是美国汽车产业的技术和设计中心，三大公司共建立了 19 家汽车技术研究中心。通用公司在密歇根州有自己的大学，专门为通用公司在世界各国的厂家培养专业人才。

日本丰田市因 1938 年丰田汽车公司总部迁此而成为世界有名的汽车城。

丰田市拥有的分属于 144 家公司的 160 个工厂中，有 86 家公司的 104 个工厂是汽车企业，丰田工业区面积约 8 000 万平方米。德国的沃尔夫斯堡市和斯图加特市分别是大众汽车、戴姆勒—奔驰汽车公司总部所在地。意大利都灵市是菲亚特汽车总部所在地，汽车产量占全国比重在 1990 年、1995 年分别达 96.4% 和 95.4%。

国外汽车城市都是具有世界影响力的汽车厂商总部所在地，汽车产业是所在地区的支柱产业，以高度的开放性和产业配套而形成较强的产业竞争力。底特律全城 440 万人口中约有 90% 靠汽车产业为生。在德国，1/7 的就业岗位和 1/4 的税收收入来源于汽车产业。汽车开发、制造和销售等环节所实现的增加值占国内生产总值约 1/5，在国民经济中发挥了重要作用。

5. 世界汽车产业的发展趋势

（1）兼并、重组、集团化和国际化。随着经济全球化的发展，汽车市场竞争日趋激烈，造成了近年全世界汽车产业的并购潮。美国通用汽车公司收购了德国欧宝（OPEL）汽车公司，入股日本五十铃和铃木汽车公司；福特汽车公司收购了沃尔沃轿车部，入股日本马自达汽车公司；德国戴姆勒—奔驰汽车公司与美国克莱斯勒汽车公司合并，合并总金额达 920 亿美元；宝马汽车公司并购了劳斯莱斯公司；雷诺汽车公司入股日产汽车公司。世界汽车产业生产能力、资本及市场的集中度进一步提高，更具集团化和国际化。

（2）生产企业国际化。由于汽车共用技术多，生产厂商普遍采用平台化战略，零部件厂随整车厂贴近国际销售市场布点生产，模块化供货，部分关键零部件实行跨国采购。整车厂商与零部件厂商之间尽量采用通用总成以减少采购成本。汽车整车厂商重点在整车总装，把分装车间转移到了零部件厂商上，使产品装配效率加快，发挥出规模经营效益，大众、福特、丰田、雷诺—日产等各大厂商普遍采用这种模式。目前，西欧、北美和日本等发达国家的汽车市场已趋于饱和，世界汽车制造中心正向中国、印度、俄罗斯及东南亚等国家转移。

（3）技术合作国际化。汽车技术开发投资大、难度大、涉及领域广，为扩大市场份额，跨国公司加强与他国合作研究开发，在有市场、人才、成本优势的地区建立研发机构。同时，整车厂与零部件厂在新车开发的环节同步切入，整车厂重点在整车总体上研发，将零部件研发的重心下移至零部件厂，缩短了新车型开发和上市周期，满足了市场日益多样化的需求，也使企业降低了成本，提高了市场竞争力。

（4）零部件跨国企业地位不断增强。近年，汽车零部件跨国公司在世界 500 强的地位呈上升趋势。

表3　2002—2004 年部分《财富》世界 500 强汽车零部件公司营业收入排名

单位：百万美元

公司	国家	2002 年营业收入	2003 年排名	2003 年营业收入	2004 年排名	2004 年营业收入	2005 年排名
Robert Bosch 博世	德国	33 068.5	114	41 147.6	94	49 759.2	83
Delphi 德尔福	美国	27 427.0	147	28 093.0	160	28700.0	179
Johnson Controls 江森自控	美国	20 103.4	224	22 646.0	215	26 553.4	200
Denso 电装	日本	19 144.5	244	22 685.1	213	26 052.7	203
Visteon 伟世通	美国	18 395.0	250	17 660.0	293	18 657.0	324
Vridgestone 普利司通	日本	17 951.8	256	19 877.3	250	22 350.0	250
Michelin 米其林	法国	15 221.7	325	18 047.6	288	20 148.2	294
Man Group 曼恩集团	德国	15 164.8	327	17 000.2	309	18 590.5	326
Lear 里尔	美国	14 424.6	343	15 746.7	336	16 960.0	355
Goodyear 固特异	美国	138 520.0	358	15 119.0	356	18 370.4	330
Magna International 曼格纳国际	加拿大	12 971.0	391	15 870.0	328	20 653.0	283
Aisin Seiki 爱信精机	日本	11 555.3	440	14 211.3	384	17 018.9	354
Continental 大陆	德国	10 785.8	468	13 054.2	419	15 668.2	385
Dana 达纳	美国	10 283.0	490	—	—	—	—

注：《财富》每年排名是依据公司上年营业收入，即 2005 年排名是根据 2004 年公司营业收入进行排列。根据 2003—2005 年美国《财富》杂志世界 500 强整理。

在经济全球化背景下，汽车产业的国际化程度开始加快。出现了汽车生产领域内总装企业与零部件企业的分离，外包和网络型企业组织的发展，独立研发设计机构的形成等，表明国际汽车企业组织形态的发展趋势是集中资源于自身最擅长、最核心的领域，而不是追求大而全的包揽式扩张。企业组织形态的发展趋势与中国市场的快速扩张相结合，为中国汽车企业与国外跨国公司的合资合作创造了有利的条件。

6. 外资汽车制造业对华投资的特点及策略

（1）外资汽车企业对华投资的原因及方式。中国巨大的市场吸引着跨国企业加速向中国扩大生产能力，这是跨国汽车公司对华战略的核心。20 世纪 80 年代，跨国公司主要采取进口成套散件（CKD）方式在中国组装整车；90

年代初中国汽车市场发展迅速，跨国公司开始在中国设立整车及零部件配套厂；"入世"之后，跨国公司从汽车生产到产品销售等全面进入中国汽车市场。据 2005 年日本协力银行的调查，中国连续几年成为日本企业开展海外投资首选地的原因，一是市场的成长性（80.2%），二是廉价的劳动力（62.8%），三是适合成为总装厂的供应据点（27.5%）。世界各大汽车公司还借助当地人才、成本、市场的比较优势，建立研发机构。

（2）日本汽车制造业的特点及其对华投资的策略。日本汽车从 20 世纪 50 年代中期，用了 10 多年时间大力引进国外技术，进行模仿提高制造能力。70 年代后开始自主研发，随后积极开拓国际市场，到 80 年代成为世界汽车生产大国。日本汽车产业的组织结构有一定的封闭性和排外性。产业链的上游（材料和元器件）、中游（零部件）与下游（整车组装）企业之间形成长期合作和依存的交易关系，这既节约交易成本，又使上下游企业拧成强大的竞争优势，它的形成与日本的社会文化密切相关。

日本是投资广州最主要的国外汽车厂商。20 世纪 90 年代初期，日本制造业根据小岛清（Kiyoshi kojima）教授的边际产业扩张论对外投资，其开展国际分工的基本形态属于成本导向型，将高技术的汽车关键零部件工序留在国内以保留其核心竞争力，将通用技术的模块型产品及工序转移到低成本的国家进行成品组装。但 90 年代后期，随着中国汽车产业迅速发展，日本的对华投资战略开始由成本导向型向市场导向型转变，不甘落后于欧美的日本汽车厂商纷纷把部分关键零部件、产品研发阶段逐步转移到中国。并将投资重点由重工业基础较好的武汉和天津等城市，转为市场需求更大的广州及周边的珠三角地区。

（二）中国汽车产业的发展趋势

1. 中国汽车产能的发展情况

中国汽车产业起步于中华人民共和国成立初期，从 1956 年一汽集团生产汽车开始，汽车产量每增加 100 万辆所用时间越来越短，第一个 100 万辆用 36 年，第二个 100 万辆用 8 年，到 2002 年第三个 100 万辆用 2 年，从 2003 年起每增加 100 万辆只用 1 年时间。"十五"期间，中国汽车产业呈跨越式发展，在世界的排名快速提升。2001 年，中国汽车产量为世界第八位；2002 年产量为 325 万辆跃居世界第五位；2003 年突破 400 万辆；2004 年 507 万辆，超过法国上升到世界第四位；到"十五"期末的 2005 年，汽车总产量达 583 万辆，其中轿车约占三分之二，超过德国成为世界第三汽车大国。2006 年汽车产量 728 万辆，增长 27.6%，其中轿车 387 万辆，增长 39.7%。"入世"以来，中国汽车产业坚持改革开放，从初期担忧面临外国强手的竞争而衰退，发展为国民经济的支柱产业之一，汽车产能由"入世"初期的 200 万辆发展到 2006 年的 728 万辆，约占世界市场的十分之一。截至 2006 年的近 20 年来，中国汽车产量年平均递增 15%，而同期世界汽车产量年平均增长率仅 1.5%。中国已成为世界汽车产业的重要组成部分，形成了较完整的生产体系，拥有一汽、上汽、东风、广汽、北汽等规模较大、实力较强的企业。

2. 中国汽车的出口情况

"十五"期间，中国汽车及零部件出口年均增速 40% 以上。2005 年，汽车整车及零部件出口企业 11 000 多家，其中出口整车 1 025 家；汽车及零部件出口额 109.3 亿美元，增长 34.0%，其中整车出口额 15.8 亿美元，增长 158.4%；汽车零部件出口额 88.9 亿美元，增长 20.9%；整车出口 17.3 万辆，增长 120.5%，整车出口首次超过进口 1.1 万辆；合资企业汽车出口占全国 76.6%，而民族品牌汽车出口发展较快，吉利出口 6 000 辆，哈飞出口 20 051 辆，奇瑞出口由 2003 年 1 200 辆发展到 2005 年 10 800 辆。2005 年中国汽车及零部件出口市场已覆盖 207 个国家和地区，整车出口市场以发展中国家为主，零部件出口市场以发达国家为主。虽然汽车及零部件出口额超 100 亿美元，但出口额仅占世界汽车贸易额的 1%，占中国汽车工业总产值的 7.30%。中国汽车的出口规模、产品质量和效益与日本、德国、韩国、美国等差距仍较大。

表4　1999—2006 年中国出口汽车情况

年份	数量（辆）	增长（%）	金额（万美元）	增长（%）
1999	6 293	−36.5	10 158	−34.7
2000	16 529	162.7	18 908	86.1
2001	19 077	−6.6	20 320	5.9
2002	22 128	16.0	24 786	22.0
2003	43 487	96.5	26 873	48.8
2004	78 283	80.0	61 202	66.0
2005	17 263	120.5	158 150	158.4
2006	343 500	97.2	313 400	97.8

注：数据来源于商务部机电和科技产业司。

2006 年中国机电产品出口 5 540 亿美元，位居世界第三位，其中作为最具增长潜力的产品，整车出口 34.35 万辆（其中轿车出口 9.33 万辆，增长

199.80%），占汽车年产量4.72%。

3. 中国汽车产业自主创新情况

中国汽车产业正逐步缩小与国外企业制造工艺水平的差距。自主创新和联合开发正逐步成为中国汽车产业发展的主流趋势，2005年自主开发产品占全部新产品的56.60%，联合开发的产品占28.30%。国内自主品牌轿车发展势头迅猛，2006年，包括奇瑞、吉利等在内，中国自主品牌轿车销量98.28万辆，占全国轿车销量383万辆的25.67%。

4. 中国主要城市汽车园区的发展现状

（1）上海国际汽车城。占地68平方公里，包括核心区、整车和零部件配套制造区、国际赛车场、汽车展示贸易区和研究开发区等，是目前中国最先进的汽车及零部件制造基地之一。2004年建立了国家机动车产品质量监督检验中心，总投资额为7.20亿元。拥有实力雄厚的上汽集团，以及美国通用和德国大众等跨国合资企业。2006年，汽车工业总产值1 431亿元，上海通用和上海大众产销量分别达36.54万辆和34.06万辆，分列中国汽车厂产销量第一位和第三位。上汽集团投资100亿元于2006年开发了荣威自主品牌轿车。

（2）长春汽车城。面积约100平方公里，是中国面积最大的汽车生产基地，成立于1953年的一汽集团总部坐落在此，中国第一辆国产轿车也是在此下线。一汽集团拥有红旗、解放、夏利3个自有品牌和大众、奥迪、丰田3个合资品牌，整车制造能力较强，连续多年销售量保持国内同行业领先，2006年汽车产量为50多万辆，汽车工业总产值1 500亿元。

（3）广州汽车基地。规划面积95.12平方公里，2006年汽车产量55.52万辆，汽车工业总产值1 162.23亿元。

东部板块：由黄埔汽车产业园、广州出口加工区、增城汽车产业园区组成，面积23.62平方公里。区内的广州本田一厂年生产能力达24万辆轿车，东风本田年生产能力达36万台发动机。位于出口加工区的本田（中国）年产5万辆轿车。增城汽车产业园区包括有首期生产能力12万辆轿车的广州本田二厂在内的一批汽车及零部件企业。

南部板块：南沙国际汽车产业园面积21.50平方公里，首期广汽丰田发动机年产20万台，广州丰田轿车年产12万辆，到2010年将分别形成年产70万台发动机和40万辆整车的生产能力。

北部板块：花都汽车城规划面积50平方公里，首期面积15平方公里，已引进日产等世界500强企业在内的120多家汽车相关的项目，其中，东风日产乘用车公司拥有年产 27 万辆的生产线和 24 万台发动机项目。

（4）北京汽车生产基地。规划面积为 6.25 平方公里，分为整车生产区、零部件生产区、物流仓储区、公共服务区。北京汽车生产基地远期规划用地 19 平方公里，总投资 30 亿元，拥有北京现代、北京吉普和北汽有限公司三大企业，并拥有奔驰、现代、三菱、JEEP、克莱斯勒五大品牌。2006 年汽车产量为 50 多万辆，汽车工业总产值 860 亿元。

（5）武汉汽车城。规划面积 50 平方公里，是华中地区最大的整车生产制造中心。世界三大汽车巨头——法国标致雪铁龙公司、日本日产公司和本田公司，以及武汉客车厂、汉阳特种汽车制造厂均聚集武汉汽车城，2006 年汽车产量约 18 万辆，汽车工业总产值 375 亿元。

国内几大汽车城市的特点：第一，引入国内外著名的汽车及零部件生产厂，引进国际汽车的最新科技和营销理念，将汽车产业作为本地区的支柱产业大力发展，依托汽车整车为龙头、形成零部件配套的产业链。第二，建设具有鲜明区域性特征的国际汽车产业园区，兼有研发、展示、物流、销售和服务等功能，区域性集聚与辐射能力较强。

5. 中国汽车市场发展趋势预测

中国正处在工业化进程中汽车快速增长的初期，与汽车产品相关产业如钢铁、机械、橡胶、纺织材料等产量位居世界前列，拥有世界上 1/5 的人口，发展汽车产业具有规模效应。预计 2007 年，中国汽车产量仍以 15% 左右的速度增长，总量可达 800 万辆；到 2010 年，汽车产量将达 1 000 万辆，约占世界汽车产量的七分之一；2020 年将达 2 000 万辆，超过美国成为世界最大汽车生产国。但是，预计到 2010 年中国汽车需求约 700 万辆，产能过剩将不可避免，市场竞争日趋激烈。

（三）广州汽车产业的发展条件及环境分析

当前，广州经济正向进出口并重、内外源经济协调的开放型经济发展模式转型。广州工业化进程也正处于以重工业为先导，注重技术创新的新经济周期，对汽车产业的发展有着巨大的支撑力。

1. 广州汽车产业发展的优势

（1）产业集群优势。广州已形成较为完整的汽车产业链，高起点规划了一批汽车产业基地，形成了汽车及零部件集聚。在全国 40 个工业行业大类中，广州就拥有 37 个，在机械装备、模具制造、化工塑料、电子信息等领域，都具有较好的基础，形成了配套、科研和产品开发能力较强的现代工业体系，为汽车产业提供了强大的支撑。

（2）市场优势。广州作为全国经济最发达的地区之一，汽车消费需求强劲，有较强的市场辐射力。2006 年，广州市按常住人口计算人均 GDP 超 7 800 美元，远高于国际公认汽车进入普及期人均 GDP 3 000 美元的标准，而贴近市场设厂是汽车厂商的必然选择。

（3）营商环境的优势。广州市政府一直重视并将汽车作为支柱产业扶持发展，建立了与 WTO 接轨的公平、公开、公正的市场体系，强调市场对资源配置发挥主导作用，具有较高的政策透明度、规范的营商环境和快捷的服务效率。在穗外资企业普遍认为，这是企业在广州发展的一大因素。

（4）独特的区位优势。广州处于泛珠三角、中国—东盟自由贸易区的核心位置，可作为企业的亚太地区营运中心，开展营销和融资活动，并与亚太地区内配套企业联成紧密的生产网络。而且，广州拥有国内三大枢纽机场的白云国际机场、位居世界十大港口之列的广州港，海陆空交通网络发达，便利的物流和通关环境为广州发展成为中国乃至世界最重要的汽车制造地和集散地奠定了优越的基础。

（5）人力资源比较优势。2005 年广州地区省级和市级工程技术研究中心 66 家，各类研究开发机构 183 家，各类科技人员 13.5 万人，高等院校 59 所，在校学生 59.49 万人，华南理工大学和广东工业大学等高等院校设立了汽车学院或者汽车专业，丰富的科教人力资源，给培育本土化汽车专业人才创造了良好的条件。

2. 广州汽车产业发展的劣势

（1）缺乏核心技术和自主品牌。汽车骨干企业主要是合资企业，核心技术基本上依赖合资外方，轿车整车的开发能力还未形成，主要以 CKD（全散件）和 SKD（半散件）方式生产，参与国际竞争的核心竞争力水平较低。

（2）零部件工业发展滞后。汽车零部件企业规模偏小，汽车整车与零部件产值的比例仅为 1：0.18，远低于国际汽车整车与零部件产值之比 1：1.7 左右的通行标准。汽车生产企业的主要零部件大部分依靠外供。

（3）技术研究开发投入不够，研发能力差距明显。近年来广州汽车产能在不断扩大，但研究开发经费投入不足。如 2001—2004 年广汽集团投入技术研发费用只占销售收入的 0.98%，与国际汽车业界平均水平 3% ~ 5% 相比差距很大。虽有广州汽车技术中心、广州本田汽车研究开发有限公司、东风乘用车研发中心等，但成立时间都较短，设备设施、资金投入和研发能力等都有待提高。

（4）产业配套本土化有待进一步加强。日系汽车零部件供应主要来源于跟随整车厂进驻广州的日本原配套厂，由于日系企业固有的排他性和封闭性，本土零部件企业难以参与整车开发，也难以成为日系三大汽车厂家的一级配套供应商，只能作为二、三级配套供应商生产低端的零部件，导致日系汽车与广州本土制造业的产业配套和协作深度不够，本土根植性不强，本土零部件企业由于缺乏足够的市场需求拉动，难以扩大规模和提高技术水平。

（5）除轿车产品外，其他汽车品种竞争力不强。客车、专用车、载货车的发展较缓慢，五十铃、羊城、骏威客车的市场竞争力不够强，没有真正形成规模经营。汽车及零部件出口只占出口总额3%，出口规模有待扩大。

3. 广州汽车产业发展面临的机遇

（1）中国进入汽车发展的重要机遇期，逐步与国际接轨的产业政策为广州汽车产业的发展提供了良好机遇。一是对汽车行业准入条件逐步放宽，2005年1月1日按照"入世"承诺取消了进口配额，实行自动进口许可证管理；二是将进口整车关税税率逐步降低，由1986年的180%～220%（排气量3.0升以下180%、排气量3.0升以上220%）统一降至2006年7月1日的25%；三是取消了外汇平衡、国产化比例等与WTO规则不一致的限制。这对促进汽车产业加快提升国际化水平具有重要的意义。

（2）国民经济持续增长成为汽车产业发展的原动力。汽车行业专家认为，一国的汽车需求曲线是与GDP升降曲线趋势相吻合的。中国近20年来GDP年均增长率达8%～9%，到2010年，中国汽车需求量将超过700万辆，商务部日前已提出，在10年内实现把汽车及零部件出口从110亿美元提高到1 200亿美元的发展目标。而广州作为综合经济实力居全国第三位的城市，近五年GDP年均增长率达13%以上，良好的经济运行态势使汽车产业具备广阔的发展空间。

（3）汽车电子领域有广阔的发展空间。按国际汽车业界统计，每辆汽车电子产品可占整车价值30%左右计算，但据国内汽车业界统计，目前中国汽车电子产品占整车成本仅6%左右，发展潜力很大。而且，汽车产业与电子产业同属于广州三大支柱产业，强强联合有利于形成高水平的汽车电子产品。

（4）中国汽车在国际市场上有比较成本优势，劳动力成本只相当于发达国家的5%～10%，在国际市场竞争中较为有利。

（5）后发优势。虽然广州汽车产业起步较晚，但通过高质量外资的注入和先进技术的引进，已缩小与先进国家汽车技术的差距。广州汽车产业在较高的起点上开发和创新，可缩短技术开发的中间过程和时间，实现跳跃式的技术进步，早日赶上先进国家的水平。

4. 广州汽车产业发展面临的挑战

（1）人民币升值的压力不利于汽车出口和汽车国产化进程。一是人民币升值意味着出口成本的增加，而广州主要是利润较低的经济型轿车出口，这将使企业的经济效益受到影响。二是人民币升值使进口零部件价格相应下降，使合资企业更多地选择在国外采购零部件，这不利于广州汽车产业国产化的发展。

（2）产能过剩使国际市场竞争更加激烈。各国通过出口来消化国内产能的形势加剧，2005 年日本、韩国、德国分别将汽车产量的 47%、69% 和 39% 用于出口。中国要消化迅速增长的产能，扩大汽车出口已属必然。但中国近年汽车出口量增价跌，2006 年出口均价为 9 156 美元，仅为进口汽车均价 3.4 万美元的 1/4，广州汽车将面临出口市场竞争的压力。

（3）售后服务网络亟待完善。2005 年中国出口整车企业 1 025 家，其中出口不到 10 辆汽车的企业高达 600 多家，而出口仅 1 辆汽车的企业竟然达 160 家。很多企业只是把产品卖到国外，根本没有售后服务可言。广州汽车出口必须加大售后服务网络建设，才能巩固和扩大国际市场。

（4）跨国汽车公司防技术扩散控制日益加强，而广州市所引进的汽车及零部件项目主要集中在日本，存在一定的经济风险和政治风险。

（5）汽车高端专业技术人才短缺。企业的竞争归根到底是人才的竞争，对于既是技术密集型又是资金密集型的产业更是如此。广州汽车设计、研发等高端人才缺乏，既懂汽车专业技术又懂外语的复合型人才也显不足，与广州日益增长的汽车产业需求相比仍有不少差距。

（四）广州汽车产业提升国际化水平的必要性和重要性

英国里丁大学邓宁（J. H. Dunning）教授提出了跨国经营的国际生产折中理论（也称为"三优势模式"），其核心是企业国际化经营决定于三个要素：即所有权优势、内部化优势和区位优势。国际化的实质是各国经济日益相互联系，产品、人力、技术和资金等在全球范围内流动和配置，以追求更大的市场、更好的资源和更高的利润，它表现为：贸易、资本、生产、技术标准的国际化，以及与此相适应的体制及政策的国际化。20 世纪 90 年代以来，作为汽车产业全球化战略的重要组成部分，世界各大汽车公司通过跨国经营，在全球创办的汽车企业无论在数量上，还是在质量上都有很大的提高。2005 年全球汽车及零部件产品贸易额 9 500 亿美元，占世界货物贸易总额的 10%，成为第一大类商品，汽车产业已成为当今全球化程度最高的产业之一。

发展中国家的汽车产业基本都经历三个发展阶段：技术引进阶段、消化吸收阶段、自主创新阶段。目前广州汽车产业总体上已完成技术引进阶段，正处于消化吸收阶段，并积极积聚力量向自主创新阶段迈进。在汽车产业全球化的背景下，广州要加快汽车产业发展，关键在于创立新形势下广州汽车产业的发展模式。从国际和当代中国汽车产业发展趋势，并结合广州的发展经验及教训分析，广州汽车产业应该走技术引进—消化吸收—形成自主开发能力的道路。现阶段广州关键是要尽快提升在全球汽车产业价值链的地位，向产业价值链的上下游延伸，上游主要是自主研发和核心零部件生产，下游主要是创立国际品牌和营销网络，从而提升广州汽车产业的国际化水平。

新一轮全球生产要素优化重组和产业转移的重大机遇，为提升广州汽车产业国际化水平提供了外部条件；广州在全球生产要素优化重组和产业转移中处于有利的位置，为提升汽车产业国际化水平提供了内部条件。国际上汽车发展先进国家已从产业国际化水平中尝到甜头，面对日趋激烈的国际和国内竞争，加快提升广州汽车产业的国际化水平已势在必行。马克思在《资本论》中指出：问题和解决问题的手段同时产生。广州汽车产业必须通过加快发展来解决前进中出现的问题，要从战略和全局高度充分认识汽车产业面临的机遇与挑战，因势利导，创新发展模式，把加快提升汽车产业的国际化水平摆在突出位置，从根本上促进汽车产业可持续发展。

三、广州汽车产业在国际化进程中面临的主要障碍

当前，广州汽车产业在国际化进程中面临以下四个方面的主要障碍：

（一）观念上障碍

1. 自主创新不是闭门造车式的创新，而应是开放式的创新

（1）要正确认识中外合资企业在中国汽车产业发展阶段的作用。自主创新不能仅限于内资企业，中外合资企业的自主开发对提高中国汽车产业技术水平同样重要。开放型经济是建立在与外部经济广泛联系基础上的市场经济的典型形态和高度化形式，是积极吸引国内外资金、技术、管理等生产要素的全方位开放。其特征是外部导向性和内在发展动力强，实行全球性的资源配置以实现双赢，它更强调经济的国际化。广州改革开放的实践证明，凡是开放度高的

产业如家电、摩托车等，最终都是国际竞争力较强的产业。"入世"后中国汽车市场开放的 6 年，也正是中国汽车大发展的 6 年。因而，必须坚持走国内经济与国际经济双向循环、交流互动的开放型经济发展道路，才能真正提升广州汽车产业的国际化水平。

（2）要正确处理自主创新与引进外资的辩证关系。引进是创新的前提手段，引进的最终目的在于创新。只强调内资企业自主创新而排斥引进外资的思潮是不正确的，古代秦始皇采纳李斯的《谏逐客令》而一统天下、现代美国吸纳世界英才迅速崛起就是明证。古代中国人发明了木牛流马，近代外国人先后发明了更先进的自行车、摩托车和汽车，若硬要中国不引用国外先进成果而全部自主开发，将要增加多少财力和时间才能赶上世界交通工具的先进水平？当年日本和韩国汽车也是从引进技术起步，再到模仿、集成创新和原始创新。可见，注重引进先进技术对缩短研发过程、迅速提升汽车产业本土化水平作用显著。引进外资搞建设是广州的强项，广州汽车产业应扬长避短，积极合理有效地引进国外的汽车先进技术，加快消化吸收，最终实现在较高起点上的自主开发和创新。

2. 加工贸易不是低技术含量低附加值的代名词，而应是加快提升产业国际化水平的有效模式

（1）要正确处理好内源发展与加工贸易升级的关系。在经济全球化时代加快内源发展，必须是在充分利用外部机遇基础上的内源发展。加工贸易既可以是外源发展，也可以是内源发展。第一，不应将加工贸易与内源发展对立起来。加快内源发展的理念与加工贸易升级中强调的增加自主创新的要求具有内在一致性。加工贸易是引进消化再创新的重要载体，是促成创新的重要组成部分。第二，不应片面追求降低加工贸易的比重，应注重引导加工贸易进口国内短缺的资源和暂时未能生产的关键零部件，支持汽车出口产品不断更新换代。第三，技术含量越高的产品（例如，空客和波音飞机），加工环节也越多，相应的全球化加工和采购也越多，就越会采取加工贸易的方式。因而，加工贸易是更好地利用国内国外两个市场与两种资源，协调进口与出口发展，促进产业升级的一种有效方式。

（2）不应孤立和静止地看待加工贸易，而应以发展的观点认识加工贸易。通过加工贸易参与国际分工，其作用在于不断消化吸收国外先进技术，带动本国产业发展，并最终实现产业的演进升级。具体表现在以下三个方面：第一，在贸易方式的进程上，随着料件国产化比例不断提高，从来料加工到进料加工再发展到一般贸易，形成了贸易方式的演进升级。第二，在产品档次的进程

上，随着本国产业结构不断优化，从 20 世纪 80 年代的电饭锅和电吹风、到 90 年代初期的电冰箱和空调，以及 90 年代后期的洗衣机和摩托车、再发展到近年的汽车产品，形成了产品档次的演进升级。第三，在生产要素结构的进程上，随着本国产业技术不断进步，从资源密集型的初级产品到劳动密集型的加工产品，以及资本密集型的工业制成品，再发展到知识密集型的高新技术产品，形成了生产要素结构的演进升级。

（二）体制上障碍

（1）国有企业管理体制仍未适应汽车产业国际化发展的要求。一些企业经营机制尚未真正转变，公司治理结构虽已建立但与跨国公司相比还只是"形似"而未"神似"。安徽奇瑞、浙江吉利等民营企业在短短的几年时间里由自主创新而崛起，做了老国企十几年甚至几十年都未能如愿的事，这说明了自主创新能力的形成关键不是投入或技术上的问题，而是体制弊端的问题。因而，必须加快完善真正与市场经济相一致的公司治理结构，建立有利于自主创新的激励机制和环境。

（2）由于国家对大部分汽车关键零部件行业的外资投资比例并无限制，愈来愈多外方对零部件企业实行控股或独资经营，使广州汽车零部件企业希望通过参与外资企业整车配套来发展自己的过程步履维艰。在中外合资汽车生产企业中，外方拥有技术优势，往往迫使中方在知识产权（如商标、专有技术等）方面做出让步。

（3）政府部门对国内企业申请开展跨国经营的审批环节过多，审批时间过长，一些程序实质上是"政府免责程序"，并没有真正起到鼓励企业跨国经营的作用。

（4）人才机制未能适应广州快速发展的汽车产业需要。缺少懂高端技术、国际化经营、资本运作等专业人才，人才的培养和引进机制仍需改进。

（5）国家对出口加工区内整车生产企业售后服务用零件的现行规定不能满足企业国外售后服务的需要。目前从区外进入加工区的货物，须经区内企业进行实质性加工后，方可运出境外。由于整车厂的售后服务销售用零件主要由区外企业提供，不进行实质性加工。因而，整车厂的售后服务销售用零件只能通过区外企业代理出口，造成成本加大且供货周期延长，难以满足国外用户对售后服务的要求。

（三）技术上障碍

1. 缺乏统一的技术认证标准

由于国内的汽车认证标准不被国外承认，广州汽车产业起点又比较低，而国际上的认证标准繁多，不同国家执行不同的标准，使汽车出口障碍重重。例如，中国对汽车传感器未制定统一的技术标准（即国标），日系汽车用日本电装的标准，其他外国品牌汽车基本上用美国福特的标准，造成国内的汽车传感器生产企业花费许多精力去适应各进口国技术标准，影响了汽车的规模生产，技术贸易壁垒已成为制约和影响汽车出口的最大障碍之一。

2. 自主研发力量较为薄弱，缺乏核心技术和自主品牌

广州骨干汽车生产企业大部分是外商投资企业，核心技术主要依靠外方。本土整车企业研发能力还处在适应性阶段，产能难以做大。

3. 汽车零部件产品竞争力不够强

广州企业规模偏小，缺少能够独立开发、生产汽车关键零部件及总成、有较强国际竞争力的汽车零部件生产企业。零部件企业与汽车整车业的协调发展有待加强，本土化零部件未具备模块化生产供货的能力，在产品品种、质量和规模等方面仍须提高。

4. 广州载货车和客车生产企业规模小，市场占有率低

广州载货车和客车产品多为中低档产品，自主开发能力较弱。五十铃客车等由于品种较为单一，价格偏贵，缺乏市场竞争优势，抗风险能力不够强。

（四）市场上障碍

1. 汽车出口企业自相削价竞争

低端和劣质出口产品日渐增多，出口秩序不规范，严重影响了中国汽车在国际市场上的声誉和发展。

2. 售后服务问题是困扰出口的症结

由于中国汽车及零部件出口起步较晚，售后服务网络建设严重滞后，维修零配件不能及时供应，制约着广州汽车及零部件的扩大出口。

3. 企业不熟悉国际投资的运行规则和法律制度

缺乏国际投资经验，对投资国的市场状况、投资环境、风土习俗、合作伙伴了解甚少，成为影响企业开展国际化经营的障碍。

4. 品牌知名度不高，营销能力较弱

企业没有海外分销渠道和服务网络，对国外客户在款式和性能方面的偏好知之甚少，定价方面的技巧也十分有限，开拓市场难度大。

四、提升广州汽车产业国际化水平的对策与思路

要把握广州汽车产业发展的阶段性特征，科学制定和实施汽车产业提升国际化水平的发展战略和工作措施。

（一）制定和实施广州汽车产业国际化的发展战略

1. 指导思想

按照国民经济和社会发展第十一个五年规划纲要和汽车产业发展政策的总体要求，全面落实科学发展观，抓住新一轮全球生产要素流动和产业转移的机遇，以提高汽车产业竞争力为核心，以创新发展模式为切入点，以汽车产业园区为重要载体，以引进技术与自主创新相结合为根本手段，加快技术进步与产业优化升级，促进汽车及零部件出口，全面提升广州汽车产业的国际化水平。

2. 发展目标

以开放型经济为主导，提升广州在全球汽车产业价值链的地位，做大做强汽车支柱产业群。力争到 2010 年，在总量上，汽车年产量达到 130 万辆，汽车工业总产值达到 3 000 亿元，其中整车产值 2 000 亿元，零部件产值 1 000 亿元；在出口规模上，整车及零部件出口规模达到 18 亿美元，年均增长 25% 以上，出口超 1 亿美元的汽车及零部件企业 3 ~ 5 家。在自主创新上，建成以市场为主导、企业为主体、人才为支撑的汽车产业技术创新体系，形成一批具有自主知识产权和核心竞争力强的国家汽车出口基地企业，力争在一年内首创具有自主知识产权的概念轿车，两年内投入批量生产。在贸易环境上，出口市场多元化进一步提高，进出口内外部环境根本改善，在更大范围、更宽领域上形成与国际接轨的、产业与贸易相互促进的国际化汽车营销和物流体系新格局。在总体上，把广州打造成为汽车产业自主创新的中心、国际交流与合作的平台、全球重要的汽车及零部件生产基地和物流集散地。

3. 发展战略

制定和实施以下四大发展战略：

（1）内外结合战略。注重引进技术和自主创新相结合，引进国外先进的

生产技术和管理经验，加快消化吸收，提高广州汽车及零部件生产水平。注重内源型经济与外源型经济相结合，把握国际发展最新科技，大力发展具有自主知识产权的先进适用技术，加快提高自主知识产权的汽车零部件比重，推进本土化进程，逐步构建汽车产业研发体系，提升汽车产业整体竞争力。

（2）产业升级战略。制订长远的发展规划，科学合理布局，着力整合资源，做优轿车项目，做大客车和特种车项目，做强零部件项目。提高汽车研发和设计能力，创建核心技术和具有自主知识产权的国际品牌，培育具有较强创新能力和自主核心技术的汽车企业集团。实现由广州制造向广州创造的转变，由数量竞争向质量竞争的转变，由比较成本取胜向品牌竞争力取胜的转变，提升汽车产业核心竞争力。

（3）跨国经营战略。积极开展国际经济合作，发挥广州的比较优势，拓展国际市场。加快国际销售和服务网络建设，融入全球汽车营销体系。努力扩大汽车零部件的出口，实现出口从低端产品为主向高技术含量和附加值的高端产品为主的转变，从单一产品出口向进入全球销售和服务网络为主的转变，提升汽车产业国际市场竞争力。

（4）国际化人才战略。建立人才引进机制，引进既精通汽车专业技术、又精通外语的综合型人才。建立本土人才的国际化培养机制，鼓励高等院校增设或扩大汽车相关专业，定期与汽车发展先进国家的科教院所开展学术交流，选送专业人才出国深造。建立科学的激励机制，营造能者上、平者让、庸者下的竞争环境，对拥有专利、发明、专有技术等核心技术的，可通过技术入股、参与分配等股权激励的办法来留住人才。通过人才引进和培养相结合，造就一批熟悉国际汽车产业发展趋势、具有战略发展眼光、精通技术和市场运营的高素质人才，提升汽车产业持续竞争力。

（二）加快广州汽车产业体制创新建设

1. 加强政策公共服务平台建设，构建开放式的创新环境

贯彻落实国家汽车产业发展政策，制订发展规划，优化产业布局，完善以轿车为龙头，客车、特种车与零部件协调配套发展的现代汽车产业体系。规范汽车品牌经营，加快完善公司治理结构，建立与市场经济相一致的企业体制。政府要加大对汽车共性技术研发的投入，建立以高等院校和科研院所资源为依托的、面向企业和市场的公共研发平台，研发推动行业技术进步和可持续发展的关键技术与共性技术。争取与中国汽车技术研究中心建立战略联盟，建立国家级的汽车检测中心，健全新产品检测服务体系。提供高效的政府办事服务，营造良好的营商环境，为汽车产业发展提供良好的制度保障。

2. 积极推进汽车产业园区建设

加快汽车园区建设步伐，整合人力资源、技术资源、基础设施等要素，重点发展增城汽车产业园区、广州出口加工区、花都汽车城、南沙国际汽车产业园等基地，在土地利用、项目审批、便捷通关、公用设施配套等方面创造条件，在技改、研发、信贷、保险、信息服务等方面予以重点扶持。争取国家有关部门支持拓展出口加工区功能，允许区内生产企业直接向区外企业采购售后服务零配件，满足国外用户售后服务的需求。积极引入国内外汽车零部件企业，形成高新技术产业集中、研发力量较雄厚、产品竞争力较强的汽车出口基地，带动汽车产业的集约发展。

3. 运用财政、税收和金融等经济杠杆，加大对汽车研发的政策支持力度

（1）加大财政资金投入。政府每年专项研发经费不少于 1 亿元，用于支持汽车及零部件企业创建和扩建研发中心，建立技术设备资源共享服务平台，对通过引进和消化吸收国外先进技术，促进自有知识产权产品发展的企业，给予技术改造项目贷款贴息、技术创新项目资助等扶持。争取到 2010 年，广州汽车产业研究与开发费用占当年销售收入的比例达到 3%，为自主创新创造良好的环境。

（2）汽车及零部件企业按规定考核确认为高新技术企业，给予相应的税收减免等优惠政策。鼓励汽车企业引进跨国公司总部、地区总部和研发中心，对经认定为总部、地区总部或研发中心的，给予相应的优惠政策。对企业技术开发费用给予税前列支。

（3）鼓励社会投资和企业积极融资。用活科技风险投资机制，支持企业建立技术发展专项资金，加大技术开发的投入。支持广州汽车集团与国家开发银行结成战略同盟，利用政策性贷款研发自主品牌汽车。

4. 大力倡导广州汽车文化和国际化的特色

推进标志性的汽车文化项目。办好每年一届的"中国（广州）国际汽车展览会"，展示当今世界汽车外形、设计、功能、操控、环保等的特点和最新成就，将汽车展打造成国内乃至全球汽车行业最具影响力的重要盛会之一。全力打造"中国（广州）汽车发展论坛"品牌，创立广州汽车历史博物馆，设立广州汽车工程学院，开办中国南方汽车人才市场，建设国际赛车场，努力培育广州的汽车文化，提高汽车产业的凝聚力和国际影响力。

（三）加强广州汽车产业技术创新和引进消化吸收能力

1. 在推进国际化进程中，强化自主知识产权的创设能力

在中外合资汽车及零部件项目中，坚持把设立项目后新开发的产品品牌、专有技术等知识产权在中国注册，中外双方按合资比例共享所创造的相关权益，并作为政府部门依法审批中外合资项目设立、变更的重要内容。加强与国外著名汽车生产企业在产品设计、开发等领域的合作，通过合资融入国际汽车研发体系，参与整车开发设计，提高本土企业产品技术含量和配套能力。借鉴国外先进设计技术和理念，将技术引进、消化吸收及技术创新相结合，加快自主开发汽车及关键零部件进程。

2. 建设以企业为主体、市场为导向、产学研相结合的汽车产业技术创新体系

加速汽车技术产业化，推进原始创新、引进消化吸收再创新和集成创新，集中力量突破核心技术领域，推动汽车产业发展模式向创新驱动型转型。推进科研院所与企业集团共建研发中心，支持广汽集团和华南理工大学联合建立广州汽车工程研究院，加快广州与中科院合作在南沙建立广州中国汽车工业技术研究院；吸引国内外高水平的汽车技术研发机构来广州设立分支机构，推进广汽集团、东风日产、广州本田、广汽丰田汽车研发中心建设；支持有条件的企业建立省级和国家级企业技术中心，开展自主品牌汽车及零部件产品开发和新技术研究，着力建成与国际接轨的汽车产业研发体系。加快技术人才培养，建立多层次的人才队伍，提高自主产品的开发能力，形成广州汽车产业强有力的技术支撑。

3. 建立以汽车整车为龙头、零部件及配套产业协调发展的创新体系

做优广汽丰田、东风日产、广州本田等轿车产品，以广汽集团自主开发新款轿车为契机，加快提升汽车及零部件的技术水平和产品升级。做大五十铃、羊城、骏威等客车产品，扩大适销对路的特种车产品，进一步提高市场占有率。做强广州汽车零部件产品，引导零部件企业采用平台战略共同研发，提高产品模块化、通用化配套能力，加快零部件产业由单一零部件向总成转变，由单纯机械产品向机电一体化产品转变。积极引导整车厂和零部件企业结成战略伙伴关系，使广州整车制造水平建立在强大的汽车零部件产业群基础之上。同步发展与汽车配套的金属材料、机械设备、汽车电子、橡胶、工程塑料等行业，提升广州汽车产业的国际竞争力。

4. 积极开展国际质量体系认证，应对国外技术性贸易壁垒和贸易摩擦

鼓励汽车及零部件企业开展国际质量体系认证，按照国际标准研发和生产。推动与主要汽车进口国的汽车产品认证，重点与已在广州市投资设厂的跨国公司进行技术标准的相互认可，组建平等的技术战略联盟，支持企业加强与国际机构和著名汽车厂商的合作，参与产品国际标准的制定和修订，应对国外技术壁垒，努力改善汽车出口的外部环境。使汽车的技术标准与国际接轨。建立汽车产业预警机制，提供行业协会信息支撑平台，应对国际贸易壁垒和贸易摩擦。支持企业运用法律武器和国际通行惯例，维护自身合法权益。

（四）加强广州汽车产业国际化合作和市场开拓

1. 引导外资投向外商投资产业指导目录中鼓励发展的行业

鼓励广州汽车及零部件企业与国外企业开展合资合作，围绕整车生产企业，推动汽车零部件产业链延伸，促进二、三级配套厂家在广州集聚发展，形成汽车产业集群。利用广州市汽车产业配套能力强、制造成本较低的优势，鼓励本地产品向国际市场出口。加快本田汽车出口基地项目建设，提高生产规模。支持广汽丰田、东风日产等企业整车和发动机的批量出口。发挥广州市场资源优势和地理优势，积极开拓国内外市场。

2. 加强对知识产权的保护和管理，规范出口秩序

建立知识产权保护与管理机制，强化知识产权信息导向，支持和引导出口量大、市场前景好的汽车及零部件产品在国外注册商标、申请专利。加强知识产权执法工作，坚决查处各种侵权行为。做好汽车出口企业资质认定和后续监管工作，推行强制性产品认证（即 3C 认证），规范出口秩序。加强行业自律和中介组织建设，把政府宏观调控、行业指导和企业自律有机结合，倡导公平竞争，促进汽车出口健康发展。

3. 加强国际合作与交流，建立全球汽车销售和售后维修服务网络

办好每年一届的广州国际汽车零部件交易会，吸引跨国公司来华采购，实现广州生产、广州采购和全球销售。组织企业参加德国法兰克福车展、美国底特律车展、巴西国际汽车及零部件展等世界大展，努力扩大传统市场，积极开拓新兴市场。鼓励企业进入全球汽车零部件供应商的链条，与跨国企业开展合资合作，借助国际专业代理商、销售商和服务网络进入国际市场，扩大汽车出口销售和服务本地化。建立汽车体系，支持企业在境外设立生产、维修服务和营销网络体系，扩大出口规模，提升服务品质。鼓励企业设立境外研发机构，

充分利用国外技术人才，提高企业研发水平。学习国际汽车营销的最新理念，适应 WTO 贸易规则和国际惯例，努力与销售目的国文化融合，促使汽车产业与国际接轨。

4. 探索运用国际金融衍生工具、保税物流等手段拓展国际市场

积极推动广汽集团在国内外上市，利用资本市场融资，提高企业自主品牌在国际市场的知名度。进一步发挥出口信贷的作用，研究拓展汽车租赁、保险、代理等新型服务贸易，鼓励企业通过提高资本营运、产品质量、市场营销、信誉和服务的水平，拓宽汽车及零部件的国际市场。打造以南沙深水港为依托的南沙保税物流中心（B 型）、白云国际机场为依托的白云空港保税物流中心（B 型）和以广州保税区为依托的区港联动保税物流体系，加快建设广州花都东风日产汽车自用型保税物流中心（A 型）和南沙丰田汽车保税物流中心（A 型）为龙头的国际化汽车及零部件营销和现代物流体系，拓展汽车产业向现代保税物流延伸，把广州打造成为全球重要的汽车及零部件的物流集散地。

广州加快提升汽车产业国际化水平，既是开放型经济发展的内在要求，又是应对经济全球化挑战，提高国际竞争力的必然选择。广州必须紧紧把握全球汽车产业的发展趋势，因势利导，加快发展，提升在全球汽车产业链的地位，全面促进广州开放型经济更好更快地发展。

对进口中应研究解决的若干政策问题探析①

2006 年 12 月中央经济工作会议提出了"调投资、促消费、减顺差"的战略方针，明确指出我国将在保持出口和利用外资合理增长的同时，积极扩大进口，努力促进对外贸易平衡发展。因此，研究解决制约进口发展的瓶颈问题，及时理顺和调整相关的进口政策，具有十分重要的意义。

一、中国进口贸易的发展现状以及扩大进口的重要性

（一）中国进口的发展现状

"十五"时期以来，中国随着开放型经济不断深化，进口贸易也得到了迅猛发展。据海关统计，进口总额由 2000 年的 2 251.00 亿美元，发展到 2006 年的 7 916.10 亿美元，年均增长 23.32%。2006 年，按企业性质划分，外商投资企业进口 4 726.20 亿美元，占进口总额的 59.70%；内资企业进口 3 189.90 亿美元，占进口总额的 40.30%。按贸易方式划分，一般贸易进口 3 331.80 亿美元，占进口总额的 42.09%；加工贸易进口 3 215 亿美元，占进口总额的 40.61%。进口贸易保持了较快增长态势，其中两大特点引人注目：一是机电产品进口 4 277.30 亿美元，增长 22.10%，占进口总额 54%，已成为进口的主力军；如近年来数控机床等国内尚不能生产的大型高精度成套先进设备呈现出较快的上升趋势，2006 年，进口数控机床 53.2 亿美元，增长 30.77%。二是国货复进口 733 亿美元，增长 33%，占进口总额的比重由 2000 年约 1% 飙升至 2006 年的 9.26%，呈急剧增加之势。

---

① 此文刊登在全国核心期刊《国际贸易》2007 年第 10 期。

（二）中国扩大进口的重要性和必要性

进口曾被视为经济增长和国内产业发展的减量而备受抑制，没有充分发挥其对国民经济增长的促进和带动作用。事实上，一国的进口状况与其产业发展有着必然的联系，也与全球贸易和经济一体化密切相关。其重要性和必要性主要表现为：

第一，扩大进口是改善对外贸易环境的客观要求。虽然 2006 年中国进口已逼近 8 000 亿美元，外贸持续增长，但贸易顺差高达 1 774.70 亿美元，导致外汇储备持续上升，存在巨大的外汇风险，遭受的国际贸易摩擦也急剧增多，人民币升值压力增大，当前出口若采取大规模限制的方式，将严重影响国内经济增长和劳动人口就业，只适宜以转变增长方式的结构性调整为主，因此，积极扩大进口已成为国家减少顺差的最重要手段之一。

第二，扩大进口是实现国内产业结构优化升级的重要手段。扩大先进技术和设备的进口，可加快提升高新技术产业的技术含量和水平，推动传统产业从国际产业链的低端走向高端，对促进产业结构的调整，增强产业国际竞争力发挥着重要作用。

第三，扩大进口是我国参与国际分工的有效途径。扩大进口有利于充分利用国内国际两个市场两种资源，改善国内供给，促进竞争，提高经济效益，弥补国内资源缺口，为实现国民经济和社会可持续发展提供重要的保证。

第四，扩大进口是加快我国自主创新进程的重要动力。通过进口国际先进的技术和设备，可以推进引进消化吸收再创新，加速自主创新的进程。

当前，我国工业化进程正处于以重化工业为先导，注重技术创新的新经济周期。因此，必须充分认识到当前扩大进口的重大现实意义，要抓住国家外汇储备充足和人民币持续升值的有利时机，以产业优化升级为核心，以转变经济增长方式为手段，以促进国际收支平衡为支撑，以提升产业国际竞争力为目标，制定鼓励进口国外先进设备和资源性产品的目录，出台相关的财政和税收扶持政策，鼓励企业积极扩大进口。同时，在进口工作中应注意趋利避害，做好三个方面的工作：一要注重提高进口自由化和便利化程度，进一步扩大市场开放，加快完善进口服务促进体系；二要注意维护我国新兴产业的发展，完善与国际接轨的公平贸易法则，防止国内新兴产业遭受损害；三要采取行之有效的措施，避免盲目进口、无序进口和重复进口，积极有效地促进外汇储备和外贸进出口的双平衡。

二、当前制约扩大进口的主要政策障碍

目前，我国现行的进口政策中主要存在着以下四个方面的障碍，主要表现为：

（一）贸易政策上的障碍

1. 在进口设备国际招投标政策中以企业性质和进口金额设限作为强制招标的标准，不能体现公平竞争的原则和促进进口的政策导向

一是按照《机电产品国际招标投标实施办法》（商务部令 2004 年第 13 号）第八条和第九条的规定，对全部或者部分使用国有资金投资项目进行国际采购，且一次采购产品合同估算价格在 100 万元人民币以上的机电产品，无论是否符合国家产业政策导向的先进技术设备（包括数控机床等），都必须进行国际招标。这意味着国有企业和中外合资企业需要招投标，而外资企业和民营企业不用招投标，这不利于体现公平竞争的原则。二是企业普遍反映，进口设备国际招投标不但要缴纳一笔招标代理服务费用，且需经过招标、投标、评标和公示等环节，全过程需要 40～60 天，时间太长，常常延误了进口设备扩大生产的时机。为规避国际招投标，有些企业只好将一次采购产品合同估算价格在 100 万元人民币以上的数台设备，分拆为多次申报且每批次不超过 100 万元人民币的数台设备来进口，这不利于国有企业和中外合资企业引进先进技术设备，阻碍技术改造的步伐。

2. 缺少专门适应广交会运作特点的进口设备管理办法

按照《机电产品国际招标投标实施办法》（商务部令 2004 年第 13 号）第八条和第九条的规定，对于：一是全部或者部分使用国有资金投资的项目，二是关系社会公共利益、公共安全和公用事业的机电产品，且上述两种情况的一次采购产品合同估算价格在 100 万元人民币以上的国际采购，都必须进行国际招标，中标者才能购买。由于中国进出口商品交易会（以下简称"广交会"）每期才 5 天时间，而国际招标需要 40～60 天，因而上述规定实际上使企业无法在广交会内当场与外商签订成交合同购买国外先进设备，不利于通过广交会扩大进口之目标的实现。

3. 加工贸易保税进口料件内销的政策不适应当前实际发展的需要

按现行的原外经贸部《加工贸易保税进口料件内销审批管理暂行办法》

（〔1999〕外经贸管发第 315 号）第三条关于"加工贸易保税进口料件应全部加工复出口"的规定，企业的保税进口料件不允许在国内销售，这不利于企业根据国内外市场的实际需求开拓国内市场。

4. 对加工贸易不作价进口设备生产产品全部出口满 5 年期的给予免税的政策不适应形势发展的需要

按现行的原外经贸部《关于加工贸易进口设备有关问题的通知》（〔1998〕外经贸管发第 383 号）第二条规定，企业免税进口由外商提供的不作价设备，所生产的产品需符合以下两个基本条件之一：一是属独立车间或工厂生产且必须全部出口，二是非独立车间生产且必须 70% 以上出口。但实际上，因内销有需求，一些企业先将部分应内销的产品改成先直接出口核销，享受到加工贸易不作价设备免税的政策，然后再重新申请产品进口，使国家鼓励产品出口的这一优惠政策达不到预定的目的，反而成为国货复进口增长的原因之一。

5. 内外资企业汽车进口管理的政策亟待统一

目前对贸易性公司，进口汽车品牌销售必须按照《汽车品牌销售管理实施办法》（商务部、发展改革委、工商总局令 2005 年第 10 号）的规定，由经国家工商总局核准公布的汽车品牌经销商统一进口销售，并须申领自动进口许可证才能报关进口；而对非贸易性公司（如生产性公司），目前，外商投资企业按照《外商投资企业投资自用进口汽车管理办法》（〔2001〕外经贸资发第 376 号）的规定，进口自用汽车不得超过其注册资本的 15%，而对其他类型的企业却无明确规定，使得一些此类公司分批小批量进口品牌汽车后转手卖掉谋利，造成了汽车进口管理秩序的不规范和不统一。

（二）产业政策上的障碍

按《外商投资产业指导目录》第十三项的规定，外商投资允许类项目产品全部直接出口可等同于鼓励类项目，享受进口设备免税的政策，在操作上，对进口设备的关税和增值税采取先征后退的方式，即设备进口时全额征收税款，然后每年核定该项目确属产品全部出口后，分五年逐年退还 20% 设备税款。但实际上，随着近年来国内产业配套能力不断增强，许多产业的上下游企业均在国内设厂，一些允许类项目的上游企业为享受这一免税政策，在立项审批时承诺产品全部出口，而投产时将半成品先出口核销，再国货复进口给下游企业生产最终产品内销，造成近年来国货复进口数量剧增。可见，外商投资允许类项目产品全部直接出口可等同于鼓励类项目而享受进口设备免税的政策已不适合当前实际发展的需要。

（三）财税政策上的障碍

1. 进口先进设备的税负过重

以进口 1 台价值 100 万元的数控机床为例，进口环节约 10% 的关税和 17% 的进口增值税两项合计达 27%，即进口需交纳 27 万元税金，由于税负太高，使一些资金有限的企业不得不进口旧设备，这不利于我国加快引进先进设备的进程。

2. 对企业技改贷款贴息的有关管理办法有待简化

按《技术更新改造项目贷款贴息资金管理办法》（外经贸部、财政部 2002 年第 26 号）的规定，企业从申报贷款贴息、审核到兑现，总的周期至少需 6 个月以上，政策支持效应大打折扣。

3. 进料加工项下深加工结转国内采购料件不能退税的政策亟待改进

国家税务总局《出口货物退（免）税管理办法》（国税发〔1994〕031 号）规定，出口货物必须实际离境才给予退（免）税。由于上游企业深加工结转至下游企业时，货物还没有实际离境，因而国内采购料件不能出口退税。为得到出口退税，一些上游企业先将部分应内销的产品改成先直接出口境外核销后，再重新申请国货复进口给下游企业，这也是国货复进口数量剧增的因素之一。

（四）国货复进口政策上的障碍

国货复进口数量激增可归纳为受四个政策性因素的影响：一是加工贸易保税进口料件应全部加工复出口的政策；二是加工贸易不作价设备所生产的产品属独立车间或工厂生产的必须全部出口、非独立车间必须 70% 以上出口的政策；三是深加工结转国内采购料件不能退税的政策；四是外商投资允许类项目产品全部直接出口享受鼓励类项目进口设备免税政策的，要对设备进口关税和增值税采取先征后退的方式，即每年核定确属产品全部出口后，才能退还设备税款 20% 并分五年还清税款的政策。

国货复进口造成了出口货物香港"一日游"的大量增加，虚增了我国的进出口额、增大了口岸通关压力，易被不法分子利用于骗税、逃套汇等违法活动，因此应根据当前国际贸易的新形势新特点，制定相关措施及早解决，防止不法分子利用我国鼓励产品出口的有关进口设备减免税政策，通过国货出口复进口并最终将产品转为内销，使国家的应收税款流失。

三、促进进口的有关对策和措施

要把握当今经济全球化的发展趋势，以及中国主办 2008 年奥运会和 2010 年亚运会的难得机遇，及时制定促进进口的相关政策和措施，进一步优化进口环节，提高贸易便利化，大力发展进口贸易。

（一）修订完善机电产品国际招投标的有关规定

1. 取消以企业性质和进口金额设限作为强制招标标准的有关规定，统一只以《机电产品国际招标范围》的产品目录作为强制招标的主要依据

建议无论对各类企业，包括国有企业、中外合资企业、外资企业和民营企业等都一视同仁，只要求对列入《机电产品国际招标范围》的产品才需要进行国际招投标，以体现公平竞争的原则和促进进口的政策导向。对不列入《机电产品国际招标范围》的，应以企业自愿为原则，不强行要求必须进行国际招投标。

2. 数控设备不列入《机电产品国际招标范围》的产品目录

进口数控设备对促进产业升级和企业技术改造作用很大，它不应属于公共安全和公共利益范围的机电产品，因此，建议将数控设备从《机电产品国际招标范围》的产品目录中剔除。

3. 修改现行招标管理的规定，创立国际招投标的简易程序

对确需要国际招投标的机电产品实行分类管理，对常规性进口的一般机电设备建立简易招投标程序，切实缩短招投标时间。建议对一般机电设备国际招投标的时间设为 15 天之内，仅对大型和价值特别高的成套设备才需 40 ~ 60 天，这有利于企业缩短招投标所占用的时间，加快进口先进设备的步伐。

（二）专门制定适应广交会运作特点的进口商品管理办法

1. 对广交会上采购的进口设备免于国际招投标

广交会新增进口平台功能，对促进进出口的平衡作用日益凸显。现广交会每届有 20 多万外商前来参会，将为我国企业更直接地引进国外先进设备、加快对旧设备的更新换代提供更为便捷的窗口，也便于企业及时了解国际市场的最新动向。因此，建议制定适应广交会运作特点的进口商品管理办法，对广交会等国际级的国际性先进设备展览会中采购的进口设备免于国际招投标。

2. 探索制定广交会保税展览新模式的进口商品管理办法

由外经贸、海关、商检、外汇管理等相关单位组成项目单位，以广交会拓展保税仓的功能为试点，将广交会与保税展览相结合，研究制定拓展保税展览功能的进口商品管理办法，通过引进世界知名的商贸、物流、分销、零售和会展企业，设立常设性的进口商品展示中心，将广交会打造成为集原材料采购、产品交易、保税展示、保险、外汇结算等特色功能于一体的"一站式"国际级交易平台，进一步提升广交会作为国际会展中心的地位。

（三）调整相关的加工贸易和外商投资产业政策，从源头上解决国货复进口的弊端

鉴于在经济全球化背景下，国货复进口在跨国公司全球采购和物流配送中仍有一定的积极因素，因而不宜全面禁止，建议可通过调整相关政策加以疏导。

1. 调整加工贸易保税进口料件的内销政策

原外经贸部《加工贸易保税进口料件内销审批管理暂行办法》（〔1999〕外经贸管发第 315 号）第三条关于"加工贸易保税进口料件应全部加工复出口"的规定，不利于企业根据国内外市场的实际需求开展内销，应予以取消。建议进一步放宽加工贸易保税进口料件内销的条件，明确对已实行加工贸易联网监管的企业，可在出口产品比例不低于 50% 的范围内，申请保税进口料件内销，以充分利用国内国际两个市场和两种资源，进一步减少外贸顺差。

2. 取消对生产产品全部出口满 5 年期的加工贸易不作价设备免税的政策

建议统一只有符合国家《外商投资产业指导目录》鼓励类项目才能享受免税。

3. 制定加工贸易深加工结转国内采购料件的退（免）税政策

建议国家有关部门加快制定对深加工结转国内购料进料加工实行"免抵退"税、来料加工实行"不征不退"的税收政策，从根本上解决深加工结转国内采购料件不能退（免）税的问题。

4. 取消外商投资项目产品全部出口设备免税的政策

建议统一只有符合国家《外商投资产业指导目录》鼓励类项目才能享受免税。优先发展符合国务院《产业结构调整指导目录》和《外商投资产业指导目录》的项目，加快发展支柱产业，改造提升传统优势产业，通过大力发

展进口贸易，促进产业结构优化升级。

（四）制定统一的内外资企业进口汽车管理的有关规定

建议明确规定无论企业性质如何，进口品牌汽车都必须按照《汽车品牌销售管理实施办法》的规定，由经国家工商总局核准公布的汽车品牌经销商统一进口。同时，吸收《外商投资企业投资自用进口汽车管理办法》的规定，制定《企业投资自用进口汽车管理办法》，对于自用进口汽车的内资生产性企业，应与外商投资生产性企业一视同仁，进口汽车不得超过其注册资本的15%，而且非生产性企业必须通过汽车品牌经销商统一进口，以规范汽车进口管理的秩序。

（五）加大对进口先进设备在财政贴息和减免税等方面的支持力度

1. 尽快制定《鼓励进口商品目录》和《鼓励进口商品贴息办法实施细则》

建议商务部牵头与发改委制定《鼓励进口商品目录》，与财政部、国家外汇管理局制定《鼓励进口商品贴息办法实施细则》，作为政策的执行依据。对于通过银行贷款进口设备并且主要用于设备更新和工艺改造的企业，给予贷款贴息资助。

2. 制定简便的进口商品贴息手续

为便于实际操作，建议可采用以下的贴息条件和工作原则：

（1）贴息的条件。对已列入《鼓励进口商品目录》且办理了进口付汇的先进设备，达到了"减顺差"作用的，均可得到贴息政策的扶持。即企业应同时符合下列四个条件：一是设备已列入《鼓励进口商品目录》且已报关进口；二是该设备款项已办理进口付汇手续；三是该设备未享受过减免税优惠；四是设备不属于加工贸易项下进口。

（2）贴息工作原则。

第一，分级受理原则。商务部负责通知和组织企业申报，具体为一般企业由市级、省级外经贸部门受理，中央单位由商务部直接受理。

第二，分级审核原则。

一是对企业本期贷款贴息金额不超过10万元（含10万元）的，实行简易申领制。即企业提供以下资料：《进口贷款贴息资金申请表》（企业法人签章，加盖公司印章）、外汇管理局提供的《进口设备付汇核销数据凭证》。由省级外经贸部门审核，上报同级财政部门复核通过，并报商务部和财政部备案后，由省级财政部门直接将贴息款划到企业账户。

二是对企业本期贷款贴息金额 10 万～50 万元（含 50 万元）的，实行核准制。企业除报上述资料外，还应提供主管海关核发的《中华人民共和国进口货物报关单》、外汇管理局核销的《进口付汇核销单》和进口订货合同。由省级外经贸部门审核，上报同级财政部门复核通过，并报商务部和财政部核准后，由省级财政部门直接将贴息款划到企业账户。

三是对企业本期贷款贴息金额超过 50 万元的，实行审批制。企业申报的资料与贷款贴息金额 10 万～50 万元（含 50 万元）的相同。在步骤上，先由省级外经贸部门审核，上报同级财政部门复核通过，并报商务部和财政部。由商务部和财政部组织专家评审通过后，由财政部门直接将贴息款划到企业账户。

分级审核原则的优点是：一是方便了中小企业及时领到贴息款；二是对大额贴息款能有较好的审核机制，防止错漏和伪报行为；三是审核和兑现的效率高，行政成本较低，宽严尺度较适宜。

第三，总额控制原则。除经商务部和财政部特批的飞机、船舶和特殊大型设备之外，建议对单个企业贴息实行总额封顶，每年最多只能申领 300 万元。

3. 确定相关的贴息率及免征所得税政策

建议贴息率可参照当年中国人民银行公布的一年期贷款利率的 50%～70% 来确定，即进口设备贴息金额等于贴息率乘以设备的价值。同时，对企业的进口商品贴息款项免征企业所得税，以体现国家促进进口的政策导向。

国家竞争优势对广州现代产业体系的启示①

《国家竞争优势》一书由美国哈佛商学院终身教授迈克尔·波特（Michael E. Porter）所著，他是著名的国际竞争战略方面的专家，曾任美国里根总统期间产业竞争委员会主席。该书所创立的"竞争优势理论"、"钻石模型"、产业集群等产业经济领域的新观点，已被越来越多国家的政府部门和企业集团作为经济全球化背景下评估国际经济运行态势、区域竞争优势和制定发展战略最重要的依据之一。

一、该书主要观点

迈克尔·波特在该书中提出，发展环境是一国生产力水平的决定因素。构成"钻石模型"的四个要素（见图1）是打造国家优势的关键，政策和机遇也是重要的因素，它们可决定一国某个产业的兴衰成败。该书强调，国家政策支持是企业最基本的竞争优势，它不但影响着企业的发展战略，也是创造并延续生产与技术发展的核心。政府应着重改善生产率增长的环境，提供优质的公共产品，制定政策和规则来促进产业发展，鼓励产业升级和创新。

---

① 此文是 2008 年 9 月广州市外经贸局读书谈感想活动的征文，登在广州市外经贸局网站。

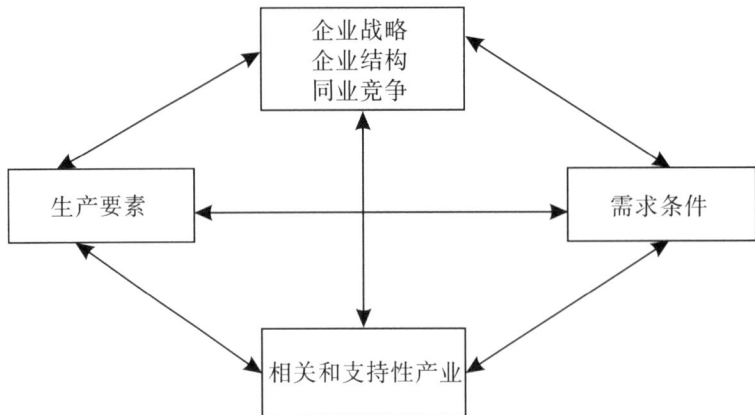

钻石模型

该书通过对多个国家产业发展的典型实证分析，阐明产业的发展不仅要以比较优势为基础，更重要的是培育和提升产业竞争优势，做到"四个致力于"：致力于提升生产要素的结构和水平，致力于创造良好的市场竞争环境，致力于扩大国内需求，致力于制度创新。

该书从以下四个方面论证了竞争优势理论优于传统的比较优势理论：

第一，比较优势理论认为，市场是完全竞争的；而竞争优势理论认为，市场是不完全竞争的。

第二，比较优势理论认为，不存在规模经济，产品是同质的，产业的国际竞争力表现为价格竞争力；而竞争优势理论认为，表现为价格竞争力的产业国际竞争力是低层次的，只有表现为基于创新的差异性产品才是高层次的。

第三，比较优势理论认为，产业竞争优势是由土地、劳动力、资本、自然资源等基本生产要素决定的；而竞争优势理论认为，产业竞争优势不仅是由土地、劳动力、资本、自然资源等基本生产要素决定，而且与机制、政府的质量、管理水平、人才资本、产品的品牌、技术创新等高级软要素相关，这些要素在更高层次上决定了竞争力。

第四，比较优势理论认为，一国主要依赖天然要素去确定优势产业；而竞争优势理论更强调人为创造有利于产业发展的因素。

二、读后感

《国家竞争优势》的出版标志着国际产业经济理论的新飞跃，它对我国发展社会主义市场经济，特别是对广州当前以新一轮思想大解放推动新一轮大发展，加快建设现代产业体系很有启迪作用。笔者读后深受启发，体会可归结为"三个如何"。

（一）一国或地区应如何创立并保持产业国际竞争力

为什么一国或地区有些产业昙花一现，有些产业却长盛不衰？为什么同一产业能在一国或地区蓬勃发展，而在另一国或地区却萎靡不振？

该书所列举的一些国家产业成功发展的范例发人深省。瑞士钟表业的劳动力成本远比中国高，产品所需的钢铁也非本国的优势产业，但是瑞士大力推动"钻石模型"各要素，使瑞士钟表以工艺精湛、品位高贵而举世闻名，历久不衰。美国硅谷和意大利摩德纳（机械商业集聚地）在萌芽阶段是自发形成的，但一旦产业集群初具规模，政府就通过政策大力推动和强化产业发展，鼓励产业链的上下游企业参与，通过培养产业集群以创造竞争优势。日本设立通产省专责制定产业发展政策，不断改善产业发展环境，鼓励创新，催生产业集群，以加速生成率的成长，促使新企业的形成。又如汽车产业在美国、日本和德国等国，珠宝产业在意大利和比利时等国的成功发展史也是如此。

当前广州市正处于经济转型的关键时期，我们在实施产业优化升级、产业和劳动力"双转移"的进程中，必须因地制宜，从过去只注重发挥比较优势，转变为更加注重培育产业竞争优势，大力推动"钻石模型"各要素，强化政府支持的软要素，优化与世界接轨的区域公共环境和产业发展环境，使传统产业焕发青春活力，新兴产业不断发展壮大，使比较优势通过产业竞争优势得以更好地体现。

（二）当前广州产业国际竞争力的公共环境如何

回顾广州在改革开放以前，汽车产业和珠宝产业都很弱小，而现在已发展成为全国三大汽车基地，珠宝产业也在全国各城市中名列前茅。究其原因，关键在于充分发挥了产业国际竞争优势。

一是政府统一规划产业园区。花都汽车产业规划建设首期 15 平方公里，二期 50 平方公里的汽车城；番禺规划建设沙湾珠宝产业园、钻汇珠宝采购中心；花都区政府设立汽车城管理委员会，番禺区政府设立特色办，统一负责产业的招商、规划和管理。

二是培育促成产业集群。这两个产业都注重引入国际级的行业龙头企业，并由此引入产业链上下游相关企业集聚发展，形成了产业集群。

三是营造以产学研相结合为核心的公共发展环境。花都开办华南理工大学广州汽车工程学院，番禺开设珠宝学院，为本产业培养专业人才；花都设立乘用车研发中心，番禺建立珠宝检测中心，通过政府大力发展公共平台，促使本产业国际竞争优势的形成。

广州汽车和珠宝产业的发展成为国家竞争优势推动产业茁壮成长的典范。

当前，广州仍存在着制约产业国际竞争力发展的"短板"。主要表现在以下三个方面：

第一，广州市取消计划单列市后，经济管理权限严重削弱，行政效率大打折扣。中央和国家部委政策的力度不但落后于北京、上海等直辖市，也落后于深圳、青岛、宁波等计划单列城市。在外经贸领域表现最明显的是，不能参加全国商务工作会议，无法及时了解和贯彻落实国家最新的政策；上述城市的项目可直报国家部委，而广州市须报本省有关部门批准后再报国家部委，行政效率在客观上明显落于后手，要花更多的行政成本。

第二，堤围防护费征收标准太高，严重阻碍着总部经济的发展壮大。大企业普遍反映强烈的是广州市堤围防护费征收标准太高，没像上海、中山等那样设立征收额的上限，这使企业销售收入越高，堤围防护费征收也越多，这特别不利于吸引大型企业将总部设在广州，使驻穗企业总部数与北京、上海市等差距巨大。

第三，虽然当前政府单一部门的行政效率有所提高，但行政作业链上涉及的政府部门仍不少，政府部门之间在利益上各自为政，在责任上互相推诿的现象仍然存在，使总体行政服务效率未达到较佳的水平。

广州要进一步提升开放型经济发展的水平，就必须切实解决现行阻碍着竞争优势发展的"瓶颈"，才能加快现代产业体系建设，才能促进相关产业形成国际一流水平的竞争优势。

（三）今后广州应如何去培育和发展具有国际竞争力的优势产业

核心就是一句话：扬长避短，优二进三。

所谓"扬长"，就是大力发展优势产业，坚持市场导向与政府推动相结合，大力发展以先进制造业和现代服务业双轮驱动的产业体系，关键是如何去实现。

一是突出培育具有国际竞争力的优势产业，着力优化第二产业，加快发展第三产业，如汽车产业重点要创立国家级汽车零部件检测中心，建立广州市汽车出口基地公共信息平台，加快广汽自主品牌汽车基地的建设，通过外引内联进一步壮大产业链的发展。充分发挥广州中心城市和海港空港的区位优势，重点发展以汽车、钢铁、电子信息、造船等为核心的先进制造业，以及以总部经济、会展经济为核心的现代服务业等。

二是大力发展国际级产业基地。加快建设广州国际汽车及零部件出口基地和中国服务外包城市，同时争取国际批准设立南沙港、白云空港等枢纽型保税物流园区，有作为才能有地位，用真抓实干的一流业绩，争取商务部等上级部门对广州的政策支持和指导。

所谓"避短"，就是对束缚着广州国际竞争力发展的弊端尽早实行改革和调整。

一是加快政府职能转变，树立全市一盘棋的观念，推进大部委制改革步伐，进一步提高行政效率。同时要着力减轻企业的营商成本，当前应尽快改革广州市堤围防护费征收办法，设立堤围防护费征收上限，才能鼓励企业做大做强，促使更多的企业总部落户广州。

二是加快优势产业人才的培养和引进。人才是一个城市发展的关键，建议广州市可通过中国留学人员广州科技交流会等广纳英才；并定期选派公务员到新加坡、中国香港等公务员制度较成功的国家或地区交流学习和锻炼，培养具有世界眼光和复合型知识的公务员队伍，提升公共管理的国际化水平。

三是争取国家级权威机构、国际性区域组织、跨国公司的地区总部更多地落户广州；营造良好的国际化人文环境和公共环境，把广州发展成为富有国际竞争力的城市。

建立中国汽车及零部件出口产品统计目录的探讨[①]

"入世"以来，中国汽车产业已成为最具增长性的主导产业之一。在经济全球化背景下，作为中国三大汽车基地之一的广州市，产业集群和出口能力明显增强。随着中国汽车及零部件出口高速增长，建立统一的汽车及零部件出口统计口径已日益迫切，它对汽车产业制订汽车及零部件出口发展规划，促进汽车及零部件出口基地建设都具有重要的意义。

一、广州汽车产业发展及出口状况

汽车产业是广州三大支柱产业之一。近年来，广州汽车产业集群和出口能力快速成长，带动了开放型经济的发展。

（一）广州汽车产业的基本情况

1. 广州汽车产业对经济的贡献度情况

表1　广州市汽车制造业发展情况

年份	指标				
	工业总产值（亿元）	其中：汽车制造业总产值（亿元）	汽车占工业总产值比重（%）	汽车产量（万辆）	增长率（%）
2003	4 705.91	462.43	9.83	18.90	93.25

---

① 此文是笔者牵头，由广州市外经贸局王德胜、易俗、乐尧，广州市海关游庆爱、黄小颖和广州市统计局肖兴文组成调研组编写，2009年12月获得商务部和中国对外经济贸易统计学会主办"全国商务统计论文评选活动"三等奖。

（续上表）

年份	指标				
	工业总产值（亿元）	其中：汽车制造业总产值（亿元）	汽车占工业总产值比重（%）	汽车产量（万辆）	增长率（%）
2004	5 749.48	629.89	10.96	27.64	46.24
2005	6 770.02	849.48	12.55	41.35	50.80
2006	8 102.82	1 162.23	14.34	55.52	34.27
2007	9 870.00	1 622.26	16.44	78.82	37.40

2000 年以来，广州汽车产业快速发展。产量由 2000 年的 3.81 万辆提高到 2007 年的约 78.82 万辆，比 2000 年增长 20.69 倍，年均增长 54.15%，占 2007 年全国汽车总产量 888.24 万辆的 8.87%，全国每 12 辆汽车就有 1 辆广州制造。2007 年汽车制造业总产值 1 622.26 亿元，占全市工业总产值的比重达 16.44%。汽车工业增加值、利润、销售收入、资金利润率、资金利税率、劳动生产率等汽车工业综合经济指标排在全国前列，轿车产量居全国第二位，汽车制造业成为广州支柱产业中的龙头。

2. 高起点规划布局，汽车产业集群崛起

引进外资效果显著，截至 2007 年年底，广州市共引进汽车及零配件产业项目 391 个，投资总额 62.94 亿美元，实际利用外资 15.86 亿美元，其中超千万美元的项目 107 个。建立了以东部广州本田、北部东风日产和广汽日野、南部丰田汽车和广汽自主品牌汽车为核心的汽车产业基地。通过与跨国公司开展战略性合作，广州汽车产业迅速崛起，竞争力得到明显提高。已形成以轿车为龙头，客车、货车、专用车及汽车零部件协调发展的格局。

3. 配套能力不断增强，区域辐射能力明显提高

广州汽车零部件包括汽车发动机、制动系统、驱动桥、变速箱、减震器、仪表、转向器、空调、车灯总成、座椅、轮胎、音响等。广州汽车产业的辐射能力日益增强。截至 2007 年年底，广东省汽车及零部件企业 1 000 多家，其中广州 400 多家，佛山 250 多家，深圳 140 多家，东莞 100 多家，中山 40 多家。广州汽车产业的国内配套率达 70% 以上，其中广州地区和周边地区配套率各约占一半。广州市外经贸局近期开展的对本市汽车及零部件重点企业问卷调查的结果表明，在反馈的 116 家企业中，为广州本田配套的 50 家，为广州丰田配套的 38 家，为东风日产配套的 40 家，其中约三分之一的企业为两家以

上的整车厂配套。

4. 通过引进先进技术，加快消化吸收，汽车产业技术创新水平有较大提升

"十五"以来，成立了广州汽车技术中心、广州本田技术研发中心等一批汽车研发中心，研制了混合动力电动大客车。企业已成为自主创新的主体，广州本田技术研发中心参与了新款飞度和雅阁轿车等 20 多个新产品的适应性二次开发，建立了动力性能、道路模拟、零部件强度等 7 个整车实验室；广州骏威客车、羊城汽车等共开发了 180 多款各种客车和载货车；广汽集团共取得专利 29 项，其中发明专利 5 项，实用新型专利 24 项，取得各类技术成果 494 项；广州市华南橡胶轮胎有限公司的"万力"牌轮胎、广州安达轴瓦有限公司的发动机轴瓦在全国处于领先地位。在广州市外经贸局近期开展的对本市汽车及零部件重点企业问卷调查的结果中表明，在反馈的 116 家企业中，有技术研发部门的有 61 家，占反馈企业总数 52.59%。

（二）广州汽车产业基地情况

广州汽车产业基地规划面积约 100 平方公里，由东部、南部和北部三大汽车板块组成。2007 年 9 月，广州市被国家商务部和发改委授予"国家汽车及零部件出口基地"称号，成为全国 12 个国家汽车及零部件出口基地之一。

1. 东部汽车板块

东部汽车板块由广州经济技术开发区（含出口加工区）汽车基地、增城汽车产业园区和黄埔汽车产业园组成。

（1）广州经济技术开发区（含出口加工区）汽车基地已有汽车零部件企业 120 多家，广州出口加工区是全国唯一拥有汽车整车项目的出口加工区，本田（中国）全出口基地位于该区，首期占地面积 0.9 平方公里，轿车生产能力为年产 5 万辆。

（2）增城汽车产业园区规划建设面积 30 平方公里，首期开发面积 10 平方公里，共有汽车及零部件企业 80 多家，区内的广州本田二厂已完成年生产能力 12 万辆轿车的首期建设，二期建设将形成广州本田二厂 24 万辆轿车的年生产能力。

（3）黄埔汽车产业园濒临全国十大港口之一的黄埔港，汽车产业园总面积 5 平方公里，广州本田一厂和东风本田发动机厂位于该区。广州本田一厂年生产能力达 24 万辆轿车，东风本田发动机厂年生产能力达 36 万台发动机。

2. 南部汽车板块

南部汽车板块由南沙国际汽车产业园、广汽集团番禺汽车研发生产基地

组成。

（1）南沙国际汽车产业园面积 21.50 平方公里，其中 A 区占地 20 多平方公里，B 区占地 1.5 平方公里。首期广汽丰田发动机年产 20 万台发动机，广州丰田轿车年产 12 万辆轿车，到 2010 年将分别形成年产 70 万台发动机和 40 万辆整车的生产能力。广州港南沙汽车码头面积为 42 万平方米，码头一期已于 2007 年 6 月建成投入使用，二期将于 2008 年建成，拥有堆场面积 37 万平方米和 48 个拖车装卸区，可同时停放 3 600 辆汽车，成为亚洲最大的汽车物流枢纽。

（2）广汽集团番禺汽车研发生产基地位于广州市番禺区现代产业园汽车整车零部件工业片区内，总投资 68 亿元，占地面积约 1.5 平方公里。该基地重点发展自主品牌乘用车及动力总成产品。整车工厂一期生产能力 10 万辆/年，二期生产能力 20 万辆/年；发动机工厂一期能力 10 万台/年，二期能力 25 万台/年。首款产品为安全、环保、节能的三厢中高级轿车，将于 2010 年投放市场。

3. 北部汽车板块

北部汽车板块由花都汽车城和从化汽车及零部件产业基地组成。

（1）花都汽车城规划面积 50 平方公里，首期面积 15 平方公里。中国三大枢纽机场之一的广州新白云国际机场坐落于花都区。花都汽车城已引进 130 多个汽车项目，其中，东风日产乘用车公司拥有年产 27 万辆的生产线和 24 万台发动机项目。

（2）从化汽车及零部件产业基地位于广东从化经济开发区明珠工业园内。投资总额达 4.14 亿美元的中日合资广汽日野汽车生产项目已在该基地动工建设。该项目占地 1.06 平方公里，以生产高档重卡、牵引车为主，计划首期形成年产重卡 2 万辆、轻卡 3 万辆的规模，预计 2009 年中投产。同时，万力轮胎、科昂诗配件等 10 多家汽车零部件生产企业落户从化。

广州市将以汽车出口基地为依托，形成以汽车整车为龙头，零部件相配套、兼有研发、展示、物流、汽车学院、销售和服务等功能，区域性集聚与辐射能力较强的汽车产业集群。

（三）广州汽车及零部件出口状况

1. 出口快速增长，发展潜力巨大

据现行海关税则号分类的数据统计，广州汽车及零部件出口由 2001 年的 0.37 亿美元提高到 2007 年的 10.71 亿美元，年均增长 75.23%。

表2　2001—2007 年广州市汽车及零部件出口情况

年份	汽车及零部件		其中：整车			其中：零部件	
	金额（亿美元）	同比（％）	数量（辆）	金额（亿美元）	同比（％）	金额（亿美元）	同比（％）
2001	0.37	85.95	348	0.05	18.30	0.32	105.62
2002	0.41	10.62	9 836	0.08	52.32	0.33	3.64
2003	0.54	29.98	2 563	0.12	50.83	0.42	24.85
2004	0.84	55.88	15 715	0.13	2.97	0.71	71.60
2005	3.02	260.77	52 856	1.64	1 161.54	1.37	93.44
2006	7.84	159.91	55 309	3.01	83.39	4.82	251.54
2007	10.71	36.61	43 135	4.83	70.87	5.32	82.60

2. 整车出口高速增长，零部件出口也呈良好的增长势头

2007 年，广州市汽车整车出口 4.3 万辆，占汽车年产量 5.5％；在全国名列前茅；出口额 4.83 亿美元，同比增长 70.87％；汽车零部件出口 2.51 亿美元，同比增长 57.57％；汽车发动机出口 2.81 亿美元，同比增长 94.75％。

表3　2007 年广州市汽车及零部件出口商品

商品编码	商品名称	出口额（万美元）	上年同期（万美元）	同比（％）
合计		107 119.4	60 479.42	77.12
一、整车		48 322.79	28 279.92	70.87
87032230	汽油小轿车，1 000ml＜排量≤1 500ml	46 914.61	26 307.71	78.33
87032314	汽油小轿车，1 500ml＜排量≤2 500ml	204.02	1 419.03	−85.62
87032315	汽油越野车，1 500ml＜排量≤2 500ml	168.25	0	
87042100	其他柴油货车，车总重≤5t	122.29	101.21	20.82
87021092	柴油机客车，20 座≤座位≤29 座	78.46	29.25	168.29
87032316	汽油小客车，1 500ml＜排量≤2 500ml	61.79	73.84	−16.32
87021091	柴油机客车，座位≥30 座	53.13	59.35	−10.49
87032430	汽油小轿车，排量＞3 000ml	43.42	26.91	61.36
87033350	柴油小客车，排量＞2 500ml	39.00	0	
87043100	其他汽油货车，车总重≤5t	37.89	49.41	−23.31
87032250	汽油小客车，1 000ml＜排量≤1 500ml	18.10	38.12	−52.51

（续上表）

商品编码	商品名称	出口额（万美元）	上年同期（万美元）	同比（%）
87032130	汽油型小客车，排量≤1 000ml	28.67	59.72	−52.00
87042230	其他柴油货车，5t＜车总重＜14t	21.26	55.05	−61.39
87059090	未列名特殊用途的机动车辆	140.24	60.32	132.49
87051021	最大起重量≤50吨全路面起重车	35.42	0	
87059060	飞机加油车、调温车、除冰车	16.89	0	
87051091	最大起重量≤50吨其他起重车	14.80	0	
	其他车辆	324.56	217.95	48.91
二、零件		25 090.99	15 923.88	57.57
87087090	未列名车辆用车轮及其零件、附件	8 009.72	2 696.42	197.05
87082990	车身（包括驾驶室）的未列名零件、附件	5 608.60	2 699.25	107.78
87089999	8701至8704所列其他车辆用未列名零件、附件	4 847.86	3 234.14	49.90
87089100	机动车辆的散热器（水箱）及其零件	1 925.36	868.17	121.77
87089200	机动车辆的消声器、排气管及其零件	1 917.84	1 170.60	63.83
87088090	其他机动车辆的悬挂系统及零件（含减震器）	390.65	119.03	228.19
87089390	其他机动车辆用离合器及其零件	376.70	271.90	38.55
87088010	8703所列车辆用悬挂系统及零件（含减震器）	283.87	102.11	177.99
87087050	重型柴油型货车用车轮及其零件、附件	228.36	123.41	85.05
87081000	缓冲器（保险杠）及其零件	220.46	195.65	12.68
87089490	其他机动车辆用转向盘、柱、器及零件	177.67	119.43	48.76
87089959	重型货车用未列名零件、附件	139.94	40.01	249.76
87089910	8701所列车辆用未列名零件、附件	122.35	80.62	51.75
87089960	品目8705所列车辆用未列名零件	110.77	64.43	71.92
87089949	轻型货车用未列名零件、附件	90.71	19.71	360.13
87084050	重型柴油货车用变速箱及其零件	62.62	0.00	
87060090	8701至8705所列其他车辆装有发动机的底盘	60.90	1.18	5 043.16

（续上表）

商品编码	商品名称	出口额 （万美元）	上年同期 （万美元）	同比（%）
87082100	座椅安全带	45.32	36.80	23.18
87079010	10座及以上至29座客车车身（驾驶室）	42.88	0.00	
87089340	轻型柴油及汽油货车用离合器及其零件	36.58	48.67	-24.84
87071000	机动小客车的车身（包括驾驶室）	36.01	6.11	489.38
87089450	重型柴油货车用转向盘、柱、器及零件	35.25	13.32	164.65
87082930	车窗玻璃升降器	31.94	26.42	20.87
87082959	其他车身覆盖件	26.62	1.37	1 847.83
87089310	牵引车拖拉机用离合器及其零件	24.26	0.00	
87089992	8701至8704所列其他车辆用传动轴	21.11	20.70	1.94
87089350	重型柴油货车用离合器及其零件	19.59	34.65	-43.46
87089420	30座及以上机动客车用转向盘、柱、器及零件	19.46	24.03	-19.02
87089991	8701至8704所列其他车辆用车架	17.15	8.08	112.23
87089941	轻型货车用车架	14.82	32.39	-54.26
87084099	未列名机动车辆用变速箱及其零件	14.61	3.99	265.74
87082952	车门	11.74	6.75	73.81
87082951	侧围	10.33	0.37	2 708.32
	其他汽车零件	108.97	66.65	63.50
三、发动机及其零件		33 705.62	19 130.46	76.19
84073410	1 000ml＜排量≤3 000ml车用往复式活塞发动机	28 082.10	14 419.80	94.75
84099199	汽车用内燃机的零件	4 620.82	3 410.36	35.49
84831090	其他传动轴及曲轴	1 002.7	1 300.3	-22.89
四、其他		2 386.73	1735.65	37.51
87031011	全地形高尔夫球机动车	1 225.06	1 349.67	-9.23
87031019	其他高尔夫球机动车及类似机动车辆	1 161.66	385.97	200.97

3. 外商投资企业是出口的主体，加工贸易是出口的主要方式

按贸易方式分，一般贸易占汽车出口值21.31%，加工贸易占汽车出口值78.53%。按企业性质分，外商投资企业占汽车出口值3/4，内资企业占汽车出口值1/4。

表4　2007年广州市汽车及零部件分贸易方式出口情况

贸易方式	出口额（万美元）	上年同期（万美元）	同比（%）
全市合计	107 119.4	60 479.42	77.12
一、一般贸易	22 824.07	15 533.54	46.93
1. 国有企业	7 969.86	7 052.05	13.01
2. 外资企业	7 317.14	2 267.27	222.73
3. 民营企业	7 537.07	6 214.22	21.29
二、加工贸易	84 118.37	44 840.82	87.59
1. 国有企业	27.18	1 564.32	−98.26
2. 外资企业	83 016.5	43 055.64	92.81
3. 民营企业	1 074.69	220.86	386.59
三、其他	176.96	105.06	68.44
1. 国有企业	0	53.8	−100.00
2. 外资企业	27.2	0.63	4 217.46
3. 民营企业	149.76	50.63	195.79

4. 对亚洲和欧盟市场共占汽车出口值九成多，对俄罗斯、拉丁美洲、非洲市场刚起步而潜力较大

表5　2007年广州市汽车及零部件主要出口市场情况统计

国别和地区	出口额（万美元）	上年同期（万美元）	同比（%）
出口合计	107 119.4	60 479.42	77.12
一、亚洲	49 449.72	26 160.43	89.02
其中：1. 中国香港	1 165.66	428.56	171.99
2. 日本	35 926.88	17 988.30	99.72
3. 韩国	463.08	147.86	213.20
4. 东盟	2 449.77	1 400.25	74.95
5. 台澎金马关税区	391.51	201.92	93.89
6. 亚洲其他国家（地区）	9 052.83	5 993.54	51.04
二、北美洲	5 974.23	5 167.28	15.62
其中：1. 美国	5 582.73	5 051.69	10.51
2. 北美洲其他地区（国家）	391.51	115.59	238.71

（续上表）

国别和地区	出口额 （万美元）	上年同期 （万美元）	同比（%）
三、欧洲	49 584.13	28 387.86	76.97
其中：1. 欧盟	47 023.59	28 315.23	66.07
2. 欧洲其他国家（地区）	2 560.54	72.63	3 425.35
四、俄罗斯	1 504.53	481.13	212.71
五、拉丁美洲	1 193.62	722.85	65.13
六、大洋洲	317.90	303.47	4.75
七、非洲	4 150.70	3 174.57	30.75

5. 出口企业规模不断扩大

2007 年有整车及零部件出口实绩企业 387 家，其中超 100 万美元企业 60 家。2007 年，本田汽车（中国）有限公司出口欧洲达到欧 4 排放标准的本田飞度轿车 4.24 万辆，出口额 4.69 亿美元，增长 78.39%；广汽丰田发动机有限公司出口 18.14 万台发动机及相关零部件，出口额达 2.81 亿美元；东风本田发动机有限公司、广州骏威客车有限公司等也实现了批量出口，使汽车出口呈加快增长的态势。

表6　2007 年广州市出口汽车及零部件超 100 万美元企业统计

序号	企业名称	出口额 （万美元）	上年同期 （万美元）	同比（%）
1	本田汽车（中国）有限公司	46 901.18	26 292.03	78.39
2	广汽丰田发动机有限公司	28 059.02	14 414.65	94.66
3	广州中精汽车部件有限公司	2 370.76	744.44	218.46
4	广州奥托立夫汽车安全系统有限公司	2 334.76	632.44	269.17
5	广东省机械进出口股份有限公司	2 114.17	2 865.38	-26.22
6	广州戴卡旭铝铸件有限公司	1 402.19	422.32	232.02
7	广州驭风旭铝铸件有限公司	1 167.99	0	
8	广州北方机电发展有限公司	1 158.94	931.35	24.44
9	番禺精美五金塑料制品有限公司	715.54	0	
10	广东省农垦集团进出口有限公司	699.43	229.79	204.38

（续上表）

序号	企业名称	出口额 （万美元）	上年同期 （万美元）	同比（%）
11	广东机械进出口通用机械有限公司	481.43	750.73	−35.87
12	广州市川井车业有限公司	411.50	2.29	17 874.11
13	广州市天功贸易有限公司	385.06	426.89	−9.80
14	广东三利达进出口有限公司	367.35	352.10	4.33
15	广州市东风置业有限公司	351.49	1 358.90	−74.13
16	广州南部工程塑料有限公司	330.64	128.84	156.63
17	阿尔发（广州）汽车配件有限公司	314.99	48.56	548.72
18	广东省广星轻工集团有限公司	314.04	0	
19	广东侨誉汽配有限公司	310.74	272.15	14.18
20	米沃（番禺）电线有限公司	299.28	174.33	71.67
21	本田贸易（中国）有限公司	297.83	67.84	339.05
22	广东省丝绸进出口集团恒通贸易公司	294.24	338.34	−13.04
23	广州市德文斯贸易有限公司	289.34	144.87	99.73
24	欧姆龙（广州）汽车电子有限公司	287.40	19.79	1 352.20
25	广州宝钢南方贸易有限公司	268.00	97.65	174.45
26	中技南方进出口公司	256.29	395.73	−35.24
27	中国航空技术进出口广州公司	244.30	103.67	135.65
28	广州市康臣汽车电子有限公司	244.16	220.23	10.87
29	广东省新立电子信息进出口有限公司	242.83	79.25	206.40
30	广东省商业贸易进出口公司	227.77	188.69	20.71
31	广州市源嘉贸易有限公司	227.12	253.37	−10.36
32	广州马期达进出口贸易有限公司	226.93	0	
33	广州纺织品进出口集团有限公司	198.02	102.03	94.07
34	广州新派进出口有限公司	183.96	0	
35	广州昭和汽车零部件有限公司	183.60	101.72	80.49
36	广东省轻工进出口股份有限公司	173.99	137.99	26.09
37	广州市灵狮贸易发展有限公司	173.60	223.91	−22.47
38	广州市德耀贸易有限公司	172.36	47.99	259.14
39	广州骏威客车有限公司	160.19	0	
40	中国航空技术进出口广州公司	158.51	251.98	−37.09

（续上表）

序号	企业名称	出口额（万美元）	上年同期（万美元）	同比（%）
41	盈得精工五金饲料制品有限公司	153.37	0	
42	广州番禺万尊金属制品有限公司	148.18	135.27	9.54
43	广州市保科力贸易公司	146.39	6.29	2 227.25
44	广州淇澳汽车排气系统有限公司	134.04	41.65	221.81
45	广州越鑫机电设备进出口有限公司	127.12	85.49	48.69
46	广州博利汽车部件科技有限公司	124.61	0	
47	广州德美斯工业器材有限公司	124.17	60.32	105.85
48	广州巨海进出口贸易有限公司	121.62	91.49	32.94
49	广东省机械进出口股份有限公司	120.08	100.82	19.11
50	广东省外贸开发公司	119.19	0	
51	广州朗晴电动车有限公司	118.13	46.35	154.88
52	广州市溢滔橡胶有限公司	114.83	11.71	880.37
53	广东省外运进出口有限公司	113.98	55.68	104.70
54	广东坤江投资实业有限公司	112.65	35.98	213.11
55	广州中包联外经实业有限公司	112.10	109.53	2.35
56	广州峰光实业有限公司	110.48	0	
57	广东省纺织品进出口棉织品有限公司	110.42	63.63	73.53
58	广东省外贸开发公司	109.13	12.61	765.74
59	广州太荣金属制品有限公司	104.63	10.76	872.34
60	广州捷力贸易有限公司	104.24	0	

二、汽车及零部件出口统计存在的主要问题及其影响

按照目前的出口统计口径，2007 年广州市汽车及零部件出口额为 8.9 亿美元（以商务部产业司的统计口径），但是一些属于汽车专用的零部件，例如汽车轮胎、汽车照明及信号装置等，合计约 5 亿美元未列入统计，使统计数与实际发生数存在较大的差异。其中：汽车轮胎 3.64 亿美元，汽车照明及信号装置 5 900 多万美元，机动车辆用坐具及零件 4 400 万美元，汽车电子电器及仪表 2 100 多万美元，共涉及未列入统计的有出口实绩数企业 34 家。

表 7　2007 年广州市应列而暂未列入统计的汽车零部件商品

类别	商品编码	商品名称	出口额（万美元）	去年同期（万美元）	同比（%）
合计			50 778	32 809	54. 77
汽车轮胎		小计	36 439	26 462	37. 70
	40111000	机动小客车用新的充气橡胶轮胎	19 171	11 082	73. 00
	40112000	客车或货运机动车辆用新的充气橡胶轮胎	16 823	14 974	12. 35
	40131000	客车、货运机动车辆用橡胶内胎	417	317	31. 54
	40129020	汽车用实心或半实心轮胎；胎面及轮胎衬带	26	84	− 69. 07
	40121100	机动小客车用翻新的充气橡胶轮胎	1	0	
	40121200	机动大客车或货运车辆用翻新的充气橡胶轮胎	0	5	− 100. 00
	40122010	汽车用旧的充气轮胎	0	0	− 100. 00
汽车照明及信号装置		小计	5 932	2 330	154. 59
	85122010	机动车辆用电气照明装置	2 747	847	224. 18
	85123019	机动车辆用其他电气音响信号装置	2 268	722	214. 02
	85392130	机动车辆用卤钨灯	592	508	16. 39
	85123011	机动车辆用喇叭、蜂鸣器	305	206	47. 83
	85392930	机动车辆用未列名白炽灯泡	20	46	− 55. 45
机动车辆用坐具及零件		小计	4 399	329	1 237. 08
	94019019	其他机动车辆用坐具零件	4 258	236	1 701. 41
	94012090	机动车辆用其他坐具	123	72	71. 33
	94012010	皮革或再生皮革面的机动车辆用坐具	16	15	8. 31
	94019011	机动车辆用座椅调角器	2	6	− 65. 30

注：商品编码也称为关税则号，文中以下同。

（续上表）

类别	商品编码	商品名称	出口额（万美元）	去年同期（万美元）	同比（％）
汽车电子电器及仪表		小计	2 120	2 354	−9.94
	85311010	机动车辆防盗装置	1 197	1 046	14.34
	90292010	车辆用速度计	386	170	127.70
	85272100	需外接电源的汽车用收录（放）音组合机	222	725	−69.35
	85269110	机动车辆用无线电导航设备	213	326	−34.71
	85443020	机动车辆用点火布线组及其他布线组	99	87	14.23
	85272900	其他需外接电源的汽车用无线电收音机	3	0	
汽车空调器	84152000	机动车辆上供人使用的空气调节器	258	224	15.09
空气压缩机	84144000	装在拖车底盘上的空气压缩机	6	3	100.00
机动车用锁		小计	582	394	47.72
	83012010	机动车用中央控制门锁	310	117	164.52
	83012090	机动车用其他锁	272	277	−1.77
汽车玻璃		小计	232	202	14.85
	70072190	车辆用层压安全玻璃	149	175	−15.00
	70071190	车辆用钢化安全玻璃	83	27	208.16
挂车、半挂车		小计	444	210	111.43
	87163910	货柜挂车及半挂车	150	69	117.75
	87163990	未列名货运挂车及半挂车	146	96	52.35
	87164000	未列名挂车及半挂车	122	17	611.77
	87163190	其他罐式挂车及半挂车	17	23	−26.09
	87162000	农用自装或自卸式挂车及半挂车	8	0	2 224.28
	87163110	油罐挂车及半挂车	0	4	−100.00

（续上表）

类别	商品编码	商品名称	出口额（万美元）	去年同期（万美元）	同比（%）
其他		小计	367	301	21.93
	70091000	车辆后视镜	159	126	25.85
	83023000	其他机动车辆用的贱金属制附件及架座	108	83	29.85
	73201020	汽车用片簧及簧片	52	61	-14.49
	85124000	车辆风挡刮水器、除霜器及去雾器	49	31	57.03

（一）汽车及零部件出口统计存在的主要问题

虽然中国汽车及零部件出口增长很快，但由于没有统一的汽车及零部件出口统计口径，造成各有关单位统计口径不一致，制约着汽车及零部件出口统计工作的进一步开展。

目前各主要部门的统计方法为：

（1）海关对外发布的统计口径：包括汽车（包括整套散件）和装有引擎的汽车底盘（品目8702~8706）以及汽车零部件（品目8707和8708），并以商品编号为统计单元（注：广州市外经贸局的统计数源于广州海关统计数）。

（2）商务部产业司以海关数据为基础，主要统计属于机电产品类的汽车及零部件，作为汽车及零部件出口统计口径。

（3）中国汽车工业协会、中国汽车工程学会、中国汽车技术研究中心（以下简称"三大汽车行业机构"）统计所有汽车及零部件产品。

（4）国家统计局统计规模以上（即年主营业务收入500万元以上）的汽车及零部件企业，并以企业为统计单元，以企业填表数据为主要依据。

（二）出口统计口径问题的影响分析

1. 不利于汽车及零部件出口对经济贡献度等指标的评估

由于汽车及零部件出口统计口径不统一，使各地区在计算汽车产业的统计指标如出口值、进出口总值、总产值、工业增加值、对GDP贡献度等时常出现数据不一致，影响了汽车产业对经济贡献度的正确评估。

2. 不利于总体出口目标的实现

按广州市政府《转发市外经贸局〈关于加快我市国家汽车及零部件出口基地建设的意见〉的通知》（穗府办〔2008〕15号）中关于汽车出口基地"十一五"发展规划的工作目标，到2010年，广州市汽车及零部件出口值应达到18亿美元，可是2007年广州市统计数为10.71亿美元，而商务部产业司统计数为8.9亿美元，差额达1.81亿美元。因而，应及时解决汽车及零部件出口统计口径不一致的问题。

3. 不利于重点出口企业的真实性统计

按广州市汽车出口基地的"十一五"发展规划，到2010年，出口超亿美元企业达到4~6家。但2007年广州市只有本田汽车（中国）有限公司、广汽丰田发动机有限公司2家超亿美元企业列入汽车及零部件统计，而另2家超亿美元的广州市华南橡胶轮胎有限公司、广州番禺巨大汽车音响设备有限公司出口的有关产品未能列入汽车及零部件出口统计，对广州市重点汽车及零部件出口企业的真实性统计造成了较大的影响。

4. 不利于汽车出口基地资金扶持方向的安排

例如广州市华南橡胶轮胎有限公司所生产的子午线轮胎是国家鼓励发展的项目，"万力"牌轮胎被列为"商务部重点扶持和培育的出口品牌"，它未被列入汽车及零部件出口统计对扶持自主品牌产品造成负面的影响。因而，只有明确汽车及零部件出口统计口径范围，才能更好地有的放矢，使汽车出口基地每年1亿元资金的项目安排符合扶持方向，做到好钢用在刀刃上。

（三）解决出口统计问题的必要性和重要性

明确汽车及零部件出口统计口径，是制订汽车及零部件出口发展规划和工作目标的基础和前提。商务部和发改委《关于印发〈国家汽车及零部件出口基地管理办法（试行）的通知〉》（商产发〔2008〕330号）对出口基地的考核，重点是汽车及零部件产业发展、出口增长、出口产品结构调整、自主创新能力建设等情况。广州市政府《转发市外经贸局〈关于加快我市国家汽车及零部件出口基地建设的意见〉的通知》（穗府办〔2008〕15号）中提出了广州市汽车出口基地的"十一五"发展规划的工作目标是，到2010年，广州市汽车及零部件出口值达18亿美元，出口超亿美元企业4~6家。因此，应尽早建立统一和科学的《汽车及零部件出口产品统计目录》，才能有利于汽车及零部件出口发展规划的制订和执行，有利于汽车及零部件出口基地建设的健康发展，有利于各地方相关部门贯彻落实商务部等国家部委的工作要求，更有针对性地开展汽车及零部件相关产品的出口，努力完成汽车及零部件出口基地建设的工作目标。

三、建立汽车及零部件出口统计口径的思路及政策建议

设立汽车及零部件出口统计口径的总体思路，是以《中华人民共和国海关统计商品目录》为基础，建立《汽车及零部件出口产品统计目录》，作为全国开展汽车及零部件出口统计的重要依据之一。

具体政策建议如下：

（一）设立汽车及零部件出口统计口径的基本原则及其框架

1. 基本原则

设立《汽车及零部件出口产品统计目录》遵循以下三个基本原则：

（1）唯一性原则。列入《汽车及零部件出口产品统计目录》的商品必须是在《中华人民共和国海关统计商品目录》中单独列名的汽车专用的产品，其中包括机电产品和非机电产品。

（2）专项性原则。《汽车及零部件出口产品统计目录》专项用于汽车及零部件出口统计，它并不改变所涉及的商品在现行《中华人民共和国海关统计商品目录》中的分类。

（3）求同存异原则（也可称为非全税号原则）。对于目前同一海关商品编号下与其他商品混合使用着的汽车产品暂时不列入《汽车及零部件出口产品统计目录》。如果某商品进出口额较大，有必要将其分列为"车辆用与非车辆用"时，则另行提请商务部、海关总署等部门报经国务院税则委员会批准，待单独设立其商品编号后再列入《汽车及零部件出口产品统计目录》，以逐步地稳妥地解决汽车及零部件出口统计差异性的问题。

2. 基本框架

《汽车及零部件出口产品统计目录》的基本框架为：

（1）第一部分，汽车和汽车底盘。涉及三个部分：

①基本采用《中华人民共和国海关统计商品目录》品目 8702～8706 所列的各类汽车和底盘，但品目 8703 中的全地形车（87031011）、高尔夫球车（87031019）、雪地车（87031090）除外。

②将半挂车用的公路牵引车（87012000）列入汽车整车统计。

理由是：第一，按照《构成整车特征的汽车零部件进口管理办法》（海关总署、发改委、财政部、商务部2005年第125号令）的定义，牵引车具有汽车整车的特征；第二，国家统计局《国民经济行业分类与代码》上都将牵引车归属汽车整车。

③将品目8703中的全地形车（87031011）、高尔夫球车（87031019）、雪地车（87031090）（以下简称"三种车"）剔除，不列为汽车整车统计，而另行单独统计。

理由是：第一，这三种车属非公路用车，仅在特殊区域（如高尔夫球车仅在高尔夫球场、全地形车主要在沙滩等场地）专用。按目前国际通行的做法，进口国对这三种车的检测、认证等较简便，没有像汽车整车那样严格限定准入的门槛，因而这三种车不归为汽车整车统计，将更有利于其进入国际市场，也符合目前国际通行做法。第二，将这三种车剔除，可以更真实地反映汽车整车的实际出口情况。第三，实行单独统计后，可视不同的实际需要增加或减少对此类商品的单项统计。

调整后，第一部分汽车和汽车底盘共涉及75个8位数的商品税号。

（2）第二部分，汽车零部件。由以下两个部分组成：

①汽车零部件。主要是采用《中华人民共和国海关统计商品目录》品目8707～8708所列的汽车零部件，但将涉及拖拉机、非公路用自卸车的零部件剔除，共涉及70个8位数税则号。

表8 汽车零部件（8707～8708）商品

税则号	商品名称
一、8707 机动车辆的车身（品目8701～8705所列车辆用）	
87071000	机动小客车的车身（包括驾驶室）
87079010	10座及以上至29座客车车身（驾室）
87079090	8701－02，8704－05列其他车辆车身（含驾驶室）
二、机动车辆的零件、附件，品目8701～8705所列车辆用	
87081000	缓冲器（保险杠）及其零件
87082100	座椅安全带
87082930	车窗玻璃升降器
87082941	电动天窗
87082942	手动天窗

（续上表）

税则号	商品名称
87082951	侧围
87082952	车门
87082953	发动机罩盖
87082954	前围
87082955	行李箱盖（或背门）
87082956	后围
87082957	翼子板（或叶子板）
87082959	其他车身覆盖件
87082990	车身（包括驾驶室）的未列名零件、附件
87083010	装在蹄片上的制动摩擦片
87083029	其他车辆用防抱死制动系统
87083092	30座及以上机动客车用其他制动器及零件
87083094	轻型柴油及汽油货车用其他制动器及其零件
87083095	重型柴油货车用其他制动器、助力制动及零件
87083096	品目8705所列车辆用其他制动器及其零件
87083099	未列名机动车辆用其他制动器及其零件
87084020	30座及以上机动客车用变速箱
87084040	轻型柴油及汽油货车用变速箱
87084050	重型柴油货车用变速箱
87084060	品目8705所列车辆用变速箱
87084091	小轿车用自动换挡变速箱
87084099	未列名机动车辆用变速箱
87085072	30座及以上机动客车用装差速器驱动桥及零件
87085074	轻型柴油及汽油货车用装差速器驱动桥及零件
87085075	重型柴油货车用装有差速器的驱动桥及零件
87085076	品目8705所列车辆用装有差速器的驱动桥及零件
87085079	其他机动车辆用装有差速器的驱动桥及零件
87085082	30座及以上机动客车用非驱动桥及其零件
87085084	轻型柴油及汽油货车用非驱动桥及其零件
87085085	重型柴油货车用非驱动桥及其零件
87085086	品目8705所列车辆用非驱动桥及其零件

（续上表）

税则号	商品名称
87085089	其他机动车辆用非驱动桥及其零件
87087020	30 座及以上机动客车用车轮及其零件、附件
87087040	轻型柴油及汽油货车用车轮及其零件、附件
87087050	重型柴油货车用车轮及其零件、附件
87087060	品目 8705 所列车辆用车轮及其零件
87087090	未列名车辆用车轮及其零件、附件
87088010	品目 8703 所列车辆用减震器
87088090	机动车辆的其他悬挂减震器
87089100	机动车辆的散热器（水箱）
87089200	机动车辆的消声器及排气管
87089320	30 座及以上机动客车用离合器及其零件
87089340	轻型柴油及汽油货车用离合器及其零件
87089350	重型柴油货车用离合器及其零件
87089360	品目 8705 所列车辆用离合器及其零件
87089390	其他机动车辆用离合器及其零件
87089420	座位≥30 的机动客车用转向盘等
87089440	轻型柴油及汽油货车用转向盘等
87089450	重型柴油货车用转向盘等
87089460	品目 8705 所列车辆用转向器
87089490	其他机动车辆用转向盘、转向柱及转向器
87089500	带充气系统的安全气囊及其零件
87089921	30 座及以上客车用车架
87089929	30 座及以上客车用未列名零件、附件
87089941	轻型货车用车架
87089949	轻型货车用未列名零件、附件
87089951	重型货车用车架
87089959	重型货车用未列名零件、附件
87089960	品目 8705 所列车辆用未列名零件
87089991	8701 至 8704 所列其他车辆用车架
87089992	8701 至 8704 所列其他车辆用传动轴
87089999	8701 至 8704 所列其他车辆用未列名零件、附件

②应列而暂未列入统计的汽车零部件。主要是指除品目 8707~8708 外，目前仍没有列入汽车零部件出口统计，但在海关商品编号中单独列名为汽车专用的所有产品，包括机电产品和非机电产品，共 44 个 8 位数税则号。主要包括：汽车轮胎、汽车发动机及零件（排气量在 1 000cc 以上）、汽车照明及信号装置、机动车辆用坐具及零件、汽车电子电器及仪表、空气压缩机、机动车用锁、汽车玻璃、挂车、半挂车、车辆后视镜、弹簧、刮水器等其他部件。

表 9　建议列入而暂未列入统计的汽车零部件目录

税则号	商品名称
一、汽车轮胎	
40111000	机动小客车（包括旅行小客车及赛车）用新的充气橡胶轮胎
40112000	客运机动车辆或货运机动车辆用新的充气橡胶轮胎
40121100	机动小客车（包括旅行小客车及赛车）用翻新轮胎
40121200	机动车大客车或货运机动车辆用翻新轮胎
40122010	汽车用旧的充气轮胎
40129020	汽车用实心或半实心橡胶轮胎
40131000	机动小客车（包括旅行小客车及赛车）、客运机动车辆或货运机动车辆用橡胶内胎
二、汽车发动机及零件	
84073410	气缸容量（排气量）超过 1 000 毫升，但不超过 3 000 毫升
84073420	气缸容量（排气量）超过 3 000 毫升
84082010	输出功率在 132.39 千瓦（180 马力）及以上（其他用）
84082090	其他（其他用）
三、汽车照明及信号装置	
85122010	机动车辆用照明或视觉信号装置
85123011	机动车辆用喇叭、蜂鸣器
85123012	机动车辆用防盗报警器
85123019	机动车辆用其他电气音响信号装置
85392130	机动车辆用卤钨灯
85392930	机动车辆用其他白炽灯泡
四、机动车辆用坐具及零件	
94012010	皮革或再生皮革面的机动车辆用坐具
94012090	其他机动车辆用坐具

（续上表）

税则号	商品名称
94019011	座椅调角器
94019019	其他
五、汽车电子电器及仪表	
85269110	机动车辆用无线电导航设备
85272100	需外接电源的汽车收录（放）音组合机
85272900	需外接电源的汽车用无线电收音机
85443020	机动车辆用点火布线组及其他布线组
90291020	车费计、里程计
90292010	车辆用速度计
六、空气压缩机	
84144000	装在拖车底盘上的空气压缩机
七、机动车用锁	
83012010	中央控制门锁
83012090	其他机动车辆用锁
八、汽车玻璃	
70071190	其他（车辆用钢化安全玻璃）
70072190	其他（车辆用层压安全玻璃）
九、挂车、半挂车	
84152000	机动车辆上供人使用的（空气调节器）
87161000	供居住或野营用厢式挂车及半挂车
87162000	农用自装或自卸式挂车及半挂车
87163110	油罐挂车及半挂车
87163190	其他罐式挂车及半挂车
87163910	货柜挂车及半挂车
87163990	其他货运挂车及半挂车
87164000	其他挂车及半挂车
十、其他	
70091000	车辆后视镜
73201020	汽车用片簧及簧片
83023000	机动车辆用的贱金属附件及架座
85124000	车辆风挡刮水器、除霜器及去雾器

调整后，第二部分汽车零部件共涉及 114 个 8 位数商品编号（即税则号）。

综上所述，《汽车及零部件出口产品统计目录》将涉及商品编号共 189 个，其中建议列入而暂未列入汽车及零部件出口统计的商品编号 44 个。

（二）制定《汽车及零部件出口产品统计目录》

新设立的《汽车及零部件出口产品统计目录》由汽车整车、零部件两大部分的商品组成，主要说明如下：

1. 第一部分：汽车整车（包括汽车底盘），由乘用车和商用车组成

（1）乘用车。

①轿车（品目 8703）。

②越野车（品目 8703）。

③小客车（品目 8703）。

④其他载人机动车（品目 8703）。

（2）商用车。

①半挂车用的公路牵引车（87012000）。

②客车（品目 8702）。

③货车（品目 8704）。

④起重车（品目 8705）。

⑤专用车，包括：机动钻探车、救火车、混凝土搅拌车、机动医疗车、飞机加油车、扫雪车、未列名特殊用途的机动车辆等（品目 8705）。

⑥带发动机的机动车辆底盘（品目 8706）。

2. 第二部分：汽车零部件，由 19 个部分的商品组成

（1）汽车发动机及零件。

①84073410，气缸容量（排气量）超过 1 000 毫升，但不超过 3 000 毫升。

②84073420，气缸容量（排气量）超过 3 000 毫升。

③84082010，输出功率在 132.39 千瓦（180 马力）及以上（其他用）。

④84082090，其他（其他用）。

⑤87089100，机动车辆的散热器（水箱）。

⑥87089200，机动车辆的消声器及排气管。

（2）车身及其附件。

①车身。

87071000，机动小客车的车身（包括驾驶室）

87079010，10 座及以上至 29 座客车车身（驾室）

87079090，8701－02，8704－05 列其他车辆车身（含驾驶室）

②车门、边围。

87082951，侧围

87082952，车门

87082954，前围

87082955，行李箱盖（或背门）

87082956，后围

③机动车用锁。

83012010，中央控制门锁

83012090，其他机动车辆用锁

④汽车玻璃。

70071190，其他（车辆用钢化安全玻璃）

70072190，其他（车辆用层压安全玻璃）

⑤机动车辆用坐具及零件。

94012010，皮革或再生皮革面的机动车辆用坐具

94012090，其他机动车辆用坐具

94019011，座椅调角器

94019019，其他机动车辆用坐具及零件

⑥70091000，车辆后视镜。

⑦天窗。

87082941，电动天窗

87082942，手动天窗

⑧87089500，带充气系统的安全气囊及其零件。

⑨84152000，机动车辆上供人使用的（空气调节器）。

⑩其他零件、附件。

83023000，机动车辆用的贱金属附件及架座

85124000，车辆风挡刮水器、除霜器及去雾器

87081000，缓冲器（保险杠）及其零件

87082100，座椅安全带

87082953，发动机罩盖

87082957，翼子板（或叶子板）

87082959，其他车身覆盖件

87082990，车身（包括驾驶室）的未列名零件、附件

87082930，车窗玻璃升降器

（3）汽车照明及信号装置。

①85122010，机动车辆用照明或视觉信号装置。

②85123011，机动车辆用喇叭、蜂鸣器。

③85123012，机动车辆用防盗报警器。

④85123019，机动车辆用其他电气音响信号装置。

⑤85392130，机动车辆用卤钨灯。

⑥85392930，机动车辆用其他白炽灯泡。

（4）汽车电子电器及仪表。

①85269110，机动车辆用无线电导航设备。

②85272100，需外接电源的汽车收录（放）音组合机。

③85272900，需外接电源的汽车用无线电收音机。

④85443020，机动车辆用点火布线组及其他布线组。

⑤90291020，车费计、里程计。

⑥90292010，车辆用速度计。

（5）防抱死制动系统。

87083029，其他车辆用防抱死制动系统

（6）制动器及其零件。

①87083010，装在蹄片上的制动摩擦片。

②87083092，30 座及以上机动客车用其他制动器及零件。

③87083094，轻型柴油及汽油货车用其他制动器及其零件。

④87083095，重型柴油货车用其他制动器、助力制动及零件。

⑤87083096，品目 8705 所列车辆用其他制动器及其零件。

⑥87083099，未列名机动车辆用其他制动器及其零件。

（7）空气压缩机。

84144000，装在拖车底盘上的空气压缩机

（8）变速器及其零件。

①87084020，30 座及以上机动客车用变速箱。

②87084040，轻型柴油及汽油货车用变速箱。

③87084050，重型柴油货车用变速箱。

④87084060，品目 8705 所列车辆用变速箱。

⑤87084091，小轿车用自动换挡变速箱。

⑥87084099，未列名机动车辆用变速箱。

（9）离合器及其零件。

①87089320，30座及以上机动客车用离合器及其零件。

②87089340，轻型柴油及汽油货车用离合器及其零件。

③87089350，重型柴油货车用离合器及其零件。

④87089360，品目8705所列车辆用离合器及其零件。

⑤87089390，其他机动车辆用离合器及其零件。

（10）传动轴。

87089992，8701至8704所列其他车辆用传动轴

（11）驱动桥及其零件。

①87085072，30座及以上机动客车用装差速器驱动桥及零件。

②87085074，轻型柴油及汽油货车用装差速器驱动桥及零件。

③87085075，重型柴油货车用装有差速器的驱动桥及零件。

④87085076，品目8705所列车辆用装有差速器的驱动桥及零件。

⑤87085079，其他机动车辆用装有差速器的驱动桥及零件。

（12）非驱动桥及其零件。

①87085082，30座及以上机动客车用非驱动桥及其零件。

②87085084，轻型柴油及汽油货车用非驱动桥及其零件。

③87085085，重型柴油货车用非驱动桥及其零件。

④87085086，品目8705所列车辆用非驱动桥及其零件。

⑤87085089，其他机动车辆用非驱动桥及其零件。

（13）车轮及其零件。

①87087020，30座及以上机动客车用车轮及其零件、附件。

②87087040，轻型柴油及汽油货车用车轮及其零件、附件。

③87087050，重型柴油货车用车轮及其零件、附件。

④87087060，品目8705所列车辆用车轮及其零件。

⑤87087090，未列名车辆用车轮及其零件、附件。

（14）汽车轮胎。

①40111000，机动小客车（包括旅行小客车及赛车）用新的充气橡胶轮胎。

②40112000，客运机动车辆或货运机动车辆用新的充气橡胶轮胎。

③40121100，机动小客车（包括旅行小客车及赛车）用翻新轮胎。

④40121200，机动车大客车或货运机动车辆用翻新轮胎。

⑤40122010，汽车用旧的充气轮胎。

⑥40129020，汽车用实心或半实心橡胶轮胎。

⑦40131000，机动小客车（包括旅行小客车及赛车）、客运机动车辆或货运机动车辆用橡胶内胎。

（15）悬挂系统及其零件。

①73201020，汽车用片簧及簧片。

②87088010，品目8703所列车辆用减震器。

③87088090，机动车辆的其他悬挂减震器。

（16）车架。

①87089921，30座及以上客车用车架。

②87089941，轻型货车用车架。

③87089951，重型货车用车架。

④87089991，8701至8704所列其他车辆用车架。

（17）转向系统及其零件。

①87089420，座位≥30的机动客车用转向盘等。

②87089440，轻型柴油及汽油货车用转向盘等。

③87089450，重型柴油货车用转向盘等。

④87089460，品目8705所列车辆用转向器。

⑤87089490，其他机动车辆用转向盘、转向柱及转向器。

（18）挂车及半挂车。

①87161000，供居住或野营用厢式挂车及半挂车。

②87162000，农用自装或自卸式挂车及半挂车。

③87163110，油罐挂车及半挂车。

④87163190，其他罐式挂车及半挂车。

⑤87163910，货柜挂车及半挂车。

⑥87163990，其他货运挂车及半挂车。

⑦87164000，其他挂车及半挂车。

（19）未列名零部件。

①87089929，30座及以上客车用未列名零件、附件。

②87089949，轻型货车用未列名零件、附件。

③87089959，重型货车用未列名零件、附件。

④87089960，品目8705所列车辆用未列名零件。

⑤87089999，8701至8704所列其他车辆用未列名零件、附件。

（三）逐步解决某些汽车及零部件产品统计的唯一性问题

对于进出口额较大，但目前与其他商品混合使用着同一海关商品税则号的汽车产品，我们拟另行行文建议商务部、海关总署等部门，将上述商品报经国务院税则委员会同意单独设立其商品税则号后才列入统计，以逐步解决统计唯一性的问题。

鉴于近年汽车及零部件出口的实际情况，亟待单独设立商品税则号的主要有以下四类商品：

1. 新能源为动力的车辆（编号87039000）

目前海关税则号中只将装有点燃往复式活塞内燃发动机的车辆（汽油）和装有点燃往复式活塞内燃发动机的车辆（柴油）单列，其他动力的车辆，包括混合动力车辆、电动车辆、使用LPD为动力的车辆等，都归入"其他载人机动车辆（编号87039000）"，没有单独列名。但随着近年来汽车工业中新能源为动力的研发和应用水平的迅速提高，新能源车辆的出口也逐步增大，因此，建议逐步将混合动力车辆、电动车辆、使用LPD为动力的车辆从"其他载人机动车辆"中单列出来。

2. 发动机——车辆用往复式活塞发动机（品目8407）

按照目前海关税则号，用于87章所列车辆的往复式活塞发动机，没有分开汽车用和摩托车用。鉴于汽车、摩托车的出口额都较大，建议将用于第87章所列车辆的往复式活塞发动机，先分为汽车用发动机与摩托车用发动机，再按排气量进一步细分。

对发动机的商品税则号分类举例如下：

用于87章所列车辆的往复式活塞发动机；

摩托车用发动机；

排气量不超过50毫升；

排气量超过50毫升，不超过250毫升；

排气量超过250毫升；

其他车辆用发动机；

排气量不超过1 000毫升；

排气量超过1 000毫升，不超过3 000毫升；

排气量超过3 000毫升。

3. 发动机零件（品目8409）

鉴于目前专用于或主要用于品目8407或品目8408所列发动机的零件，已经分为航空器发动机用、船舶发动机用与其他用，建议将车辆用发动机从"其他"中单列出来，再分为摩托车用发动机零件和其他车辆用发动机零件。

4. 汽车专用产品，例如车载 DVD 播放机、车载液晶显示器电视等多功能的专用于汽车的产品

随着汽车专用产品的日新月异，汽车收录机等较为单一的产品已被多用途的、多功能的混合产品所代替，类似于车辆用的多媒体装置等实际是车辆专用的产品，目前此类商品进出口额越来越大，但出口统计中仍与非车辆用的产品归在一起，无法区分车辆用与非车辆用。因此，建议在相关的大类商品税则号下单列"车辆用"的税则号。例如，车载 DVD 播放机（现行税则号为85219012）、车载液晶显示器电视（现行税则号为85287229）等。

（四）尽快颁布执行《汽车及零部件出口产品统计目录》

建议商务部将《汽车及零部件出口产品统计目录》列为全国汽车及零部件出口基地城市年会的讨论文件，并向海关总署、中国汽车行业协会等单位征求意见，进一步完善《汽车及零部件出口产品统计目录》后在全国实施。同时，建议国家有关部门定期根据中国汽车及零部件进出口商品的发展趋势，动态调整《汽车及零部件出口产品统计目录》相关商品，以更加科学、准确地反映汽车及零部件出口的发展情况。

【注释】

1. 《中华人民共和国海关统计商品目录》——是以海关合作理事会（世界海关组织，WCO）制定的《商品名称及编码协调制度》为基础，结合我国实际进出口货物情况编制而成的。目前已有 207 个国家采用。

《商品名称及编码协调制度》是在《海关合作理事会分类目录》（CCCN）和联合国编制的《国际贸易标准分类》（SITC）基础上，参考国际其他主要的税则、统计、运输等分类目录制定的一个多用途的国际贸易商品分类目录。它有利于国际贸易统计资料的收集、对比、分析，便利贸易咨询和谈判，避免国际贸易交往中因采用不同分类而引起的争端。《商品名称及编码协调制度》在我国不仅海关部门采用，而且国税、商检、外经贸等部门也采用。

2. 乘用车——根据 ISO 3833 修订本，乘用车是指就其设计和技术特性而言，主要用于运载人员及其行李或偶尔运载物品，包括驾驶员在内，最多为 9 座的汽车。轿车、吉普车、某些多用途车辆（即 MPV）等都属此范畴。

3. 商用车——根据 ISO 3833 修订本，商用车是指除乘用车以外，主要用

于运载人员、货物，及牵引挂车的汽车，商用车包含所有的载货汽车和 9 座以上的客车。

4. 其他载人机动车（编号 87039000）——是指品目 8703 未列名的车辆，或者装有除点燃往复式活塞内燃发动机（汽油）和点燃往复式活塞内燃发动机（柴油）外未列名发动机的车辆，如混合动力车辆、电动车辆等。

2014 年度广州市服务外包运行情况分析[①]

2014 年广州市服务外包的特点是增速高、结构优。服务外包全口径合同额达到 78.54 亿美元，同比增长 26.65%，离岸合同额 47.70 亿美元，同比增长 24.31%，离岸执行额 31.80 亿美元，同比增长 21.56%，服务外包规模连续 4 年保持全省及华南地区首位，占全省 50.03%。

一、三项指标均超额完成年度工作目标

2014 年广州市服务外包离岸合同额和离岸执行额分别完成省下达工作目标的 103.59% 和 101.30%。全口径合同额也完成全年工作目标任务的 119.02%。

表 1 2014 年广州市服务外包工作目标完成情况

项目	全年目标（万美元）	完成额（万美元）	同比（%）	完成率（%）
全口径合同额	659 868	785 365	26.65	119.02
离岸合同额	460 471	477 022	24.31	103.59
离岸执行额	313 868	317 957	21.56	101.30

二、知识流程外包（KPO）高速增长

在全口径合同额中，信息技术外包（ITO）、业务流程外包（BPO）和知

[①] 此文是笔者与广州市商务局技术与服务贸易处林岚于 2015 年 2 月共同编写，在 2015 年 2 月《广州外经贸简报》上刊登。时任广州市市长陈建华批示：加快发展服务外包业，提升服务业水平，为广州转型升级做出贡献。

识流程外包（KPO）三大业务类型的占比分别是 33.78%、23.00% 和 43.22%，其中知识流程外包（KPO）占比最大。在离岸执行额中，以产品技术研发、分析学和数据挖掘等为主的知识流程外包（KPO）增长迅速；以企业业务流程设计服务、企业供应链管理服务为主的业务流程外包（BPO）也实现了较快增长；以软件研发及外包、信息系统运营维护外包为主的信息技术外包（ITO）则增长了 13.86%。

表2　2014年广州市服务外包分业务类别统计

合同类别	全口径合同额		离岸合同额		离岸执行额		占比（%）
	金额（万美元）	同比（%）	金额（万美元）	同比（%）	金额（万美元）	同比（%）	
合计	785 365	26.65	477 022	24.31	317 957	21.56	
一、信息技术外包	265 296	38.43	105 007	22.67	59 930	13.86	33.78
（一）软件研发及外包	125 747	1.78	84 851	33.21	47 731	18.40	
软件研发及开发服务	56 744	−21.27	29 158	25.49	25 068	27.83	
软件技术服务	69 003	34.07	55 693	37.65	22 663	9.47	
（二）信息技术研发及外包	733	−44.95	600	−52.20	604	106.01	
集成电路设计	90	−58.55	90	−53.26	147	63.43	
提供电子商务平台	127	−88.22	0	−100.00	156	−23.12	
测试平台	516	1413.65	510	0.00	301	0.00	
（三）信息系统运营维护外包	121 924	130.57	19 464	3.79	10 444	−0.09	
信息系统运营和维护服务	75 880	106.02	9 873	−21.70	4 529	−39.95	
基础信息技术服务	46 044	186.93	9 591	56.10	5 914	103.16	
其他ITO	16 891	21.64	92	−95.14	1150	−26.95	
二、业务流程外包	180 664	37.53	111 184	52.62	74 460	20.05	23.00
企业业务流程设计服务	7 338	885.65	5 080	1 128.79	4 468	1 128.17	
企业内部管理服务	12 472	77.66	4 746	−11.20	4 723	−37.87	
企业业务运营服务	79 686	49.51	42 576	74.24	23 873	1.73	

（续上表）

合同类别	全口径合同额		离岸合同额		离岸执行额		占比（%）
	金额（万美元）	同比（%）	金额（万美元）	同比（%）	金额（万美元）	同比（%）	
企业供应链管理服务	50 569	32.04	47 675	66.94	34 346	77.92	
其他 BPO	30 599	− 4.38	11 107	− 21.21	7 050	− 37.53	
三、知识流程外包	339 405	14.23	26 0831	15.78	183 566	24.96	43.22
医药和生物技术研发和测试	5	0		0		0	
产品技术研发	16 932	441.69	12 344	295.18	5 518	566.58	
工业设计	103 541	45.15	92 851	50.10	68 345	86.93	
分析学和数据挖掘	54 524	13.39	53 772	16.36	38 159	6.17	
动漫及网游设计研发	187	− 11.76	171	− 19.41	185	287.24	
工程设计	798	− 96.10	0	− 100.00	0	− 100.00	
其他 KPO	163 418	−	101 693	−	71 359	−	

三、亚美欧是主要发包市场

2014 年广州市接包的国家和地区已达 134 个，离岸执行额累计数突破 1 千万美元的国家和地区达 35 个，比上年度增加 8 个，超亿美元的国家和地区 5 个，分别是中国香港、美国、英国、新加坡和韩国，其中广州市承接中国香港和美国的离岸执行额分别占全市的 36.94% 和 10.64%。发包市场国家进一步多元化拓展，增速超 100% 的新兴市场主要在亚非拉地区，包括赞比亚、古巴、坦桑尼亚和新加坡等。

表 3　2014 年广州市离岸服务外包主要发包市场统计

国别或地区	累计数			
	离岸合同额（万美元）	同比（%）	离岸执行额（万美元）	同比（%）
一、亚洲	294 257	23.52	195 293	21.02
中国香港	197 383	21.30	117 439	6.61

（续上表）

国别或地区	累计数			
	离岸合同额（万美元）	同比（%）	离岸执行额（万美元）	同比（%）
新加坡	25 432	52.93	28 639	216.16
韩国	11 629	18.24	10 973	6.24
日本	8 660	126.66	6 976	114.42
印度尼西亚	10 071	220.11	4 289	116.43
中国澳门	4 548	−25.38	4 258	4.11
柬埔寨	5 945	40.78	3 119	−6.62
阿拉伯联合酋长国	2 890	8.41	2 871	25.77
沙特阿拉伯	1 829	−66.15	2 777	20.49
伊朗	1 430	−53.67	2 457	121.43
中国台湾	9 227	336.09	2 234	686.94
越南	2 254	287.77	1 573	373.57
孟加拉国	4 482	263.74	1 502	0
马来西亚	1 914	−69.62	1 245	−77.09
阿富汗	660	−25.00	1 164	217.29
亚洲其他国家	5 903	—	3 777	—
二、欧洲	67 426	−8.46	55 141	0.56
英国	32 193	−12.44	26 230	12.83
瑞士	11 357	−37.78	7 179	−36.16
瑞典	6 135	291.54	4 745	85.13
德国	4 190	−46.65	4 314	−17.21
丹麦	1 621	−55.00	2 234	−9.98
荷兰	547	−85.68	2 176	−45.55
希腊	1 918	−18.74	1 329	112.76
意大利	1 895	−4.84	1 311	9.19
俄罗斯	2 489	−29.98	962	−68.71
比利时	501	−58.95	898	32.17
法国	1 561	−44.49	852	−23.85
欧洲其他国家	3 019	6 608.17	2911	29 900.33
三、北美洲	51 894	49.61	34 315	26.81

（续上表）

国别或地区	累计数			
	离岸合同额（万美元）	同比（%）	离岸执行额（万美元）	同比（%）
美国	51 190	52.99	33 834	27.14
加拿大	624	-42.54	412	25.31
北美洲其他国家	80	—	69	—
四、非洲	27 463	197.33	16118	135.87
埃及	3 146	111.94	2 509	53.00
坦桑尼亚	3 501	355.20	2 303	400.78
赞比亚	2 392	14 189.97	2 121	14 496.14
利比里亚	1 800	350.12	1 900	0.00
尼日利亚	926	-54.07	1 685	86.59
安哥拉	1 780	161.16	1 361	82.56
多哥	961	150.82	950	325.68
阿尔及利亚	4 097	5 168.13	721	1 244.81
南非	386	-42.26	651	169.69
马里	950	89.62	524	115.93
非洲其他国家	7 524	—	1 393	—
五、拉丁美洲	21 825	63.64	11 700	95.09
英属维尔京群岛	8 012	86.28	5 707	82.69
厄瓜多尔	1 599	332 978.19	1 530	318 565.69
巴哈马	1 487	0.00	1271	0.00
古巴	972	820.79	1025	870.63
玻利维亚	988	0.00	988	0.00
秘鲁	1 119	1212.72	647	799.21
哥斯达黎加	605	12.41	532	-1.59
拉丁美洲其他国家	7 043	—	0	0
六、大洋洲	3 753	16.53	1371	-47.39
澳大利亚	1 028	30.89	443	-20.65
巴布亚新几内亚	393	-78.35	393	-71.95

（续上表）

国别或地区	累计数			
	离岸合同额（万美元）	同比（%）	离岸执行额（万美元）	同比（%）
马绍尔群岛共和国	1486	239.24	285	-9.55
大洋洲其他国家	846	——	250	——

四、企业规模和新领域不断拓展

全年系统登记服务外包企业 969 家，比去年新增 112 家。全口径合同额超千万美元的企业 140 家，比去年同期增加 17 家。离岸执行额超千万美元企业 73 家，同比新增 11 家。广州市软件、金融服务、研发设计、电信、供应链和对外工程承包设计等六大重点领域全口径服务外包执行额分别达 4.2 亿美元（其中离岸 3.7 亿美元）、4.5 亿美元（其中离岸 4.1 亿美元）、8.4 亿美元（其中离岸 7.5 亿美元）、6.4 亿美元（其中离岸 2.8 亿美元）、4.69 亿美元（其中离岸 4.62 亿美元）和 2.22 亿美元（其中离岸 1.72 亿美元），分别占全市服务外包执行额的 8.27%、8.71%、16.37%、12.44%、14.54% 和 5.42%，上述六大领域共占全市 65.75%。

2014 年广州市服务外包高端企业数量不断增长，新业态不断拓展。一是 2014 年评选的全球十大在华服务供应商中，位于广州市的汇丰环球客服（广东）有限公司、广州三星通信技术研究有限公司 2 家首次入选，其中汇丰环球客服（广东）有限公司列全球十大在华服务供应商的首位，共有埃森哲、日电和花旗银行等十大在华服务供应商中的 7 家落户广州。二是成功使日本五大发包方之一的日立系统（广州）有限公司落户广州科学城，共有汇丰银行、友邦、爱立信和三星等 34 家世界 500 强企业在广州开展服务外包业务。三是全球外包 100 强中的索迪斯、中软信息、赛科斯等 22 家企业在广州开展了服务外包业务。四是东软、软通动力、博彦科技和文思海辉等 9 家中国服务外包领军企业已投资广州。五是拓展新业态的外包企业主要有：国际船贷业务的广东中外运船务代理有限公司、广州市嘉得船务代理有限公司；供应链外包的广州九晨供应链管理有限公司、广州益嘉物流有限公司；医药研发外包的广药研究总院有限公司、广州博济医药生物技术股份有限公司、广州泰格医学研究所有限公司；商业咨询外包的广州尼尔森市场研究有限公司、毕马威企业咨询

（中国）有限公司、埃森哲（中国）有限公司；动漫设计的广州蓝狐文化传播有限公司、万代南梦宫（中国）投资有限公司；香港贸发局专门从事展览服务外包的广州港贸咨询管理有限公司等。

表4　2014年广州市服务外包离岸执行额超千万美元企业情况

单位：万美元

序号	企业名称	离岸合同额	离岸执行额
1	广东振戎能源有限公司	13 646	19 224
2	汇丰软件开发（广东）有限公司	33 479	17 678
3	广东省纺织品进出口股份有限公司	16 294	16 452
4	汇丰环球客服（广东）有限公司	14 077	13 347
5	广州中船远航船坞有限公司	13 584	9 871
6	广州三星通信技术研究有限公司	8 471	8 617
7	中交广州航道局有限公司	14 998	7 717
8	广州番禺巨大汽车音响设备有限公司	6 296	6 596
9	金发科技股份有限公司	5 200	6 200
10	广州美维电子有限公司	6 200	6 044
11	爱立信移动数据应用技术研究开发（广州）有限公司	6 081	5 902
12	广州豪进摩托车股份有限公司	5 030	5 779
13	广州电盈综合客户服务技术发展有限公司	15 965	5 327
14	广州市惠迪电子科技有限公司	3 637	5 274
15	意力（广州）电子科技有限公司	6 527	5 000
16	卡尔蔡司光学（中国）有限公司	4 950	4 950
17	广州中船龙穴造船有限公司	4 873	4 937
18	安捷利（番禺）电子实业有限公司	8 441	4 745
19	国光电器股份有限公司	6 510	4 671
20	广州广船国际股份有限公司	4 762	4 662
21	广州广电运通金融电子股份有限公司	2 987	4 597
22	广东中外运船务代理有限公司	4 470	4 399
23	广州南沙经济技术开发区胜得电路板有限公司	6 900	4 347
24	广州万孚生物技术有限公司	10 656	4 207
25	广州美的华凌冰箱有限公司	4 006	4 006
26	广州城电客户服务有限公司	3 848	3 848

（续上表）

序号	企业名称	离岸合同额	离岸执行额
27	广州杰赛科技股份有限公司	3 991	3 800
28	利民（番禺南沙）电器发展有限公司	5 070	3 670
29	广东建工对外建设有限公司	6 338	3 513
30	广州番禺豪剑摩托车工业有限公司	3 475	3 406
31	敏腾（广州）实业有限公司	4 518	3 396
32	广州长嘉电子有限公司	4 650	3 378
33	增城市奔马实业有限公司	3 220	3 242
34	广州盛华信息有限公司	2 667	2 618
35	广东省医药保健品进出口公司	2 207	2 468
36	广东省文教体育用品进出口公司	2 131	2 451
37	番禺珠江钢管有限公司	6 827	2 420
38	广州万力轮胎商贸有限公司	2 748	2 381
39	广州中慧电子有限公司	2 966	2 366
40	广州市番禺奥莱照明电器有限公司	3 741	2 281
41	中国航空技术广州有限公司	2 526	2 205
42	广东省丝丽国际集团股份有限公司	0	2 002
43	广州飞肯摩托车有限公司	1 970	1 970
44	广州德尔达五金家具有限公司	2 550	1 946
45	耐克采购服务（广州）有限公司	0	1 918
46	友邦资讯科技（广州）有限公司	3 673	1 810
47	广州市乐佳电器有限公司	1 721	1 721
48	广汽本田汽车研究开发有限公司	920	1 710
49	广州高新供应链管理服务有限公司	3 460	1 706
50	广州玛氏信息技术服务有限公司	1 300	1 671
51	广州诚毅科技开发有限公司	0	1 611
52	本田生产技术（中国）有限公司	1 602	1 602
53	广东粤新海洋工程装备股份有限公司	2 453	1 419
54	电讯盈科信息技术（广州）有限公司	1 815	1 397
55	广州南大地纺织服装有限公司	2 639	1 371
56	东亚电子资料处理（广州）有限公司	2 694	1 344
57	安利（中国）研发中心有限公司	4 182	1 328

（续上表）

序号	企业名称	离岸合同额	离岸执行额
58	广州创启通信设备有限公司	3 552	1 286
59	广州立德技术检测有限公司	1 286	1 286
60	广州得克信息咨询有限公司	1 321	1 274
61	中国广州国际经济技术合作有限公司	675	1 269
62	广州市卓志物流服务有限公司	2 568	1 229
63	广州市卓志供应链服务有限公司	1 166	1 172
64	广东合捷国际供应链有限公司	0	1 167
65	广州中船黄埔造船有限公司	7 058	1 130
66	广东省电力设计研究院	609	1 129
67	广州番禺旭东阪田电子有限公司	1 230	1 120
68	广东天拓资讯科技有限公司	16 783	1 119
69	广州市奥迪诗音响科技有限公司	1 126	1 091
70	广州从兴电子开发有限公司	897	1 088
71	广州纺联进出口有限公司	1 664	1 067
72	广州市巍跋然胶业有限公司	1 500	1 034
73	兆科药业（广州）有限公司	1 295	1 006

2014 年在岸外包与离岸外包并重发展。全年在岸服务合同额 30.83 亿美元，占全口径合同额的 39.25%，同比增长 30.43%。在岸合同额超千万美元企业增至 48 家，其中突破 1 亿美元的有长讯通信服务有限公司、广东省电信工程有限公司、广东南方通信建设有限公司、广东德生科技有限公司、广州飞机维修工程有限公司、广东省建筑设计研究院、广东省电信规划设计院有限公司等 7 家，比 2013 年增加 2 家。

表 5 2014 年广州市服务外包在岸合同额超千万美元企业情况

单位：万美元

序号	企业名称	在岸合同额	在岸执行额
1	长讯通信服务有限公司	43 262	18 444
2	广东省电信工程有限公司	27 153	11 402
3	广东南方通信建设有限公司	19 891	10 990
4	广东德生科技有限公司	13 355	2 211

（续上表）

序号	企业名称	在岸合同额	在岸执行额
5	广州飞机维修工程有限公司	13 231	9 539
6	广东省建筑设计研究院	12 168	4 975
7	广东省电信规划设计院有限公司	12 035	11 592
8	广州黄船海洋工程有限公司	9 757	4 629
9	广州尼尔森市场研究有限公司	9 162	14 605
10	广州市城市规划勘测设计研究院	8 489	13 049
11	广东广信通信服务有限公司	7 525	5 785
12	金鹏电子信息机器有限公司	7 046	5 873
13	广州市智益信息技术有限公司	6 423	6 134
14	广州诚伯信息有限公司	6 155	3 033
15	广东天拓资讯科技有限公司	5 953	3 005
16	广州金域医学检验中心有限公司	5 478	5 085
17	电讯盈科信息技术（广州）有限公司	5 203	3 024
18	广州赛意信息科技有限公司	5 020	1 816
19	广州博济医药生物技术有限公司	4 642	1 685
20	广东南油对外服务有限公司	4 324	0
21	广东省电力设计研究院	4 029	217
22	广州索迪斯管理服务有限公司	3 940	3 870
23	广州市宜通世纪科技有限公司	3 636	3 496
24	汇丰环球客服（广东）有限公司	3 519	859
25	广州御银科技股份有限公司	3 352	3 303
26	广州市天赐三和环保工程有限公司	3 351	2 029
27	广东亿迅科技有限公司	3 062	2 049
28	广东和新科技有限公司	2 991	2 010
29	中时讯通信建设有限公司	2 625	1 094
30	广东连连科技有限公司	2 549	0
31	广州市环境保护工程设计院有限公司	2 309	1 319

（续上表）

序号	企业名称	在岸合同额	在岸执行额
32	中数通信息有限公司	2 207	1 559
33	联想中望系统服务有限公司	2 135	1 712
34	广州市诚毅科技软件开发有限公司	2 057	1 057
35	广州市品高软件开发有限公司	2 033	783
36	广州逸信电子科技有限公司	1 853	34
37	广东南航易网通电子商务有限公司	1 759	1 759
38	广州城市信息研究所有限公司	1 668	740
39	广州穗通金融服务有限公司	1 613	1 587
40	广州招商速建互联网信息科技有限公司	1 579	140
41	花旗软件技术服务（中国）有限公司广州分公司	1 500	0
42	广州航新电子有限公司	1 424	202
43	广州市锐丰建声灯光音响器材工程安装有限公司	1 154	0
44	广东凯通软件开发有限公司	1 103	229
45	广汽本田汽车研究开发有限公司	1 100	2 137
46	广州天拓网络技术有限公司	1 055	438
47	广州玛氏信息技术服务有限公司	1 006	230
48	汇丰软件开发（广东）有限公司	1 002	704

五、大部分区（县级市）和示范区超额完成工作目标

2014 年离岸合同额居前三位的是萝岗区、天河区经贸局和南沙区，离岸执行额居前三位的是萝岗区、天河区经贸局和南沙区。离岸执行额同比增长率超过全市平均水平的有越秀区经贸局、海珠区、天河区经贸局和花都区等 8 个区（县级市）和示范。在区县完成进度方面，14 个区县（示范区）中有 12 个全面完成了服务外包三项工作指标。

表6　2014年各区（县级市）和示范区服务外包情况

区（县级市）和示范区	服务外包合同			离岸合同			离岸执行		
	金额（万美元）	同比（%）	完成进度（%）	金额（万美元）	同比（%）	完成进度（%）	金额（万美元）	同比（%）	完成进度（%）
越秀区	143 356	7.02	102.37	61 565	25.55	103.62	53 954	64.43	136.58
其中：越秀区经贸局	67 933	1.92	100.01	38 453	27.31	101.84	36 728	104.79	163.83
黄花岗科技园	75 423	11.90	104.58	23 112	22.74	106.73	17 226	15.93	100.81
海珠区	35 422	18.79	110.21	26 857	24.00	102.48	15 532	40.93	116.48
荔湾区	21 341	25.62	119.62	8 536	13.77	101.57	7 313	-24.63	101.17
天河区	257 845	35.25	128.60	114 791	1.38	84.00	70 857	19.24	99.14
其中：天河区经贸局	184 356	73.72	166.24	79 752	6.71	89.67	56 905	28.58	108.05
天河软件园	73 490	-13.06	82.02	35 039	-8.96	73.42	13 952	-8.00	74.19
白云区	34 905	123.40	207.38	18 135	30.38	107.75	13 647	24.20	102.64
黄埔区	18 467	59.04	151.17	17 497	73.31	144.43	8 560	21.45	101.21
花都区	12 665	30.75	106.48	12 592	32.33	105.87	10 405	25.03	100.02
番禺区	36 649	8.59	103.42	35 495	26.67	104.68	21 558	22.12	100.93
南沙区（南沙开发区）	76 126	29.94	120.55	64 282	23.17	102.64	50 292	37.67	105.35
萝岗区（广州开发区）	117 732	17.97	112.36	86 705	50.18	124.63	61 302	21.30	100.67
从化市	11 039	73.22	160.83	9 849	73.61	143.49	6 168	21.44	100.36
增城市	21 754	44.86	119.71	20 654	37.53	111.82	16 005	29.47	105.25

六、2015年工作思路

2015年，广州市商务局将围绕"一带一路"倡议和南沙自贸试验区国家发展战略，坚持稳中求进，把握新常态，争取新优势。力求精准发力做"优"服务外包，力争2015年服务外包离岸执行额同比增长15%。

一是充分用好用活国家最新政策。落实李克强总理在11月26日国务院常务会议上提出的三点要求，重点拓展供应链、超算、云服务、大数据、动漫网游、生物医药、会展咨询、商业咨询和共享中心等的服务外包新业态领域，搭建具有国际先进水平的外包产业平台。扶持一批"专、精、特、新"中小型企业。充分利用国家将技术先进型服务企业的离岸占比由 50% 降到 35% 的新政策，发挥南沙自贸试验区的区位优势和政策优势，形成服务外包和利用外资新的增长点。

二是着力引进服务外包 5 类企业高端项目。结合"一带一路"倡议的工作重点，加强与港澳以及欧美、澳新、日本和东南亚等重点国家和地区相关机构建立联系机制，重点引进信息技术、生物医药、时尚创意等领域的服务外包企业，力争吸引更多的世界 500 强和国际服务外包 100 强企业来穗投资。开展上门招商，重点引进全国服务外包领军企业和百家成长型企业、跨国公司十大在华服务供应商。

三是促进外包与外贸、外经、外资业务的联动。鼓励和指导更多集跨境电子商务和旅游购物于一体的企业积极开展供应链外包服务，用服务外包优惠政策推动企业扩大外贸业务，使服务外包与外贸出口双赢发展。鼓励和指导对外工程承包企业积极开展外包业务；鼓励符合条件的大型外资外包企业申报外资总部享受优惠政策。

四是优化提升"一核三区多园"的产业发展格局。通过不断引进外包新项目和培育外包新业态，将天河智慧城打造成为具有国际先进水平的服务外包核心基地；将中新知识城、广州科学城和广州国际创新城建设成为国际一流的服务外包高端区；将南沙新区打造成为立足港澳、面向全球的服务外包先行区；将广州国际金融城、黄花岗科技园和天河软件园建设成为信息技术和业务流程服务外包集聚区。鼓励白云、越秀、海珠、荔湾、天河、增城和从化等 7 个服务外包专业园区开展各具特色的外包业务。同时将认定一批新的服务外包示范园区。

五是加强业务培训和政策宣讲。一方面与区县共同定期举办服务外包政策宣讲，及时宣讲新的服务外包的税收优惠、特殊工时制、公共平台和人才培养等扶持政策。另一方面举办统计培训班，重点加强新认定培训机构的业务知识培训和新设立企业的业务合同统计培训。

广州国家服务贸易创新发展试点城市建设的思考①

　　国务院总理李克强于2016年2月14日主持召开国务院常务会议，决定用两年的时间，在天津、上海、海南、深圳、杭州、武汉、广州、成都、苏州、威海10个省市和哈尔滨、江北、两江、贵安、西咸5个国家级新区开展服务贸易创新发展试点。服务贸易创新发展试点是党中央、国务院审时度势，推进外贸结构优化，培育经济新动能，实现发展动力转换的重大创新，是通过减税、设立引导基金和方便融资的方式，有侧重地鼓励高技术、高附加值的企业发展服务贸易，实现供给侧改革的重要举措。广州获批为国家服务贸易创新发展试点城市，既是国家在新年伊始给予广州加快经济结构调整、推动产业转型升级和对外贸易方式转变的新机遇，更是国家在"十三五"开局之际赋予广州发挥改革开放"排头兵"作用，大胆探索，先行先试，为我国服务贸易创新发展探索可复制可推广经验，创造更多发展机遇的重要使命。

一、广州服务贸易创新发展试点的重要意义

　　服务贸易是广州开放型经济发展的重要组成部分，近年来持续保持快速发展态势，产业不断加速集聚，穗港澳服务贸易自由化不断推向深入，有效增强了广州国家中心城市地位，提升了广州的对外开放水平。广州成为国家服务贸易创新发展试点城市，对国家新一轮开放战略、深化与港澳合作发展以及带动珠三角地区转型升级具有重要意义。

---

　　①　此文是笔者与广州市商务委技术与服务贸易处黎慧共同编写，在广州市社科院《广州蓝皮书·广州商贸业发展报告（2016）》上登载。

（一）有利于落实国家推进新一轮对外开放战略，为我国全面提高开放型经济水平探索新路径

广州是全国 5 个国家中心城市之一，也是华南地区唯一的国家中心城市，外向型经济发展位于全国前列，居全广东之首。2015 年进出口总值为 1 338.70 亿美元，其中出口同比增长 11.64%，远高于广东省（0.8%）水平；实际使用外资 54.16 亿美元，增长 6.06%；对外投资 51.33 亿美元，增长 57.95%。在广州开展服务贸易创新发展试点，是国家新一轮对外开放战略在广东省的先行先试，将有利于充分发挥广州开放型经济"排头兵"作用，推动服务贸易在扩大开放、调整经济结构、提高发展质量效率和培育新的经济增长点取得突破发展，为我国全面提高开放型经济水平探索新路子。

（二）有利于进一步深化与港澳全面合作，保持港澳地区长期繁荣稳定

广州毗邻港澳，与港澳的经济社会联系广泛而深入，作为国家落实 CEPA 示范城市，在内地与港澳实现服务贸易自由化中起到先行示范作用。2015 年广州对港澳服务贸易额超过 100 亿美元（101.63 亿美元），与货物贸易的比重达1：2。预计到 2020 年对港澳服务贸易额将达到 129.41 亿美元。在广州开展服务贸易创新发展试点，不仅有利于在风险可控的前提下与港澳自由港制度对接，促进对港澳服务业进一步开放，加快推进与港澳在服务贸易自由化中的深度合作，而且有利于企业用足用好香港世界贸易自由港的优势以及澳门在欧盟、东盟和葡语系国家的优势，开拓国际市场和内需市场，助力粤港澳共同繁荣，促进国家稳定。

（三）有利于促进珠三角地区产业转型升级，打造带动区域发展的对外开放新高地

广州是华南地区的政治、经济、科技、教育和文化中心，对周边地区拥有强大的辐射带动能力，服务业发展起"领头羊"作用。2015 年全市服务业增加值首次突破 1 万亿元（12 086.11 亿元），增长 9.5%，居广东省首位，全国大城市第三位；服务业对经济增长的贡献率达到 70.6%，首次超过七成；服务业占 GDP 比重达到 66.77%，居广东省首位，全国第二位。在广州开展服务贸易创新发展试点，对于扩大创新发展试点影响、最大化创新发展试点的效果有明显优势。通过开展服务贸易创新发展试点，既可以提升广州对周边城市乃至泛珠三角地区的辐射带动能力，更好地发挥国家中心城市的优势，又可以促

进珠三角地区产业转型发展和优化发展，形成引领国际经济合作和竞争的新高地，为广东省乃至全国构建开放型经济新体制注入新的动力和提供强有力的支撑。

二、广州服务贸易创新发展试点的主要优势

国务院 2016 年 2 月 5 日对广州市城市总体规划的批复（国函〔2016〕36号）中，把广州定位为"广东省省会、国家历史文化名城，我国重要的中心城市、国际商贸中心和综合交通枢纽"。国家对广州的城市定位首次上升到国际层面，使广州开展服务贸易创新发展试点具备了国际视野，发展优势更加凸显。

（一）改革开放先行优势

广州是改革开放创新的前沿地。改革开放的头 30 年，广州勇立潮头，开创了许多全国先河：率先在全国开办"三资"企业，兴建中国第一家港澳合作的五星级宾馆——白天鹅宾馆，被誉为印证改革开放的成功典范；率先成立广州经济技术开发区，制定了全国最早的开发区条例《广州经济技术开发区条例》，最早向国家提出使用权与所有权分离的要求，并于 1988 年在全国出让了第一块工业用地；参照香港的经济管理制度实施"政府管理和企业管理分工策略"，创办外商投资管理服务"外经贸一条街"并在全国推广。正是广州"敢为天下先"的创新精神，创下了一批"全国第一"，积累了一批"广州经验"，在中国改革开放中发挥了"排头兵"作用。

在新一轮对外开放中，广州作为古代海上丝绸之路的发祥地，在国家"一带一路"倡议和自贸试验区建设中发挥着重要作用。先后被评为国家创新型试点城市、国家落实 CEPA 示范城市、中国服务外包示范城市、国内贸易流通体制改革发展综合试点城市等。2014 年获得《中国法治政府评估报告》《广东省地方政府整体绩效评估报告》第一名。过去 6 年五度获《福布斯》杂志评为"中国大陆最佳商业城市"第一名。51 个国家设立驻穗领馆，设领数量位居全国第二位。

围绕国际贸易中心、国际航运中心、国际物流中心和现代金融服务体系"三中心一体系"以及三大战略枢纽建设，广州已将加快发展服务贸易列入市政府重大行政决策事项，成立了由商务、发改、外汇管理、旅游、文化、体育、交通、科技、知识产权、金融、统计和财政等 23 个部门组成的服务贸易

跨部门工作小组,出台《关于加快我市服务贸易发展的实施意见》,每年市财政资金合计 3.5 亿元支持发展服务贸易,涉及服务贸易中软件动漫、文化创意、生物医药、服务外包、会展、跨境电商、融资租赁、总部经济等,服务贸易迎来前所未有的良好发展机遇。

(二)国际贸易中心优势

广州是千年商都,内外贸一体化蓬勃发展为服务贸易创新发展试点奠定坚实基础。2015 年全市进出口总额 1 338.70 亿美元,同比增长 2.5%,其中出口增长 11.6%;5 年累计实际使用外资 241.80 亿美元,境外投资 100.51 亿美元,分别是"十一五"时期的 1.4 倍和 6.2 倍。实现社会消费品零售总额 7 932.96 亿元,同比增长 11%,连续 28 年居全国大城市第三位,规模占广东省的 1/4 以上;批发零售业商品销售额 50 902.38 亿元,占全省近 5 成。商贸设施完善,平均每万人拥有商业网点 526 个,居全国城市前列。全市零售商业面积近 500 万平方米,专业批发市场数量近千个。广交会作为市场年交易品种类最全、到会采购商最多且分布国别地区最广的综合性国际贸易盛会,已成为中国经济和外贸晴雨表。第 118 届广交会展览总面积 118 万平方米,展位超过 6 万个,境内外参展商达 2.47 万家,到会境外采购商 17.75 万人,出口成交 270.1 亿美元。根据商务部《2014 年中国展览数据统计报告》公布的城市展览业发展综合指数排名,广州位列全国第二。全市主要专业展馆室内可供展览面积超 50 万平方米,位居全国第二。2015 年举办展览近 500 场,其中 16 个展会面积超 10 万平方米,5 个展会的规模居世界或亚洲第一;连续三年获"中国最具活力会展城市"称号。培育了广州国际照明展、国际 3D 打印展览会等十大品牌展会。

广州是美食之都。每年一届的广州国际美食节成为弘扬"食在广州"文化的平台,集聚餐饮网点 2 000 多个。2014 年,全市住宿餐饮业零售额 945.2 亿元,同比增长 7.8%,增加值 462 亿元,国家级酒家达 70 多家。广州获评福布斯中国餐饮十大影响力城市,成为全国首个由中国烹饪协会、世界中国烹饪联合会授予的"食在广州·中华美食之都"和"国际美食之都"双料称号的城市。同时,广州也是港澳餐饮企业投资最活跃的城市。

广州是跨境贸易电子商务服务试点城市和国家电子商务示范城市。2015 年跨境电商进出口总额 67.5 亿元,增长 3.7 倍,居全国第一。快递业务量累计完成约 14 亿件,日均快递量 380 万件,占全国 10%,居全国第一。拥有网易、腾讯、欢聚时代、唯品会等中国顶尖互联网企业,吸引了阿里巴巴、亚马逊等知名互联网企业进驻，带动产业集聚高端发展。目前全市跨境电商企业已达777家，建成及在建11个投资额5 000万元以上的跨境电商园区。琶洲互联网创新集聚区以"广交会＋跨境电商"O2O模式打造"永不落幕的在线广交会"，线上跨境电商与线下广交会相映生辉，引导传统外贸企业借助跨境电商推进转型升级。

（三）与港澳服务贸易自由化优势

广州毗邻港澳，拥有自由贸易试验区和与港澳服务贸易自由化双重政策叠加优势。南沙自贸试验区、粤港澳服务贸易自由化重点示范基地、国家级经济技术开发区以及文化、服务外包和软件等重点领域发展平台已成为服务贸易创新发展的重要载体。

1. 南沙自贸试验区

南沙自贸试验区自2015年4月底挂牌以来，在"发挥南沙开放合作区作用""加强港口建设""强化国际枢纽机场功能"等国家赋予的区域发展定位中积极创新，已获得了超过60项政策创新，新设立企业数达2 136家，增长23倍；新增注册资本总额325.8亿元人民币，增长29.5倍；外资负面清单管理模式改革顺利实施；平行进口汽车获商务部批准；全国首创实施政府购买查验服务，减轻外贸企业负担。南沙自贸试验区将在现有制度创新的基础上，进一步打造市场化、国际化、法治化营商环境，并争取将自贸试验区的成功经验向广州全市乃至全国复制推广。

2. 粤港澳服务贸易自由化重点示范基地

广州是粤港澳服务贸易自由化的核心城市，对港澳服务贸易已占全市服务贸易总额的40%。天河中央商务区和琶洲国际会展中心区获广东省批准为粤港澳服务贸易自由化重点示范基地，广州成为全省唯一拥有两个重点示范基地的城市。随着粤港澳服务贸易自由化先行先试经验复制推广至内地全境，广州市将继续先行先试，深化与港澳在金融服务、航运服务、商贸合作、专业服务、公共服务、电信服务、旅游等领域的开放合作，形成更为显著的共赢格局，为全国其他地区实施与港澳服务贸易自由化提供可复制、可推广的经验。

3. 国家级经济技术开发区

广州拥有全国综合经济实力最强、最具影响力的国家级开发区之一——广州经济技术开发区，以及南沙经济技术开发区和增城经济技术开发区三个国家级经济技术开发区，以全市1%的面积带动实现全市超过20%的地区生产总值和税收收入，贡献全市近半工业产值、超过四成的外贸进出口额和利用外资额。2015 年，原萝岗（含广州经济技术开发区）、南沙（含南沙经济技术开发区）、增城（含增城经济技术开发区）三区外贸进出口总规模 1 338.7 亿美元，占全市外贸进出口总量的 47.6%；合同外资 40.9 亿美元，实际利用外资 23.16 亿美元，分别占全市合同外资和实际利用外资的 48.9% 和 42.76%。

4. 重点领域专业园区

已形成"一核三区多园"的服务外包园区布局，相继认定了广州开发区、南沙开发区、天河软件园、黄花岗科技园和番禺区等 5 个服务外包示范区以及 8 个服务外包专业园，使全市各区都拥有服务外包专业园区，集聚了全市 90% 以上的服务外包企业。已建成及在建文化产业园区 62 个，涉及动漫网游、创意设计、影视娱乐、休闲旅游、数字媒体等行业。拥有天河软件园、广州科学城、中新广州知识城、广东软件科学园、黄花岗科技园、番禺国家数字家庭应用示范产业基地等一批软件园区，2015 年广州市软件总收入约 2 200 亿元，同比增长 16%。

（四）独具广州特色的产业发展优势

广州是珠三角核心城市，同时也是中国十大创新型城市、中国服务外包示范城市、中国软件名城、国家医药出口基地、国家软件出口创新基地、国家信息化示范试点城市、国家历史文化名城和国家优秀旅游城市等，国家级载体为服务贸易创新发展试点提供了重要的发展基础。

1. 区位辐射优势

广州地处中国三大经济圈之一的珠江三角洲核心，毗邻港澳，辐射东南亚，发展服务贸易的区位条件优越。城市基础设施完善，交通便利，密集的铁路网、高速公路网和快速轨道交通组成了便捷的现代交通网络。新白云国际机场是国内三大枢纽机场之一，拥有国际航线 105 条，国内航线 507 条，全年旅客吞吐量 4 831.36 万人次，机场货邮行吞吐量 163.44 万吨。广州港是华南地区综合性主枢纽港，货物吞吐量居全国沿海港口第 3 位、世界第 7 位。全年港口货物吞吐量 45 125.16 万吨，同比增长 0.8%。港口集装箱吞吐量 1 474.36 万国际标准箱，同比增长 2.2%。直通车和班船仅一个多小时就能直达香港。建成了以广州为中心，辐射至泛珠三角各城市的高速公路网络，使各城市之间及往来港澳更加便捷，为科技、研发、金融和医疗等服务进口，以及商贸、会展、物流、旅游、特色医疗、服务外包和文化体育娱乐等服务出口提供了强有力的交通区位条件支撑。

2. 服务外包产业优势

广州是中国服务外包示范城市，服务外包是服务贸易的先导力量，对发展服务贸易起到重要的推动作用。2015 年全市服务外包全口径合同额 91.06 亿美元，同比增长 21.91%；离岸合同额 54.12 亿美元，同比增长 22.11%；离岸执行额 38.66 亿美元，同比增长 21.62%，占全省半壁江山（52%）。预计到 2020 年服务外包全口径合同额约 146.65 亿美元；离岸合同额 87.16 亿美元；离岸执行额 62.26 亿美元。"十二五"期间服务外包年均增长 45.49%，比 2010 年增长 6.5 倍，规模自 2011 年起连续 5 年超过深圳，列全广东省及华南地区首位。已形成软件、电信、金融、工业设计、供应链、对外工程承包设计和生物医药等 7 大重点领域的离岸服务外包执行额合计达 24.44 亿美元，占全市 71.62%。在全国 21 个服务外包示范城市综合评价中居第 3 名。

广州在 2015 年中国服务外包示范城市综合评价中居全国第 3 名，其中"人才培训培养与就业"指标在各城市中居首位，是拥有最多大学生实习基地、最多服务外包培训机构培训和实训人员的示范城市，全市服务外包培训机构已达 30 家。服务外包企业达 1 127 家，从业人员约 27 万人，其中每年新增 2.3 万人（含大学生 1.5 万人）。

世界 500 强企业汇丰银行、三星、爱立信、日立和美国银行等在广州设立服务外包企业 34 家，国际外包专业协会（IAOP）全球外包 100 强企业有 23 家在广州落户，中国服务外包领军企业软通动力、博彦科技、文思海辉和东软等 9 家已在广州投资，埃森哲和日电等 7 家十大在华服务供应商以及跨国公司的采购共享中心、财务共享中心和 IT 共享中心等也纷纷落户广州。2015 年评选的全球十大在华服务供应商中，汇丰环球客服连续两年居十大在华供应商首位，三星通信也两次入选；全国服务外包百强企业评选中，广州 11 家企业入选，企业数量居全国 21 个示范城市前列。

3. 中医药服务贸易先行先试优势

广州是国家医药出口基地，华南地区的医疗中心、医药流通中心和岭南中医药文化中心。全国 19 家"中医药服务贸易先行先试骨干企业（机构）"中有 4 家在广州。广州中医药大学首席教授、我国青蒿素类药临床研究主持人李国桥在 1974 年首先证实青蒿素治疗恶性疟疾的速效低毒作用，其工作团队在非洲科摩罗实施复方青蒿素快速清除疟疾项目，成为历史上首次通过群体药物干预、使用中国的创新药物帮助一个非洲国家快速控制疟疾流行的成功案例。

广州中医药服务现代化走在全国前列。康美药业在广州建立了全国第一个"智慧药房"，通过互联网系统实现药品调配、中药煎煮与配送、网络支付的全过程，是全国首个集诊疗、服务和配送三个创新于一体的服务项目。建成全国首家网上医保支付零售药店——广药健民网。微信公众号"广州健康通"实现全市统一微信预约挂号。远程医疗网络已实现与美国、北京、上海等地各大医院和省内边远山区医院的连接。

医疗资源拥有量居全国第三，全市医院年诊疗人次数排名全国第二，拥有医院222家，以及中山大学医学院（原中山医科大学）、中科院广州生物医药与健康研究院、广州中医药大学、广州医科大学、广东药学院、南方医科大学、暨南大学医学院、华南理工大学医学院等医药专业院校，2015年医学本科以上毕业生超过1万人。生物医药领域院士5名、国家"千人计划"人才47名，居全市各行业之首。拥有以全国最大的制药集团——广药集团为龙头的医药企业集群，以及王老吉、敬修堂、采芝林、潘高寿等一批中医药中华老字号。广州科学城、广州国际生物岛聚集了超过400家生物健康的科技和生产企业，为发展中医药服务贸易先行先试提供了强大的中坚力量。

4. 信息软件产业优势

广州是中国十大创新型城市、国家软件出口基地、中国软件名城和国家信息化示范试点城市。广州是中国三大通信枢纽、互联网交换中心和互联网国际出入口之一，中国移动、中国电信、中国联通三大运营商在穗业务覆盖粤港澳以及青海、西藏等省区。拥有呼叫中心座席超15万个，列全国各城市之首。国家超级计算中心广州中心主机系统"天河二号"连续6年成为全球最快的超级计算机，可提供每秒11亿亿次规模的高性能计算机系统和15PB的存储系统，为基于互联网技术、大数据应用和云计算、云服务等服务贸易新业态的发展提供有力的技术平台支持。

5. 知识产权服务优势

广州是国家知识产权示范城市，是全国除北京、上海以外拥有知识产权法院的城市，知识产权对外服务辐射至港澳和东南亚、澳大利亚等地区。广州知识产权法院将在应对TPP协议和促进CEPA、ECFA等发挥至关重要的作用。

6. 文化旅游体育产业优势

广州是国家历史文化名城和国家优秀旅游城市。旅游服务是穗港澳服务贸易的重要组成部分。粤语、粤曲、粤剧、岭南会、杂技、广雕、广彩和广绣等文化艺术成为国际消费者青睐的产品，西汉南越王墓、黄埔军校、中山纪念堂、中国共产党三大会址、共青团一大会址和国民党一大会址等历史景点，以及广州塔（俗称"小蛮腰"）、珠江夜游和长隆主题公园等城市新名片吸引了越来越多的国际游客。2010年广州举办了第16届亚运会，是除北京之外中国第2个承办亚运会的城市。穗港两地联合举办了38届省港杯足球赛，对促进穗港两地体育交流发挥了重要作用。广州多次举办羽毛球和乒乓球世界杯赛事，恒大三年两夺亚洲足球俱乐部冠军联赛冠军。

（五）人才聚集优势

广州高等院校数量居全国前列。各类人才储备在华南地区首屈一指，是全国唯一能同时提供粤语、普通话和外语（英、日、东南亚语种等）承接服务贸易业务的中心城市。拥有普通高等院校79所，聚集了广东省2/3的高校、97%的国家重点学科、全部国家重点实验室。在校本专科学生90万人，每年大学毕业生24万人，其中计算机专业毕业生超过5 000人，英语专业毕业生超过3万人，日语专业毕业生超过3 000人。广东外语外贸大学外语语种包括英、法、德、日、葡、俄、西、马来、泰和越南等30多种语言。

广州是侨胞资源最多的城市之一，拥有逾百万海外华侨华人，形成的侨力资源是扩大对外开放、促进服务贸易发展的独特优势。拥有国家级华侨华人创新产业聚集区"侨梦苑"，为高层次人才回国创业发展提供项目对接、签约落地、创业培训、政策支持、人才支援、市场开拓、融资保障等全链条服务的高端创新创业平台。

中国留学人员广州科技交流会（简称"留交会"）已举办17届，是我国规模最大、层次最高、最具影响力的海外人才项目交流平台。大批海外人才通过留交会走进广州创业和工作。目前，在广州工作的外籍企业高管和技术专才达12.7万人。

三、广州服务贸易发展现状与困难

近年来，广州服务贸易快速发展，业务规模不断扩大，产业集聚程度显著增强。广州市政府专门出台了《广州市人民政府关于加快服务贸易发展的实施意见》（穗府〔2015〕29号），力促服务贸易创新发展。2015年全市服务贸易总额291.72亿美元，增长14.53%，其中出口156.38亿美元，增长13.30%，进口135.34亿美元，增长15.99%，与货物贸易比重为1∶5，居全国第4位。规模列前三位的是"旅行"（占41.48%）、"运输服务"（占

15.62%）和"其他服务"（占 12.91%）；而同比增长列前三位的均属于资本和技术密集型领域，分别是"保险服务"（156.83%）、"电信、计算机和信息服务"（126.87%）和"文化和娱乐服务"（41.95%）。尤其在广州市服务外包政策鼓励和投资环境优化的促进下，"电信、计算机和信息服务"取得长足进步，规模列第 4 增速列第 2，占全市服务贸易额比重达 10%。"十二五"期间，全市服务贸易总额保持年均增长 20%，是 2010 年（129.64 亿美元）的2.25 倍。目前，全市服务贸易企业达 8 000 多家。对中国香港、美国、日本、澳大利亚、英国和加拿大等国家和地区的主要贸易伙伴服务贸易优势突出，其中穗港澳服务贸易自由化深入发展，对香港服务贸易已占全市服务贸易约四成。

但同时，广州市也亟待破解约束服务贸易发展的问题：一是要加快创新与服务贸易新业态发展相适应的体制机制；二是要通过创新加快推动传统服务领域转型升级；三是进一步转变政府职能，处理好政府和市场的关系；四是破解与港澳服务贸易自由化"大门开小门不开"的难题；五是通过消化吸收再创新，加快提升服务贸易园区的国际化水平。

四、广州开展服务贸易创新发展试点的思路

（一）主要发展思路和破解约束措施

1. 指导思想

全面贯彻党的十八大和十八届三中、四中、五中全会精神，贯彻创新、协调、绿色、开放和共享五大发展理念，发挥广州作为我国重要的中心城市、国际商贸中心和综合交通枢纽的国家定位，以及改革开放"排头兵"的先行优势，用好南沙自贸试验区和 CEPA 先行先试叠加政策，聚焦国际航运中心、国际物流中心、国际贸易中心和现代金融服务体系"三中心一体系"建设，以及国际航运枢纽、国际航空枢纽和国际科技创新枢纽"三大战略枢纽"建设，厚植发展优势，创新工作机制，推进供给侧结构性改革和培育新动能，全面提升广州国家服务贸易创新发展试点城市的示范引领和辐射带动作用。

2. 基本原则

（1）深化改革，创新驱动。更加注重使市场在资源配置中起决定性作用，更好发挥政府作用，立足与国际接轨的服务贸易规则，构建适应服务贸易创新

发展的顶层设计和整体布局，坚持企业主体、政府推动、市场引导、科学监管，从产业结构、区域结构和要素投入结构等方面加强服务贸易供给侧结构性改革，使体制机制创新成为推动服务贸易发展的强大动力。

（2）先行先试，重点突破。按照"成熟一个，发展一个"的思路，聚焦高技术、高附加值的服务领域，优化服务贸易发展模式，推动服务贸易供给体系向高水平供给平衡跃升。提高服务贸易便利化水平，健全服务贸易统计体系，力争在建设特色服务出口基地、拓展重点领域和培育重点企业方面取得新突破。

（3）分类指导，协调发展。通过业务分类和企业分类的方式，激发企业作为市场主体的创新发展活力，大力发展服务贸易新业态；加快引进高端总部型服务企业，带动产业链提质增效；引导传统服务贸易领域向高技术、高附加值服务贸易领域转型升级。

（4）扩大开放，互利共享。以南沙自贸试验区建设和 CEPA 先行先试为重点，发挥广州与港澳服务贸易紧密合作的机制和平台优势，推进穗港澳服务行业管理标准、规则衔接以及从业人员资质互认，创新穗港澳口岸通关模式，加快建设港澳优势产业集聚区，达到互利共享。

3. 发展目标

通过服务贸易创新发展试点建设，促进全市服务贸易质量和水平进一步提升，使服务贸易成为广州市开放型经济的新引擎。力争在两年试点期内，全市服务贸易总额年均增长 20%，穗港澳服务贸易自由化实现新突破，形成可复制可推广的创新经验；到"十三五"期末，全市服务贸易总额比 2015 年翻一番，全面建成市场开放度与贸易便利化程度更高、国际国内两个市场资源配套功能更强大的国际商贸中心，使广州成为引领华南地区、聚焦港澳、辐射东南亚、面向全球市场的服务贸易发展高地和综合服务枢纽。

4. 破解服务贸易发展体制机制约束的措施

一是管理体制创新。以服务贸易领域涌现的新业态、新模式倒逼现行管理体制加快改革，构建服务贸易"三个一"促进机制，即：健全"一个联动机制"，成立由市领导挂帅的广州市服务贸易创新发展试点领导小组，推动"关、检、汇、税、商、融"联动协调，成立广州市服务贸易协会和专家咨询委员会，搭建政府与企业之间的桥梁；落实"一个实施意见"，落实《广州市人民政府关于加快服务贸易发展的实施意见》（穗府〔2015〕29 号），出台示范园区、重点企业、服务品牌、公共服务平台和资金管理 5 个配套办法，形成全方位推动服务贸易创新发展的"1＋5"政策体系；打造"一个发展格局"，建设一批特色服务出口基地，构建以南沙自贸试验区为核心，由服务贸易总部经济示范区、保税业务集聚区和特色产业功能区组成的"一核三区"服务贸易创新发展格局。

二是发展模式创新。扩大服务贸易有效供给，拓展"互联网＋"服务贸易，发展大数据云计算服务、融资租赁、跨境电商、离岸贸易、商业保理等新业态。推动服务贸易产业融合发展，发展医疗保健旅游、医药会展、医药国际教育合作、中医院文化服务、数字出版、动漫设计、体育劳务等新兴产业；推动服务贸易供给侧结构性改革，大力发展服务外包，引导制造业企业将生产制造与服务剥离，新增全球业务的研发、采购、结算共享中心和供应链外包业务，引导传统服务企业向"高技术、高附加值"转型升级，重点发展邮轮游艇运输服务、商务旅行、会奖旅游、展会服务、高端家政服务以及飞机、船舶、豪华汽车和精密仪器维修等高技术服务业。

三是合作机制创新。依托广州紧邻港澳、面向东盟、联动"一带一路"的区位优势，探索"共建标准体系、共享创新模式、共推监管机制"的穗港澳服务贸易自由化合作机制，实现广州与港澳之间人员流、信息流和资金流的自由化对接。重点建设南沙自贸试验区"粤港澳人才合作示范区"，推进法律服务和建筑服务对港澳进一步开放；试点开展引进外籍家政服务模式和培训模式；建设穗港澳金融服务数据中心；贯彻实施南沙金融创新15条政策，加快建设穗港澳金融合作示范区。

四是监管机制创新。搭建服务贸易统计云数据和云服务平台，建立跨境提供、境外消费、商业存在、自然人移动统计模式的数据统计系统，为开展服务贸易统计提供技术支持和保障。推进广州国际贸易"单一窗口"建设，实现"一次申报、一次查验、一次放行"通关模式，提高通关效率，降低通关成本。依托"信用广州网"建立广州服务贸易市场主体信用记录，依据信用记录和信用评价，对服务贸易企业实行差别化分类监管。

五是营商环境创新。认定一批服务贸易示范企业、重点培育企业以及服务出口品牌。支持建设服务贸易公共平台。鼓励服务贸易企业以境外商业存在的形式"走出去"开拓国际市场。整合服务贸易、服务外包、跨境电商、商贸流通、融资租赁、科技创新、中小微企业发展等政策，扶持服务贸易企业发展壮大。完善通关便利化和旅游便利化措施。为服务贸易高层次人才给予资金补助、户籍优先、住房补贴和子女教育等方面的政策扶持。

（二）重点发展领域

贯彻落实"创新、协调、绿色、开放、共享"5 大发展理念，重点打造 5 大战略发展平台、15 项创新工程：

1. 突出"创新"理念，打造新业态创新驱动平台，实现要素集聚化和服务高端化

围绕建立现代产业体系，紧紧抓住国家实施"互联网＋"行动计划和大数据战略机遇，发挥南沙自贸试验区、跨境贸易电子商务服务试点城市、国家软件出口基地、国家汽车及零部件出口基地等叠加政策优势及国家级平台高端要素集聚优势，发展知识产权服务、跨境电子商务、离岸贸易和大数据云计算服务等新业态，推动产业跨界融合发展。

（1）离岸贸易创新发展工程。

以建设南沙自贸试验区为契机，加快发展离岸贸易，带动信息流、资金流和专业服务流联动发展。在自贸试验区范围内建立大宗商品交易平台，鼓励企业开展大宗商品交易。针对离岸贸易企业大规模资金流的特点，在税收、金融和便利化等方面加快改革，解决企业资金保障和风险规避的问题。在南沙自贸试验区的范围内，对从事离岸贸易的企业，经认定达到技术先进型企业条件的，给予所得税减按 15％ 征收、免征增值税的优惠政策（认定标准为：①从事离岸贸易企业上一年度具有大专以上学历的员工占企业职工总数的 50％ 以上；②企业上一年度从事离岸贸易的收入总和占本企业当年总收入的 50％ 以上；③企业上一年度从事离岸贸易业务取得的收入不低于企业当年总收入的 35％）。

（2）跨境电商创新发展工程。

充分发挥广州跨境贸易电子商务服务试点城市和国家电子商务示范城市的优势，推动跨境电商创新发展。加快建设琶洲互联网创新集聚区等一批信息产业平台，构建包括互联网和移动互联网设施供应端、服务端、应用端在内的完整产业链。搭建跨境电商"互联网＋金融"支付体系，推动技术成熟和管理完善的支付机构参与跨境外汇支付业务试点。叠加海关便利政策，实行企业分类指导，对试点企业允许进行商品归并、简易报检等便捷通关措施。建设南沙保税港区、白云机场综合保税区、广州保税区、出口加工区等跨境电商产业园，支持网易、唯品会、欢聚时代、阿里巴巴、腾讯、京东等电商项目建设，逐步在自贸试验区、综保区、保税港区、保税物流园区内形成跨境电商集聚区，以电子交易为核心、金融服务为支撑，形成集展示、贸易和物流配送于一

体的集散中心。

（3）知识产权服务创新发展工程。

广州是国家知识产权示范城市，拥有知识产权法院，知识产权对外服务辐射范围广。目前，中国已签署自由贸易协定 14 个，涉及东南亚、新西兰、智利和澳大利亚等 22 个国家和地区，以及内地与香港、澳门的 CEPA、大陆与台湾的 ECFA。广州知识产权法院将在应对 TPP 协议和促进 CEPA、ECFA 等发挥至关重要的作用。积极推进中新广州知识城知识产权运用和保护综合改革试点，依托专利审查协作中心、知识产权服务中心、知识产权学院、知识产权法院，打造"四位一体"的知识产权核心区，形成知识产权密集型产业的集聚区，建成依托知识产权实现创新发展的试验区，探索形成一条知识产权支撑创新驱动发展的新路径。大力发展以知识产权为核心的产品与产业、股权与债权的线上线下交易运营，实现专利相关业务捆绑式协同发展，大力促成知识产权交易项目和交易量。

2. 突出"共享"理念，打造穗港澳合作特色领域平台，实现市场一体化和人才高质化

强化广州作为落实与港澳服务贸易自由化重点城市以及"一带一路"节点城市的独特地位，发挥穗港澳合作的最鲜明特色，争取在穗港澳金融数据服务中心、专业服务资质互认、跨境人民币业务、检验检测服务和会展服务先行先试。

（1）穗港澳金融服务数据中心工程。

2015 年全市服务外包离岸合同额 54.12 亿美元，同比增长 22.11%；离岸执行额 38.66 亿美元，同比增长 21.62%，占全省半壁江山（52%）。预计到 2020 年服务外包离岸合同额 87.16 亿美元；离岸执行额 62.26 亿美元。利用国家软件出口基地和"天河二号"超级计算机资源，推动跨领域、跨行业的数据融合和协同创新，促进基于云计算的服务贸易发展。争取国家支持在中新知识城、南沙自贸试验区等重点区域建设穗港澳金融服务数据中心，按照企业分类和业务分类指导的原则，推动金融机构的数据处理和服务外包业务在合法、合规和合理区间内有序发展。主要开展以金融后台和数据服务为基础、以大数据为核心、逐渐拓展的多种电子金融创新业务，为企业客户提供金融后台、金融数据、现货电子交易、在线融资、信息化建设以及咨询等服务，带动金融创新、服务外包等产业链的集聚。同时还包括了建立粤港澳金融服务平台，基于云平台为企业提供金融云服务、数据交易、中小企业云平台、第四方物流、在线融资服务和策划推广等。服务的主要对象是港澳地区的金融企业。力争把穗

港澳金融服务数据中心建设成为跨国公司最满意的共享服务中心和新兴服务贸易特色产业的先行试验区，为向全国范围实施该政策提供有效的经验。

（2）专业服务创新发展工程。

按照业务分类、企业分类和分步实施的原则，在南沙自贸试验区建设"粤港澳人才合作示范区"，推进穗港澳资格互认，推动与港澳专业服务在合法、合规和合理区间内有序发展。一是按照业务分类原则，在南沙自贸试验区先行先试与港澳的法律服务。争取国家支持，进一步扩大粤港澳律师事务所合伙联营的适用范围，扩展港澳律师执业范围，允许港澳律师在南沙自贸试验区从事经济案件的诉讼及相关法律业务。成立专门的自贸区审判机构，并建立涉自贸区案件的审理绿色通道。二是按照企业分类原则，争取国家支持，允许港澳律师在南沙自贸试验区内的港澳合资、合作企业或机构中从事经济法律业务，并逐步扩展执业范围。允许广州市企业与港澳服务机构跨境互设，互相派驻专业人才担任跨境服务顾问。三是按照分步实施原则，先在南沙自贸试验区内先行先试，形成港澳专业服务集聚发展态势，条件成熟后再逐步推广到其他地区；先在法律服务领域先行先试，取得阶段性成果后，再逐步突破会计、审计、建筑及工程业等专业服务资质互认，在南沙自贸试验区引入香港建筑管理模式等。争取国家支持允许港澳专业服务人员经有关部门备案后，直接在广州提供专业服务。

（3）金融服务创新发展工程。

一是跨境人民币业务创新。建设人民币离岸业务在岸结算交易中心。鼓励发展穗港澳跨境人民币业务，允许南沙自贸试验区银行业金融机构与港澳同业机构开展跨境人民币借款等业务，逐步提高人民币跨境结算范围和比例。推动人民币作为南沙自贸试验区与港澳地区及国外跨境大额贸易、投资计价、结算的主要货币。研究探索南沙自贸试验区企业在香港股票市场发行人民币股票，放宽区内企业在境外发行本外币债券的审批和规模限制，所筹资金根据需要可调回区内使用。支持符合条件的港澳金融机构在南沙自贸试验区以人民币进行新设、增资或参股自贸试验区内金融机构等直接投资活动。

二是融资租赁业务创新。推动南沙自贸试验区形成融资租赁业集聚区，建立融资租赁资产交易所，整合全国融资租赁公司资产，盘活现有应收账款，拓宽融资租赁企业融资渠道。同时充分发挥南沙自贸试验区的区位优势，先行先试实行内外资融资租赁统一管理试点。打造融资租赁创新服务基地，为行业提供全产业链条服务，实现产业链配套、价值链升值，从系统上完善、优化行业发展环境。建立融资租赁信息服务及信用评价体系，搭建集行业诚信体系建设、信息共享等功能于一身的行业综合服务信息平台，加强融资租赁行业管理与指导，促进融资租赁业持续健康发展。

（4）检验检测服务创新发展工程。

广州拥有华南地区唯一获得中国国家认证认可监督管理委员会关于汽车零部件强制性产品认证（CCC）检测授权的中国电器科学研究院、具有全球检测互认资格的广州机械科学研究院等权威检测机构。充分发挥专业机构的力量，在南沙自贸试验区推进国家检验检测高技术服务业集聚区（广州）建设。深化与港澳检测机构在自愿性认证服务及强制性产品认证（CCC）领域的合作，试行穗港澳认证及相关检测业务互认制度，实行"一次认证、一次检测、三地通行"，适度放开港澳认证机构进入南沙自贸试验区开展认证检测业务的限制。利用广东出入境检验检疫局给予广州保税区"入境维修、再制造质量安全示范区"的检验检疫优惠措施，吸引进驻港澳的跨国集团将广州保税区作为国际检测维修、再制造中心，为其产品提供全球售后服务。

3. 突出"绿色"理念，打造传统服务转型升级平台，实现产业服务化和标准国际化

发挥广州开放型经济和服务型经济优势，提升中医药、家政、汽车等传统行业标准与国际接轨，推动传统服务业转型升级，实现新突破。

（1）引进外籍家政服务模式创新发展工程。

在国家制度框架下，按照分步实施、有序管理、互利共赢的原则，探索在广州率先引进外籍家政服务模式试点。借鉴香港等地的成功经验和做法，对外籍家政服务人员签证、人员管理、工资标准等家政服务按照行业标准、业务规范、服务合同进行有效管理及跟踪，在外籍人士、港澳台人士家庭范围内试点先行，待取得阶段性成果后再逐步向市内具备条件的更多家庭开放。同时，在广州职业技术学院等院校中重点开设高水平的家政服务专业，引入境外家政服务的先进培训模式，提升本土家政人员服务的国际化水平。

（2）中医药服务创新发展工程。

建立中医药服务领域目录和重点企业名录，为统计中医药服务行业产值、企业规模以及行业发展动态提供支撑。支持中医药质量标准国际化研究和中医临床试验，使用现代科技手段健全中医药安全性评价和产品溯源体系全过程质量监管，实现与国际接轨，提升国际市场的认可度。率先开展与港澳医疗健康服务贸易先行先试，通过香港市场开拓澳大利亚、新西兰和欧美国家市场，通过澳门市场开拓葡语国家市场。利用中医师坐诊、药店零售、送药上门的"一条龙"服务模式，以及国际讲坛、境外孔子学院等平台传播中医药文化。

鼓励优秀的中医药机构在境外开办中医药医院和共建中医药研发中心，鼓励港澳服务提供者在广州以独资或合资形式开设中医医疗机构。利用云计算、物联网、移动互联网等信息技术发展"智慧药房＋网络医院"互联网医疗平台，利用国家软件出口基地、国家超级计算广州中心的技术优势，以及广州丰富的医疗机构资源，搭建医疗健康大数据服务平台。推动中医药与旅游休闲、商贸、教育、文化等领域跨界融合，发展医疗保健旅游、中医药养生保健服务、健康体检咨询、医药会展、医药国际教育合作等特色健康服务项目。

（3）文化体育服务创新发展工程。

以岭南特色文化、开放型市场化运作和人性化服务为基础，推动文化、体育与旅游、医疗、科技等产业融合发展，发展数字出版、动漫设计、体育劳务等新兴产业。研究在南沙自贸试验区建立影视基地，对中外合作制作影视剧（含动画片）实行许可制度。允许香港服务提供者在南沙自贸试验区独资设立娱乐场所，从事游戏游艺设备的销售服务。通过体育劳务、国际赛事组织和技术培训，引进国际体育经纪人和国外优秀运动员，做强体育竞赛表演业。

4. 突出"协调"理念，打造机制体制创新平台，实现环境法制化和投资便利化

明确政府在推动创新中的功能定位，强化服务贸易创新发展与相关政策的统筹协调，重点推进通关机制创新、统计制度创新和投资便利化制度创新，营造国际化、市场化和法制化的营商环境。

（1）统计制度创新发展工程。

建立相关职能部门的工作联动和统计数据信息共享机制。开发"广州市商务委服务贸易统计系统"，分三期建立跨境收支和境外消费统计、商业存在统计，以及自然人移动统计，建立服务贸易云数据和云服务平台，为开展服务贸易统计提供技术支持和保障。开展嵌入式软件专项统计，研究制定新的《嵌入式软件出口统计目录》并报商务部服贸司确认，使服务贸易每月统计指标中增加嵌入式软件数据。与省外汇管理局试点运输费统计，并承担制定全省统一的运费单表式。与广州海关合作从货物贸易中计算出属于服务贸易的运费和保费，更全面反映全市服务贸易运输和保险领域的情况。建立离岸贸易统计指标，指导企业将离岸贸易货值与保运费、佣金等分开申报，后者可列入服务贸易统计。与省外汇管理局商洽获得银联境外消费数据。建立服务贸易重点企业联系制度，完善服务贸易重点企业数据直报工作。

（2）通关机制创新发展工程。

一是旅游便捷通关。实行"72 小时过境免签""144 小时便利签证"政

策，推进旅游便利化。同时，用好美国、加拿大、英国、澳大利亚、新西兰等放宽对华旅游和商务签证的政策，进一步做强做大旅游服务贸易。

二是生物医药便捷通关。探索在南沙自贸试验区设立生物医药便捷通关监管区，采取试点企业先行先试做法，由园区对接检验检疫、海关、卫生等监管部门，整合贸易、物流、申报、仓库、监管、检测等环节，打通生物材料出入境的绿色通道。

三是展品便捷通关。围绕"中国第一展"中国进出口商品交易会，推动人员通关和展品通关便利措施，对达到规模要求会展活动的展客商，凭经公安部备案的有效证件，享受往来穗港与穗澳免签证7天逗留便利政策。设立国际展品海关特殊通道，在展品运输环节上对海关手续予以简化，允许展品直达展场，现场查验，现场通关。

四是跨境电商便捷通关。建立跨境电子商务服务的便捷通关机制，实行企业分类和商品归类的创新模式，对试点企业允许进行商品归并、简易报检等便捷通关措施，争取国家给予减免退税相关鼓励政策支持。

五是平行进口汽车便捷通关。利用广州港优越的设施条件、便利的物流和通关环境，以及商务部批准的13家平行进口汽车首批试点企业资源，对南沙自贸试验区平行进口汽车检验监管实施"入区报备、出区检验、后续监管"的管理原则，通过"进口机动车智能监管平台"向平行进口汽车的消费者提供有关质量安全信息的查询服务。

（3）投资便利化制度创新发展工程。

全面实施"三证合一、一照一码"登记模式，进一步简政放权。探索将南沙自贸试验区已经实施的准入前国民待遇加负面清单管理模式率先在广州全市复制。推进国际贸易"单一窗口"试点建设，深化口岸通关创新改革，完善口岸执法协调机制，推动口岸管理相关部门实现信息互换、监管互认、执法互助的"三互"合作。

5. 突出"开放"理念，打造产业集聚发展平台，实现园区专业化和港湾都市化

结合服务贸易创新发展重点区域的特色和优势，加强统筹协调，实现园区建设优势互补、错位发展。

（1）服务贸易优化创新发展工程。

依托国际贸易中心、国际航运中心、国际物流中心和现代金融服务体系"三中心一体系"建设，发挥现代服务业和服务贸易集聚作用，形成"一核三区"服务贸易创新发展格局：将南沙自贸试验区打造成为以穗港澳服务贸易

自由化为主导的服务贸易创新发展核心。将天河中央商务区、琶洲创新集聚区、国际金融城建设成为以商贸服务、金融服务、电子商务和会展服务为优势领域的服务贸易总部经济示范区，形成中心城区集聚高端要素的"黄金小三角"。将白云机场综合保税区、广州保税区和番禺莲花山港建设成为以国际航运物流、国际中转服务为主的服务贸易保税业务集聚区，形成以空港、海港和创新港构建的"黄金大三角"。加快建设广州科学城、国际生物岛、中新知识城、羊城创意产业园和TIT创意产业园等服务贸易特色产业功能区。

（2）服务外包能级提升创新发展工程。

对已认定的5个服务外包示范区和8个服务外包示范园实施差异化发展战略，以信息技术外包为重点，加快发展天河区金融电信服务外包产业园、广东软件园等建设；以知识流程外包为重点，着力打造中新知识城、越秀创意资讯服务外包产业园、海珠生物医药服务外包产业园、从化动漫设计服务外包产业园和增城工业设计服务外包产业园；以业务流程外包为重点，推动白云区国际单位服务外包示范园、荔湾区电子商务服务外包产业园、广州保税物流园区和黄埔国际电子商务示范基地建设，推动全市服务外包特色产业的集群发展。

（三）四大工作保障机制

1. 加大财政支持力度

市财政每年安排2 000万元资金支持服务贸易发展。整合广州市促进中小微企业发展、科技创新小巨人企业、高新技术企业、外经贸发展专项资金等扶持政策，充分利用中央服务贸易创新发展引导资金，鼓励服务贸易企业大胆创新，提升核心竞争力。

2. 落实税收优惠政策

贯彻落实国家技术先进型服务企业认定管理政策。向商务部建议拓展"高技术、高附加值的服务行业"领域，重点增加离岸贸易、商业保理、融资租赁、广告设计、展会服务、高端家政服务及飞机、船舶、豪华汽车和精密仪器维修等高端服务领域，以及传统服务业中的邮轮游艇运输服务、商务旅行、会奖旅游、"互联网＋"中医药服务和对外养生保健等新兴领域。鼓励更多的企业申报技术先进型服务企业，享受企业所得税15%税率、职工教育经费不超过工资薪金总额8%部分据实税前扣除的优惠政策。

3. 落实创新金融服务举措

对信保机构向服务贸易企业提供的信用保险，按不超过保费率的50%给予支持。对商业银行等金融机构向服务贸易企业发放的符合条件的供应链融资、贸易融资等，按不超过利息和手续费支出的50%给予支持。

4. 实施人才保障激励制度

实施羊城创新创业领军人才支持计划和产业领军人才奖励制度，入选的创新创业领军团队可获得300万元人才经费和最高3 000万元的项目经费资助，并获得工作场所房租补助、贷款贴息、首购首用风险补偿等工作支持。

建立人才绿卡制度。对符合条件的非广州户籍产业领军人才，在购房、购车、子女入学等方面可享受广州市民待遇；为外籍产业领军人才提供入境和停居留便利。

实施服务贸易人才出入境工作便利政策。对符合条件的服务贸易中方人员给予办理5年免签证的APEC商务旅行卡；对符合条件的外国籍高层次人才和投资者给予多次入境和居留许可便利政策。

关于加快广州国际邮轮产业发展的探讨[①]

加快邮轮产业发展，是广州推进国际航运中心和国际航运枢纽建设、促进广州服务贸易创新发展的重要支撑。近年来，广州市大力发展邮轮产业，带动了开放型经济的快速发展。

一、广州市国际邮轮产业的发展现状

2015 年 11 月 13 日，国际著名的丽星集团 7.5 万吨处女星号邮轮正式运行广州南沙港航线，开启了广州邮轮产业发展的新纪元。借助广州优越的区位优势和珠三角及周边地区旺盛的市场需求，处女星号邮轮运营伊始就游客爆满。2016 年 8 月 26 日，南沙国际邮轮母港新址开工仪式在蒲州广场举行。同年 11 月，丽星集团新建可搭载 3 000 人的 15 万吨云顶梦号邮轮接替处女星号续航南沙港航线，以满足急速增长的业务需要。2016 年广州南沙港共靠泊邮轮 100 艘次，邮轮旅客吞吐量达 32 万人次，跃居全国各城市第三位。客源中广东省内占 50%、广东省外占 40%、境外占 10%。2017 年 1 月 23 日，世界最大邮轮公司嘉年华集团旗下的歌诗达维多利亚号邮轮也加入广州南沙港航线，标志着广州已跻身国际重要的邮轮港。

二、在国际化背景下广州市国际邮轮产业发展的环境分析

（一）全球邮轮产业的发展情况

邮轮母港对地方经济有着巨大的推动作用，可为母港所在地创造大量就业

① 此文由笔者和广州市商务局陈沫君于 2016 年 12 月共同撰写，文中主要观点写入广州市人民政府《关于印发加快广州国际邮轮产业发展若干措施的通知》（穗府函〔2017〕4 号）文件中。

岗位，其经济效益是访问港或停靠港的 10 至 14 倍。目前国际邮轮母港主要有两类成功的模式：第一类是美国迈阿密模式，另一类是新加坡模式。

美国迈阿密邮轮母港位于迈阿密都市圈，这是美国东岸仅次于纽约都市圈的第二大城市，是金融、商业、文化、传媒、娱乐、艺术及国际商贸中心。迈阿密港被称为"世界邮轮之都"。迈阿密港的开发运营是典型的"政府投资，企业经营"模式。迈阿密港务局在佛罗里达州的投资支持下，于 1960 年 4 月开始建设邮轮母港，通过填海形成人工岛屿，建成拥有超过 2.6 公里的邮轮泊位以及 12 个现代化的邮轮码头，可同时停泊 20 艘邮轮。迈阿密港务局以租赁方式把港口码头等基础设施租给港口运营公司以及嘉年华、皇家加勒比、丽星等邮轮公司经营，实行产权和经营权分离。港务局收取一定的码头或堆场租用费，用于港口建设的后续发展，而码头的经营性设施如仓库、机械和设备等由经营人自主建设、维护、管理和使用。目前共有 10 多家邮轮公司的近 40 艘邮轮以迈阿密港作为母港，迈阿密港拥有全世界最大的全年航行邮轮船队，与邮轮相关的收入超过迈阿密港总收入的 60%。

新加坡邮轮母港开发运营模式为"企业综合开发"模式。母港由 SATS - Creuers 邮轮服务公司投资 5 亿新元（约 3.95 亿美元）开发建成，SATS - Creuers 邮轮服务公司是新加坡机场服务公司（SATS）和西班牙 Creuers del Port de Barcelona 的合资公司，双方分别持有 60% 和 40% 的股份。母港邮轮码头有 2 个水深 12 米，长度分别为 310 米、270 米的邮轮泊位。新加坡邮轮母港积极通过打造母港配套设施和周边景点，为母港发展提供充足的客流支持。母港位于综合性海滨开发项目内，周边住宅、商业、办公楼、酒店及各种景点林立。其中总建筑面积 15 万平方米的怡丰城，是东南亚著名的一站式购物、休闲及娱乐中心；圣淘沙作为新加坡著名的旅游胜地，年接待游客 200 万人次。邮轮游客接待量年增幅超过 60%，2016 年接待规模超 160 万人次。

根据国际邮轮协会（CLIA）统计，在 2004 年到 2014 年期间，全球邮轮旅客从 1 314 万人增加到 2 204 万人，增长 68%。其中美国旅客 1 121 万人，占全球旅客总数的一半。美国迈阿密、新加坡和西班牙巴塞罗那等地的邮轮产业居全球前列。

（二）中国邮轮产业的发展情况

1. 我国邮轮母港发展情况

我国主要有天津东疆国际邮轮母港、上海国际客运中心、上海吴淞口国际邮轮港、厦门国际邮轮中心、三亚凤凰岛国际邮轮港、广州南沙邮轮港、深圳太子湾邮轮港等 16 个国际邮轮港。其中，上海、天津借鉴新加坡"母港城"的开发运营模式和"企业综合开发"的运营模式，由母港开发企业全权负责邮轮母港的开发和运营。在总体规划时即涵盖邮轮产业链的相关环节领域，通过母港城打造、综合型地产开发和母港腹地配套景点打造等，吸引游客将陆上旅游与邮轮旅游相结合，形成庞大的客流量来支撑母港城发展，取得了较好成效。

2. 我国邮轮旅游发展情况

2014 年，中国邮轮旅客数只有 74 万人次。到 2015 年，中国邮轮旅游达到 250 万人次。2016 年超过 430 万人次，年均增长达到 30% ~ 40% 。其中上海（289.5 万人次）、天津（71.5 万人次）、广州（32.6 万人次）、厦门（19.1 万人次）4 个城市分居前 4 位且具备较强的市场辐射能力，三亚（19.1 万人次）、青岛（9 万人次）、大连（6.5 万人次）和舟山（1.8 万人次）等 4 个城市也有一定的市场竞争力。到 2030 年，中国邮轮旅客可望达到 1 750 ~ 2 000 万人次，相当于 2014 年的全球邮轮旅游总人次。

目前，中国出境旅游人数世界第一，而中国邮轮旅游仅占其中 1% ，可见中国邮轮旅游未来成长空间巨大。2016 年 9 月 23 日美国嘉年华集团、意大利芬坎蒂尼集团与上海外高桥造船有限公司共同签署"2 + 2 艘 13.35 万总吨大型豪华邮轮建造意向书"，豪华邮轮中国造将成为现实。同时，中国大型邮轮国产化和自主研发设计的进程正在加快，将给中国船舶产业转型升级和创新发展带来深远的影响。

（三）广州国际邮轮产业发展的环境分析

1. 广州国际邮轮产业发展的优势

一是城市定位的优势。广州是中国海上丝绸之路的发源地，正大力推进国际航运中心和国际航运枢纽建设，邮轮产业是其中最重要的国际化支点。二是区位优势。广州地处珠三角核心，辐射周边地区，仅珠三角就有 1 亿人口，且与泛珠三角地区交通十分便利，白云国际机场的国际航线达 136 条，居全国第 3 位，市场需求持续旺盛；同时，广州处于亚太地区的地理几何中心，赴日韩、澳大利亚和东南亚等国家和地区的航行距离很适合发展邮轮经济。三是气候优势。广州港口气候四季如春，常年开航，相比冬季常停航的北方港口更具竞争力。四是南沙自贸试验区政策优势。借助保税和先行先试优势，可为邮轮提供多种与国际接轨的配套便利化服务。五是国际商贸中心的优势。千年商都强大的物流、资金流和信息流为邮轮产业发展提供有力的保障。

2. 广州国际邮轮产业发展存在的问题

一是与国际先进水平的城市相比差距明显，目前广州南沙邮轮母港接待的游客以国内游客为主，国际游客比重仅 10%；与世界第一的美国迈阿密邮轮母港国际游客占 40% 相差较大，亟待加大招商引资力度。二是广州南沙邮轮母港建设起步较晚，目前航线停靠临时码头，新址要 2018 年底才建成使用，面临周边地区激烈的市场竞争。三是运营方式以提供邮轮靠泊、游客服务和拖轮服务等基本服务为主，邮轮供应、维修服务和免税店等配套服务严重滞后，符合国际标准的船供食品、免税燃油等邮轮必需品的综合补给能力严重不足。四是航线品种太少，目前仅有日本、越南和香港 3 条航线，不能满足游客多样化的需求。五是虽然广州拥有国际先进水平的造船企业，但缺乏建造和维修大型豪华邮轮的经验。

三、提升广州邮轮产业国际化水平的对策与思路

（一）制定促进广州市国际邮轮产业发展的机制和目标

1. 健全组织领导与协调机制

成立由市政府领导牵头，市商务委、广州港务局、市旅游局、市发改委、市公安局、市交委、市工信委、市财政局、市国税局、市教育局、市人社局、市文广新局、市安监局、市环保局、市口岸办、广州海关、黄埔海关、广州边检总站、广州检验检疫局、广州海事局、南沙区政府、广州航海学院、广州港集团和中交集团等为成员单位的市邮轮产业发展领导小组，研究促进邮轮产业发展的政策措施，制订邮轮产业发展规划，创新邮轮产业体制机制，强化运行分析与监测，协调解决工作中的问题，合力推进广州邮轮产业的发展。

2. 加快国际邮轮母港建设

新建 10 万吨邮轮泊位 1 个，22.5 万吨邮轮泊位 1 个，并预留发展空间。建设集邮轮码头、口岸通关、免税商城、观光旅游和主题酒店于一体的亚洲最大邮轮母港之一，成为富有南国水乡特色的广州亮丽名片。

3. 制定邮轮产业的发展目标

到 2018 年，靠泊邮轮 160 艘次，邮轮旅客吞吐量 60 万人次；到 2020 年，靠泊邮轮 240 艘次，邮轮旅客吞吐量 100 万人次；把广州建设成为国际重要的邮轮枢纽港。

（二）加大对国际邮轮产业的资金支持力度

1. 安排扶持邮轮产业发展资金

从 2016 年起，市和区两级财政每年共安排支持邮轮产业发展资金 3 000 万元。即市级财政每年安排 1 500 万元，南沙区级财政配套 1 500 万元，连续扶持 3 年共 9 000 万元，主要用于支持邮轮新设企业、邮轮业务拓展、招商引资、宣传推介、产业研究、业务培训、促进活动及服务保障等。

2. 加大招商引资力度

力争引进皇家加勒比等国际知名邮轮公司在广州开辟始发和挂靠国际航线，密切与友好城市、友好港口、海上丝绸之路沿线国家港口城市和国内城市间邮轮产业的合作，拓展与国内外旅行社的合作，扩大邮轮旅游资源。对在广州组建或新迁入的邮轮公司的；国际邮轮公司在广州设立独立法人公司并取得交通行政主管部门邮轮国际航线运营许可的；具备自有 A 类邮轮吨位以上并取得运营许可的，给予一次性资助 200 万元。对在广州设立总部且符合《广州市总部企业认定条件和标准》的企业，可享受总部政策。

3. 对拓展邮轮业务的企业给予奖励

鼓励增设国际航线。一是对母港邮轮航次资助。对邮轮公司、邮轮经营人及租赁（或包租）邮轮的企业开辟广州南沙母港邮轮航线的，每年按照当年累计实际航次业绩，给予不超过 300 万元奖励。二是对访问港邮轮航次资助。对邮轮公司、邮轮经营人将广州作为访问港的邮轮航线，每年按照当年累计实际航次业绩，给予不超过 100 万元奖励。三是若单个企业既有母港邮轮航次，又有访问港邮轮航次的，每年按照当年累计实际航次业绩，给予不超过 300 万元奖励。同时，要与海南三亚联手，适时开辟"南沙—三亚—三沙"邮轮航线，发展客滚邮轮旅游方式，发挥南海海岛独具特色的旅游资源优势，打造广州国际邮轮旅游的新亮点。

4. 对拓展邮轮业务的旅行社给予奖励

一是对组织国际邮轮游客通过南沙入境的旅行社，根据游客在广州过夜和一次性入境人数，给予每人不超过 100 元的资助。二是对以包邮轮方式在广州港口停靠安排游客上岸观光的旅行社，按照《广州市旅行社组织接待游客来穗旅游奖励办法》（穗旅发〔2015〕129 号），按照每艘邮轮给予 1 万元奖励。

（三）打造国际邮轮全球采购船供配送中心和修造中心

1. 建设全球采购船供配送中心

充分利用广州南沙自贸试验区保税政策、现代化冷链仓库及物流基础设施、国际商贸商品集散地的综合优势，支持境外商品保税船供业务发展。引进和培育为邮轮提供补给的专业化供应公司，为停靠的境内外邮轮提供全方位的后勤保障服务，配送各式冻品、海产品、名优特产和速冻果蔬等邮轮食品，提供船供药品及医疗服务，供应淡水和物料等船供必需品，提供邮轮生活垃圾处理服务。将南沙打造成为国际邮轮公司最满意的全球采购船供配送中心之一。

2. 建设国际保税加油中心

借鉴新加坡和中国香港的成功经验，利用南沙自贸试验区特殊监管区的保税政策，以及小虎岛专业化的油品仓储配送优势，吸引中燃油、中石化等专业外轮供油公司在南沙落户和发展业务；为停靠南沙的境外邮轮提供免税燃油，提供海关、商检、税务和口岸等一站式的便利化服务，大力吸引周边地区的国际邮轮选择停靠南沙作为综合补给的重要基地。

3. 建立国际邮轮修造中心

依托广州作为全国三大船舶制造和维修基地之一的产业优势，以及南沙保税政策的优势，以中船防务、中船澄西、中远海运等企业为骨干，发挥中国豪华邮轮产业发展基金的作用，主动承接建造和维修国际大型邮轮的订单，发展境内外邮轮设计和建造业务，大力拓展境内外邮轮维修、保养、改造和装饰等配套服务，将广州打造成区域性的国际邮轮修造中心。同时，要研究建造中国式邮轮，作为传播中华文化和体现时尚娱乐休闲的新模式。

（四）实行便利签证和离境退免税等便利化服务

1. 提供便利签证

对入境的外国旅客实施组团进珠江三角洲、汕头地区旅游免办签证政策（简称"144 小时团队免签政策"），为国际邮轮进出境提供高效的通关便利化保障，简化出入境人员通关手续，争取国家给予"144 小时过境免签政策"并实现与广东陆、海、空港口岸过境免签政策联动。完善邮轮进出港和人员"单一窗口"建设，建立和完善统一高效的信息化管理系统和平台共享机制，实现监管部门"简化出入境人员通关手续，信息互换、监管互认、执法互助"。完善邮轮码头设施建设，确保通关安全。

2. 提供离境退免税服务

争取将邮轮码头作为实施境外旅客购物离境退税政策的离境口岸。对符合政策规定的境外旅客在退税商店购物后通过邮轮码头离境的，可享受购物离境退税政策。设立免税店提供免税商品。提升旅客购物离境通关和退免税便利化服务水平，促进旅游消费。

3. 打造国际化、便利化的数字邮轮母港

以信息化和智能化手段，建成集口岸服务部门、邮轮公司、旅行社和国际游客于一体的邮轮旅游综合信息服务平台。完善口岸查验设施、综合保障及服务功能。建设海员俱乐部、精品展示店、货币兑换店、餐饮服务和休闲设施等，营造优良的服务环境。构建高效便捷的邮轮母港配套交通网络服务，完善公共交通建设，做好邮轮码头与机场、高铁、地铁、旅游集散中心等重要交通枢纽和站点的接驳，增加接驳巴士，增设道路交通标识，提高邮轮码头与周边地区的公共交通覆盖能力。

（五）促进邮轮相关产业融合发展

1. 促进邮轮旅游发展

积极举办和参与国际性邮轮行业展会及相关促进活动。充分发挥中国进出口商品交易会、中国海外人才交流大会暨中国留学人员广州科技交流会、中国（广州）国际纪录片节等国际展会作用，并借助广州国际旅游展、广州旅游推介会和广州旅游海外推广中心等宣传平台，大力宣传具有岭南文化特色的广州邮轮旅游，提升广州作为国家重要的中心城市和争当建设 21 世纪海上丝绸之路"排头兵"的国际竞争力和影响力。开发有特色的国际邮轮访问港的岸上旅游产品，形成旅游新增长点，打造华南国际邮轮旅游目的地。

2. 延长邮轮经济产业链

大力推动邮轮产业与商贸、会展、科技、文化、体育、教育、信息服务等相关领域融合，发展邮轮经济新业态和延长产业链。鼓励邮轮相关领域的企业利用南沙自贸试验区政策，开展融资租赁、航运结算、航运保险和法律仲裁等相关业务。

（六）加快建设国际邮轮产业人才高地

构建国际邮轮产业人才体系，建立国际邮轮产业人力资源库。鼓励有条件的广州地区职业院校开设邮轮研发设计、生产制造、维修保养、航海技术、轮机工程、旅游管理、船供物流和海事法律等特色专业，开展国际邮轮产业的创新发展研究，通过多种形式开展邮轮产业的专业技能培训及实训基地建设，开展国际交流与合作，培育国际化适用人才。支持邮轮海员招募和外派机构发展。按照有关规定，落实所引进的国际邮轮产业管理和技术高层次人才在创业、安家、户籍、停留及居留便利、子女入学等方面待遇。

（七）建立健全邮轮安全管理和应急机制

建立和完善邮轮旅游安全保障与联动机制。由南沙区政府牵头，制定应急预案，实施应对邮轮旅游群体性公共卫生和重大疫情等突发事件应急处置机制，明确各相关单位的职责和分工，定期开展应急处置演练，督促和检查邮轮公司开展安全生产，切实做好邮轮旅游的安全保障、防污染、水上管控及应急工作。

2015 年广州市国际货代发展情况及未来发展对策研究①

建设国际航运枢纽、国际航空枢纽和国际科技创新枢纽（以下简称"三大枢纽"）是广州市"十三五"规划的三大战略。本文在分析广州市国际货代业务发展现状、存在问题的基础上，提出广州市国际货运代理（以下简称"货代"）业务未来发展思路及对策。

一、广州市国际货代业务的发展现状

（一）广州国际货代业规模化发展迅速

2015 年广州市新增国际货运代理企业 221 家，占广东省（除深圳外）的 43.94%，同比增长 2.4 倍。其中，法人企业 198 家（国有企业 1 家，私营企业 194 家，外资企业 3 家）；分支机构 23 家（国有企业 1 家，私营企业 16 家，外商独资企业 6 家）。截至 2015 年年底，广州市累计办理国际货运代理企业达 1 845家，占全省（除深圳外）的 57.44%。其中法人企业 1 464 家（国有企业 28 家，私营企业 1 342 家，集体企业 4 家，外资企业 90 家）；分支机构 381 家（国有企业 12 家，外资企业 178 家，私营企业 187 家，集体企业 4 家）。

2015 年运输服务总额为 45.55 亿美元，居服务贸易十二大类第二位，同比增长 10.51%，占服务贸易 291.72 亿美元的 15.61%。供应链外包企业 17 家、服务外包全口径执行额达 1.74 亿美元，成为广州市服务外包七大领域之一。"十二五"时期，运输服务总额由 2011 年 40.17 亿美元提高到 2015 年 45.55 美元，年平均增长 3.19%。

① 此文是笔者与广州市商务委技术与服务贸易处朱文静共同编写，在广州市社科院《广州蓝皮书·广州商贸业发展报告（2016）》上登载。

（二）广州国际货代现行管理制度创新发展

广州市通过建立年度业务备案制度、重点企业联系制度、经济纠纷处理制度和安全生产制度四项制度，对国际货代企业进行管理。

1. 年度业务备案制度

为规范国际货代行业经营秩序，完善行业统计制度，掌握行业运行和发展信息，商务部每年 3 月下发《关于国际货运代理企业进行业务备案的通知》，广州市商务委根据商务部工作要求，在政府网站、企业 QQ 群和政务中心窗口发布《关于做好国际货运代理企业业务备案工作的通知》，要求广州市国际货运企业应登录"国际货运代理企业信息管理系统（企业端）"页面在线申报上年度业务经营情况备案表，且线下向市商务委政务中心窗口提交相关书面材料。市商务委对企业申报材料审核，形成备案资料汇总表，并编写广州市国际货代企业年度业务经营情况的报告。

2. 重点企业联系制度

广州市商务委建立百家重点联系服务贸易企业数据库，其中运输是规模居第二位的重点领域，共有广州市卓志物流服务有限公司、广东合捷国际供应链有限公司、广州市嘉诚国际物流股份有限公司、广东中外运船务代理有限公司、广州嘉得船务代理有限公司、威时沛运货运（广州）有限公司、广州市万怡保税物流有限公司、广州欧华国际货运代理有限公司、广州市贝法易商贸有限公司和优比速包裹运送（广东）有限公司 10 家企业列为重点联系企业。市商务委与重点联系企业保持密切联系，及时协调解决企业在运营过程中存在的问题。

3. 经济纠纷处理制度

国际货代企业投诉适用于广州市商务委 2015 年 12 月 24 日印发的《广州市商务委关于印发商务举报投诉办理工作流程的通知》（穗商务秩〔2015〕9 号）规定的投诉办理工作流程，该文件已明确涉及市商务委现行职能范围的投诉，由市商务委负责市场秩序调节的处室牵头受理，相关业务处室协办。关于国际货代企业消费纠纷与合同纠纷等不涉及市商务委现行职能范围的投诉，则建议投诉当事人向消费者投诉办公室（12315）反映，或者通过法律途径解决，理顺了国际货代企业投诉的受理渠道。

4. 安全生产制度

根据广州市机构编制委员会《关于进一步明确安全生产工作职责的通知》

（穗编字〔2015〕216号），以及市委、市政府和省市行业主管部门关于进一步强化安全生产监督检查和全面落实安全生产主体责任的要求，广州市商务委于2015年12月31日向各区商务主管部门下发了《广州市商务委关于配合做好国际货运代理行业安全生产监督检查工作的通知》（穗商务服贸函〔2015〕27号），要求各区商务主管部门积极配合相关部门做好广州市国际货代企业的安全生产监督检查工作，明确主管科室和联络人员，对区内所辖国际货代企业进行摸查并建立台账，通过政府网站、QQ群等手段，加强对辖区内备案企业的安全生产宣传工作，及时提醒企业严格遵守安全生产的法律法规及管理规定，做好安全生产工作。

（三）产业促进支持体系逐步完善

广州市商务委通过市服务外包专项资金，先后对广州市贝法易商贸有限公司、广东卓志供应链服务集团有限公司和广东中外运船务代理有限公司3家公司的供应链外包公共平台给予支持。广东合捷国际供应链有限公司被评为技术先进型服务企业，享受企业所得税减按15%的优惠政策。2015年，广东省商务厅对威时沛运货运（广州）有限公司、广东中外运船务代理有限公司和广州欧华国际货运代理有限公司3家较大规模的公司给予服务贸易资金支持。

二、广州市国际货代业务发展存在的问题

（一）企业主体发展的问题

广州市运输规模较大，但国际货代业总体仍然存在着规模较小、服务功能分散、经营模式相对落后、专业服务能力较弱、企业盈利空间下降、订单减少、招工难、经营较困难等问题，主要表现在以下五个方面：

（1）国际货代市场比较混乱。市场上存在很多资质、信誉不佳的国际货代小企业，这些小企业的不良竞争，使目前国际货代市场低价同质竞争严重。

（2）投融资渠道受限。不少企业面临融资难的局面，国际货代企业大多数是轻资产，目前广州市国际货代企业竞争激烈，绝大多数企业需要先行垫支有关运输费用，资金成本较高，而信保公司关注焦点主要在货物等实物价值上，对运费、保险等贸易单证价值关注较少。

（3）贸易便利化服务意识不强。一是通关便利化仍需加强。目前海关和商检检查的时间、地点不同，每个管理部门都有一套系统，需要多次录入同样

信息，给企业造成不便。二是两个海关协调难度大。广州市有广州海关和黄埔海关两个直属海关，增加了业务协调的难度。三是海陆空一体化的服务水平和服务意识有待提高。南沙港虽然地理位置比较好，但航班较少，导致大部分海运在深圳完成。广州港虽然近年来的服务已逐步完善，但是在装卸费、港驳费方面的服务仍需加强。广州白云国际机场航空公司虽然比深圳航空公司航线多，但是在航线安排的灵活度、便利度方面的服务意识仍需提高。四是跨境电商归类方式仍需优化。广州亟待学习郑州的好做法，在开展跨境电商方面，实行两大类归类简化通关政策，为企业提供更加便利的通关。

（4）政策支持力度不够。目前重庆对渝新欧铁路货代企业的补贴力度较大，郑州、连云港也有相关的政策支持，上海在企业所得税、个人所得税方面都有减免政策，而广州目前缺乏相关的政策支持。

（5）货代方面招商推介较少。江苏张家港、太仓政府推介力度比较大。广州在对建设"三中心一体系"的宣传力度、开展招商和经贸推介活动、企业牵线搭桥方面做得不够。

（二）管理部门存在的问题

管理部门缺乏有效监管和统计体制。目前国际货代业务实行备案管理，虽然每年 3 月份市商务委都会印发《关于做好国际货代企业业务备案工作的通知》，要求已办理国际货代备案的企业必须申报上年度业务经营情况，但由于缺乏有力的管理手段，企业不申报也可以照常开展业务，使参加年度业务备案的企业数很少。经统计，2013 年、2014 年、2015 年这三年配合做年度业务备案的企业数分别为 80 家、72 家、6 家，这严重影响了市商务委对国际货代的统计，不能完整掌握行业运行和发展动态，不利于更有针对性地出台促进广州市国际货代企业发展的相关政策和措施。

三、广州市国际货代业务发展的对策建议

紧紧围绕建设国际贸易中心、国际航运中心、国际物流中心和现代金融服务体系"三中心一体系"的目标，广州市借助国家自贸试验区和"一带一路"倡议发展机遇，大力发展国际货代业务，积极应对困难与挑战，实现国际货代运输规模的扩大和质量的提升。

（一）强化机制，形成协力

一是充分发挥市建设广州国际航运中心领导小组工作机制的作用，积极配

合、科学谋划好广州国际航运中心建设"十三五"规划，协调解决工作中出现的问题。二是充分利用"大通关"协调机制，配合市口岸办、市港务局等有关部门，加快推进广州国际贸易"单一窗口"建设，打造广州海陆空港口与企业、与海关、检验检疫、海事、口岸、外汇、税务等管理服务机构进出口贸易相关部门之间的一体化信息平台，并实现与泛珠三角陆空口岸、特殊监管区、重要港口城市的互联互通。

（二）转型升级，创新业态

鼓励广州市国际货代企业发挥南沙自贸试验区和服务贸易自由化政策优势，参与服务外包、工程物流、跨境电商、市场采购、保税物流、邮轮游艇、汽车进出口和航运金融等国际物流相关的高端业务，建设集增值服务、加工服务、多式联运、疏运服务、门到门服务、信息服务等于一体的完善的航运服务体系。同时加大服务外包、总部政策等政策的宣传力度，使更多的企业了解和享受有关政策。

（三）扶优扶强，标杆带动

一是落实《关于加快我市服务贸易发展的实施意见》，认定一批国际物流（货代）行业示范企业和重点培育企业。二是加大总部企业引进力度，以保税港区和综合保税区为重点，引入高端航运和国际物流项目，引导运输、仓储、货代、联运和快递企业整合功能和延伸服务。做强一批主营业务突出、经营模式先进、海外网络健全、具有较强竞争力、向综合物流业发展的大型企业。三是支持国际货代公共平台建设，培育一批以专业化为基础、创新运营模式、扩展服务项目和专项业务优势明显的专业化国际物流企业。

（四）内外结合，拓展市场

抓住"一带一路"倡议和南沙自贸试验区发展机遇，与"一带一路"沿线的港口城市开展货运合作，开展以小分队和企业对接方式为主的招商经贸推介活动，组织企业"走出去"，参加香港的亚洲物流及航运会议等国际性专业展会，投资并购海外物流设施，开展有针对性的对接和交流活动，充分利用好海内外商协会、驻穗驻外使领馆资源，积极帮助企业寻求海外合作伙伴，拓展国际市场，提升市场竞争力和盈利能力，壮大业务规模，在广州市与"一带一路"沿线的港口城市联盟合作机遇中取得商机和实质成效。

（五）加强引导，优化服务

一是认真做好国际货代年度业务备案工作，全面梳理广州市国际货代企业的发展情况，引导广州市国际货代市场规模化、差异化和创新业态发展，逐步形成结构合理、业态多样、服务优质和竞争有序的国际货代市场。二是鼓励信保公司、商业银行等金融机构开展产品和服务创新，创新供应链融资等业务，为中小国际货代企业提供融资支持，帮助企业进一步做大做强。

2016 年广州市外经贸机电与科技产业发展情况及未来展望[①]

2016 年，广州市外经贸机电与科技产业以创新驱动促进外贸调结构、稳增长，全市机电产品、高新技术产品进出口额均实现正增长，加工贸易进出口额好于全国和全省平均水平。

一、2016 年发展情况

（一）基本情况

1. 机电产品进出口情况

据海关统计，2016 年，全市机电产品进出口额 4 158.23 亿人民币，同比增长 3.09%，净增 124.56 亿人民币，占全市进出口总值的 48.54%；其中，出口 2 692.16 亿人民币，同比增长 5.41%（较全市出口总体增幅高 2.38 百分点），占全市出口（5 187.05 亿元）的 51.90%；进口 1 466.06 亿人民币，同比下降 0.92%，占全市进口的 43.38%。机电产品出口企业是外贸出口的主要力量，全市进出口前 20 名企业中，机电产品企业 11 家，占比 55%；全市进出口前 100 名企业中，机电产品企业 53 家，占比 53%。

据海关统计，2016 年，广州市船舶出口额 134.6 亿元，同比下跌 16.3%。其中液货船（49.3 亿元）、集装箱船（14.03 亿元）和散货船（19.48 亿元）等为我市主要出口船型，出口分别增长了 71.63%、−11.28% 和 28.64%。出口下跌主要原因是：2015 年中船澄西远航船舶（广州）有限公司船舶改装出口净增 88.73 亿元，由于改装业务的特殊性，2016 年该公司无改装船出口业务，若剔除该公司出口波动的因素，全市船舶出口可增长 20% 以上。

---

① 此文是笔者与市商务局机电与科技产业处王媛于 2016 年 12 月共同编写。

据海关统计，2016 年，汽车整车出口 13 591 辆，同比下跌 10.03%，合计金额 22.04 亿元，同比增长 4.56%；汽车零部件出口 169.12 亿元，同比增长 9.78%。

2. 高新技术产品进出口情况

据海关统计，2016 年，广州市高新技术产品进出口 1836.87 亿元，同比增长 2.24%，占全市进出口总值的 21.44%，比上年度下降 0.56 百分点。其中出口 928.94 亿，同比上升 8.73%，占全市出口的 17.91%，比上年度增长 0.96 百分点；进口 907.93 亿，同比下降 3.65%，降幅逐步收窄，占全市进口的 26.86%，比上年度下降 2.14 百分点。主要出口产品前 5 位是计算机与通信技术（433.59 亿元），光电技术（250.3 亿元），电子技术产品（123.97 亿元），航空航天（77.52 亿元）和生命科学（21.40 亿元），合计占全市高新技术产品出口的 97.61%。出口超 50 亿元的乐金显示（中国）有限公司（155.17 亿元）、捷普电子（广州）有限公司（84.08 亿元）和索尼电子公司（62.19 亿元）3 家高新技术出口企业，位列全市出口企业前 3 位，合计出口占全市高新技术产品出口的 35.64%。

3. 加工贸易进出口情况

据海关统计，2016 年，广州市加工贸易进出口 2 757.3 亿元，同比下降 4.6%，占全市进出口总值的 32.18%，其中，加工贸易出口 1 680.4 亿元，同比下降 3.1%，占全市出口的 32.3%；加工贸易进口 1 076.9 亿元，同比下降 6.9%，占全市进口的 31.8%。广州市加工贸易出口和进口好于全省（出口 -9.7%，进口 -13%），出口好于全国（出口 -5.2%）的平均水平。加工贸易企业委托设计（ODM）和自主品牌（OBM）占加工贸易企业总数的 2/3（约 66%）。加工贸易出口前 7 位的大宗出口商品是机电电子、金属制品、珠宝首饰、航空船舶运输设备、橡胶化工、箱包皮具和纺织服装。

2016 年，广州市珠宝钻石产品进出口额 504.7 亿元，占全市加工贸易进出口总值约 1/6（18.30%），同比增长 4.65%，其中，出口 298.9 亿元，同比下降 0.1%，进口 205.8 亿元，同比增长 12.4%。钻石类产品（含钻石首饰、成品钻石、毛坯钻石）是珠宝钻石的主力（占比 81.99%），全年进出口额 413.4 亿元，同比增长 8.35%，其中，出口 225 亿元，同比增长 3.97%，进口 188.4 亿元，同比增长 14.13%。

4. 进口运行情况

2016 年，全市进口 3 379.87 亿元，同比增长 3.33%，高于全省（0.6%）

增长水平，占全省进口总值的 14.3%，为 2012 年以来首次实现 5 个月正增长。煤（48.87 亿元，24.94%）、汽车零部件（173.34 亿元，20.44%）、钻石（188.73 亿元，15.87%）、钢材（70.62 亿元，5.26%）等均出现大幅度增长。全市进口前 10 名的均是机电、珠宝企业。其中乐金显示、捷普电子和东风南方实业分居前 3 位。

据广州港集团数据统计，2016 年全年，广州口岸到港汽车 27.9128 万辆，同比增长 3.63%，净增 9 777 辆；其中南沙口岸到港 8 559 辆，同比增长高（391.90%），净增 6 819 辆。其中平行进口 5 559 辆，约占 2/3（64.95%），新沙口岸到港 27 万辆，列全国各口岸汽车进口第 2 位。另据海关统计，2016 年广州企业进口汽车 5 220 辆，金额 12.41 亿元，同比增长 141.91%；其中，经新沙口岸进口 2 142 辆，5.01 亿元，南沙口岸进口 735 辆，1.8 亿元。汽车零部件进口 173.34 亿元，同比增长 20.44%。

海关特殊监管区域中，与 2015 年相比，南沙保税港区进出口 479.2 亿元，增长 26.9%，其中进口 149.3 亿元，增长 1.2 倍；广州保税区进出口 163.7 亿元，增长 7.9%；白云机场综合保税区进出口 129.3 亿元，增长 6.7%。

（二）主要特点

1. 创新钻石贸易体制机制取得新硕果

（1）争取获得国家质检总局批准，在南沙自贸试验区开展毛坯钻石多种贸易方式进出境业务。广州钻石交易中心（以下简称"广钻中心"）成为继上海钻石交易所后，国内第二家获准开展毛坯钻石进出境业务的交易平台，以及首家在广东自贸试验区实现国际商品交易和资源配置的平台。这将有利于将南沙自贸试验区打造成为毛坯钻石的国际交易平台，成为全省及港澳地区广大钻石珠宝企业采购毛坯钻石的国际交易中心；实现与港澳优势产业的互补合作，带动广东乃至全国钻石产业参与国际竞争合作；降低钻石企业制度性交易成本，加快供给侧改革，培养新的外贸增长点。

（2）创设关检联合查验钻石贸易快速通关新模式。经市商务委协调，南沙海关和检验检疫部门在广钻中心创设对钻石贸易联合查验新模式。在关检联合工作区内，检验检疫机构与海关实现了对申报货物出境、出入区流向的共同管控、无缝对接，实现了关检"三互"大通关新模式的区域通关一体化。南沙海关还专门针对广钻中心钻石贸易拟定了业务操作指引，简化了查验环节。毛坯钻石入境在 1 小时内即可完成检验检疫和海关全流程并联监管，为企业节约了 60% 以上的通关成本。

（3）探索外贸新业态，培育新的外贸增长点。广钻中心的保税进出境业务自 9 月底启动至 12 月底，已产生约 12 078 万元的进出口流量。广东省珠宝玉石交易中心创新的"保税暂存鉴定"进口方式获得海关总署认可，通过沙湾珠宝产业园保税仓产生了 8 700 多万元的进口额。并利用沙湾保税仓作为全国唯一的珠宝钻石保税仓的优势，大力推动保税分拨和仓储等业务，与番禺区科工商信局建立重点珠宝企业联动机制，对广州方盈首饰有限公司、广州市启艺金银珠宝有限公司和广州市番华金银珠宝有限公司等 8 家重点企业重点监控和服务；截至 2016 年 12 月 31 日，钻汇保税仓进出口同比增长 100.26%，净增 56.36 亿元。

2. 推动南沙整车进口试点工作取得新突破

（1）加强领导出台政策促整车进口。一是建立工作协调机制。成立了由市领导任组长，市商务委、海关和检验检疫主要领导任副组长，相关委局和区等共 15 个单位任成员单位的广州市促进整车进口业务领导小组。二是出台整车进口扶持政策。市商务委拟定，报市政府批准，出台了《广州市促进南沙整车进口扶持政策实施方案》，连续三年每年设立专项资金 4 500 万元（其中：广州市级财政 1 500 万元，南沙区财政 3 000 万元）扶持南沙汽车贸易的发展。同时，指导南沙区相应出台南沙区企业进口汽车支持政策。三是建立了整车进口日常业务快速反应机制，由南沙区管委会在"广州市促进整车进口业务领导小组"下设立现场协调联络小组，安排人员入驻汽车码头现场办公，统一协调口岸、海关、检验检疫和港口等相关部门，帮助企业解决整车进口业务中的问题。四是由市政府办公厅印发组织实施了《南沙汽车整车进口中存在的问题及解决方案》，市领导多次组织召开汽车进口工作会议，推动解决汽车进口工作中存在的问题和困难。

（2）加大力度引进行业龙头企业和品牌商。市领导亲自带队赴北京、天津等地多次拜访重点汽车进口企业，取得较好的成效。引进了庞大汽贸集团股份有限公司、天津英莲帮实业有限公司和中进汽贸有限公司等知名平行汽车集团落户南沙。庞大汽贸集团股份有限公司通过南沙口岸进口宝马和巴博斯品牌汽车合计 418 辆。天津英莲帮股份有限公司 2016 年年底前已通过南沙口岸进口丰田汽车 448 辆。中进汽贸有限公司 2016 年 12 月通过南沙口岸进口克莱斯勒品牌汽车 2 847 辆。同时，市商务委赴香港拜访香港左胎汽车商会会员企业宣讲政策、上门服务，该商会负责人表示将加快将该业务转到广州开展。

（3）广州国际汽车展首次设立平行进口汽车展区，取得良好成效。市商务委牵头与车展主办单位、南沙区政府、平行进口汽车试点企业和市汽车服务业协会多次召开协调会，通过"三个一点"，即车展公司优惠一点、政府职能部门支持一点、试点企业出一点的方式，经艰苦协商取得各方一致支持，共同组织广州平行进口汽车展区。共有 10 家平行进口试点企业参展，展区面积达3 500 平方米；并专门设立 100 平方米展示区，展示广州市和南沙区汽车进口良好的经营环境和发展成果；编印《汽车平行进口政策汇编》，在车展上派发宣传。展期 3 天进场人数共 6 万多人，得到温国辉市长的充分肯定，受到企业的广泛好评，有力推进了广州市汽车平行进口业务并提升了南沙汽车进口贸易环境的知名度和影响力。

（4）广州市公安局同意在南沙区新设进口汽车上牌受理点。目前委托南沙区尽快确定上牌受理点的场地、人员配备以及配套设施问题。另外，整车进口企业担保授信、整车保税展示口岸管理流程、质检 VIN 码备案等问题也得到了初步解决。

（5）加强试点企业管理。定期召开试点企业座谈会，推动试点企业尽快开展试点业务。支持试点企业抱团扩大车源渠道，推动企业信息和资源互补，进一步扩大汽车进口业务。根据商务部要求，对长期不开展业务的试点企业及时提出试点企业调整工作预警。

3. 促进加工贸易转型升级取得新成效

一是发挥市区联动工作机制，加强重点企业跟踪服务。重点加强与黄埔、南沙、番禺和花都等重点区域主管部门的工作联动，深入重点企业调研，加强对全市机电、加贸和高新前 200 名企业的联系，并对前 20 名企业重点服务和定期摸查，了解企业经营中遇到的问题，帮扶企业拓展业务。二是促进加工贸易双转移工作。精心组织了 94 家企业参加全省加工贸易双转移项目对接大会，朱小丹省长等领导出席。广州市政府与梅州市政府、清远市政府签订了对口帮扶协议，市外商投资企业协会和市纺织企业协会分别与梅州市、清远市企业签订了投资考察协议，会议取得圆满成功。三是组织企业参加中国加工贸易产品博览会（"以下简称"加博会"）。共组织 13 家加工贸易企业参加加博会，拓展国内外业务。参加省加工贸易创新发展趋势专题座谈会，介绍广州市推动加工贸易与互联网融合发展、依托电子商务实现线上线下融合发展的工作情况。四是争取各级资金支持。争取省的 2 000 万元资金扶持加工贸易转型发展。积极开展汽车出口基地、加工贸易转型升级资金的组织申报工作，累计扶持 24家企业 735 万元，推动企业加快新产品和新技术研发，加快产业转型升级。

4. 打造高端产业创新发展赢得新机遇

一是组团参加高交会。由广州市商务委带队，17 家高新技术企业、广州开发区和天河软件园参加展会，突出展示了广州市智能装备、无人机、生物医药、航天材料和新一代信息技术等领域的新技术新成果。胡春华书记、朱小丹省长等领导专程到广东展团的中心展区详细了解广州展团的国机智能科技有限股份公司"工业机器人、油液在线监测系统"项目和广州新节奏智能科技股份有限公司"N-show 体感教育"等高新项目，并给予肯定。二是加快国家船舶出口基地建设。支持"第七届中国广州国际海事贸易展览会暨论坛"在广州市举办，利用展会平台加大宣传广州市国家船舶出口基地的国际影响力，组织广州市企业参展参会，争取船舶国际订单；并组团参加香港海事科技学会年会相关促进活动，组织广州广船国际股份有限公司、广州海工船舶设备有限公司和广州瑞松智能科技股份有限公司等企业，与香港国际船舶及配套企业高管及船东、航运业界人士开展业务对接交流。三是支持广州国际珠宝钻石年会等高端专业会议在广州举办，来自珠宝钻石产业界、商业企业、学术科研等人士约 200 人参会。还举办了珠宝钻石原材料看货会、会员企业联展及高端珠宝钻石鉴赏会、高端珠宝钻石鉴赏知识讲座等系列活动。珠宝文化节期间，大罗塘珠宝小镇正式揭牌，借助其集原料销售、加工设备制造与销售、技术培训、设计研发、生产、半成品和成品销售、电子商务、检验检测、会展服务、珠宝文化鉴赏、旅游等为一体的完整产业链，将打造成为广州市珠宝钻石产业转型升级的重要产业平台。四是组织企业参加世界经济论坛商业圆桌会议、广东—以色列先进制造技术企业对接会、南非投资贸易推介会、第 13 届中国—东盟博览会等高端经贸交流活动，加强广州市企业与国际先进制造业领域的交流与合作。五是调研深圳市在机电进出口、高新技术和加工贸易等领域创新发展的成功经验，并实地参观了深圳市大疆创新科技有限公司，调研其全球顶尖的"空中机器人"飞行影像系统的研发技术成果。六是用好国家、省、市各级扶持资金。发动 160 多家企业申报并获得国家、省进口贴息资金扶持分别为 2 450 多万元和 3 238 多万元。组织 16 家企业申报国家外贸转型升级专项资金共 1 200 多万元。

二、存在问题

（1）旅游购物出口中高新技术出口占比较低。据统计，2016 年，旅游购物出口占全市出口比重达 24.47%，但其中高新技术出口产品的比重不足 5%，与全市高新技术出口占比（17.91%）差距较大，亟待改进。

（2）外贸资金用于调结构、扶持高新技术产品出口的力度亟待加强。

三、2017 年工作思路

（一）总体思路

2017 年，广州市机电与科技产业工作将贯彻落实党的十八届五中全会提出的"创新、协调、绿色、开放、共享"五大发展理念，按照广州作为国家重要的中心城市和枢纽型网络城市的发展战略，围绕广州市商务委的中心工作，稳中求进、开拓创新，实施科技兴贸创新发展工程：一是以高新技术为引领，加快外贸调结构创新发展；二是以珠宝钻石创新多种贸易方式为突破点，加快加工贸易转型升级创新发展；三是以国家级基地建设为载体，加快机电产品提质增效创新发展；四是以两个市场两种资源统筹规划为抓手，加快进口贸易促进工作创新发展；五是以市商务委的中心工作和政策联动为导向，加快作风建设和业务工作两促进创新发展，全面构建广州市高端高质高新的科技兴贸产业体系。

（二）2017 年工作目标

（1）高新技术产品出口占全市比重达到省要求的 17.8%。

（2）加工贸易"委托设计（ODM）＋自主品牌（OBM）"方式出口比重达到省要求的 72.8%。

（3）南沙口岸汽车进口同比增长 20%。

（三）工作措施

1. 以高新技术为引领，加快外贸调结构创新发展

（1）加快制定广州市科技兴贸创新发展的规划及促进措施。制定广州市科技兴贸创新发展"十三五"规划，出台《关于加快广州市科技兴贸创新发展的意见》，提出"十三五"总体思路、发展目标和发展重点，抓好关键领域、公共平台、骨干企业、资金配套和营商环境等方面工作，推动机电与科技产业由加工制造环节为主，向总部经济、品牌培育、创意设计和平台创设等高端业态拓展，在全球产业链分工中占据更加主动和有利的地位，要通过科技兴贸创新发展，实现从产业链向价值链的全面提升。

（2）着力培育国际化、高端化和专业化的科技兴贸创新发展基地。以广州高新区、天河软件园、黄花岗科技园和广州民营科技园等 4 个国家级高新园

区为重要载体，打造智能装备关键设备、技术供应和研发创新中心。推进国际区域创新协作，支持广州中以机器人研究院、中国—瑞士（广州）从化生态医药健康产业基地等重点区域合作项目，加快推动广州市高端装备制造业、国家智能制造和智能服务行业融入全球创新网络。同时，发挥南沙自贸试验区、中新知识城、国际生物岛、科学城、琶洲互联网创新聚集区、白云机场综合保税区和国际创新城等政策优势，通过外引内联，吸引一批高技术含量高附加值的项目落户，形成新的增长点。

（3）着力打造集聚性、创新性、枢纽性和公共性的创新发展平台（集聚性：能有效促使产业形成集聚发展的体系。创新性：支持各类主体开发新技术、新产品，打造新业态、新模式。枢纽性：促使本平台成为区域创新发展的核心，成为具有区域辐射力，有效提升产业国际竞争力的重要支撑。公共性：不以营利为目的，以提升产业发展水平为目的，为本领域各企业提供服务和支持）。一是加快产学研创新平台建设，支持广州电器科学研究院、广州机械科学研究院有限公司、广汽研究院、广东省新材料研究所、广东省电子电器研究所和广州智能装备研究院有限公司等机构设立公共技术研发创新平台。二是发挥广州市汽车服务业协会、广东造船工程学会和广州高新技术企业协会等行业商协会、产业联盟的组织能力和行业影响作用，设立国家级出口基地工作站，开展产业促进活动，推动上下游产业链企业共享发展。三是组织企业参加高交会、香港春季电子产品展、台北国际电脑展和上海国际医疗器械展览会等高端国际专业展会，资助企业拓展国际市场。四是利用中国国际机器人展、智能装备及制造技术展览会等在广州举办的国际专业展，积极组织广州市智能装备企业与国际参展商开展产业对接。

（4）着力培育有核心竞争力的枢纽型骨干企业。一是做好对捷普电子（广州）有限公司、乐金显示（中国）有限公司和索尼电子公司等跨国公司的联系和服务，重点扶持年高新技术产品出口额超 1 000 万美元的 136 家企业，同时，做好富士康科技集团第 10.5 代显示器全生态产业园区项目（计划投资总额 610 亿元，年产值 920 亿元）的服务工作，通过以商引商，鼓励企业增资扩股，扩大高新技术出口规模。二是贯彻执行"中国制造 2025"国家发展战略，抓住世界"工业 4.0"时代和机器换人的发展趋势，重点引进世界 500 强和中国 500 强企业中的高新技术企业。三是重点培育十大高新技术出口领域，包括：机器人（广州数控设备有限公司和广州启帆工业机器人有限公司入选"中国机器人 TOP10"、广州瑞松智能科技股份有限公司）和无人机（广州极飞科技有限公司、广州亿航智能技术有限公司、九要光电技术、捷普电子广州有限公司）、航空航天（广州新科宇航科技有限公司、广州飞机维修工程有限公司、广州航新航空科技股份有限公司、南方航空集团贸易有限公司）、海洋工程（广州海工船舶设备有限公司、中船海洋与防务装备股份有限公司、中船黄埔文冲船舶有限公司等）、新材料［金发科技股份有限公司、广州龙沙有限公司、安美特（中国）化学有限公司］，新一代信息技术［京信通信系统（中国）有限公司、广州创启通信设备有限公司］、卫星应用及北斗导航（广州海格通信集团有限公司、广州市中海达测绘仪器有限公司）、高端装备制造（广州广电运通金融电子股份有限公司、广州海瑞克隧道机械有限公司、威创集团股份有限公司）、3D打印（广州海蒽特科技有限公司）、虚拟现实（VR）与增强现实（AR）设备（华立科技有限公司、广州影动力文化发展有限公司）和生命科学［广州百特医疗用品有限公司、贝恩医疗设备（广州）有限公司、广州医药集团有限公司、广东明欣医疗器械有限公司、广东省医疗保障局、广州无线电集团、广州天成医疗技术有限公司］等领域，拓展高端国际贸易。四是加强与市科创委等部门的联系，召开高新技术企业政策宣讲会，鼓励高新技术企业按照《高新技术产品出口目录》积极拓展出口业务。五是协同市商务委贸发处等部门，通过政策引导促使市场采购和旅游购物企业高新技术出口达到省厅的工作要求。

2. 以国家级基地建设为载体，加快机电产品提质增效创新发展

（1）充分发挥南沙自贸试验区政策优势，做好整车进口政策顶层设计。一是修订新的广州市促进整车进口资金管理办法，加强对招商引资、公共平台和促进活动等支持。二是学习天津和深圳等城市的成功经验，重点扶持具备综合服务能力的公共服务平台，为平行进口试点企业提供口岸通关、商检和融资等一站式服务。三是以市、区两级促进整车进口政策及广州市总部奖励政策为抓手，重点引进日产、斯巴鲁等汽车品牌经销商，通过对重点品牌商的走访和政策引导，鼓励更多国际知名的汽车品牌经销商在南沙开展业务，把南沙建设成为立足华南、辐射泛珠三角和影响全球的国际汽车贸易枢纽港。四是鼓励平行进口汽车试点企业和市汽车服务业协会与泛珠三角汽车销售主要地区合作共建销售网络，提升广州口岸汽车国际贸易对周边地区的辐射能力和区域资源配置能力。五是做大做强2017年11月的广州国际汽车展平行进口汽车展区，鼓励更多的参展商和采购商进入展区，争取更多的国际订单以提升国际影响力。

（2）加强国家级出口基地建设，形成园区、平台和企业一体化的产业发展格局。重点加快4个国家级出口基地建设，一是汽车出口基地方面。根据商务部安排，在广州召开国家汽车出口基地城市年会，学习兄弟城市先进经验，

提出加快广州市汽车出口基地建设的意见；加快现有 6 个汽车出口基地的建设，支持白云区汽车文化产业园等新基地发展，构建汽车整车、汽车零部件和汽车用品等全产业链，提升广州市汽车行业的核心竞争力；做好仁孚汽车中国总部、广汽菲亚特克莱斯勒等一批枢纽型、创新型项目的落地服务工作，并以其为契机吸引上下游配套服务企业落户广州市，进一步扩大产业规模；发挥广汽集团汽车工程研究院、东风日产研发中心等公共研发平台的作用，支持广州汽车集团股份有限公司、东风日产乘用车公司和北京汽车集团有限公司等 8 大整车骨干型生产企业及一批配套零部件企业集聚发展，提升国际市场竞争力。二是船舶出口基地方面。组团赴上海海事展学习，统筹谋划 2018 年广州国际海事展和 2019 年在广州举办的中国邮轮经济发展大会；加强与香港海事科技学会和香港船东协会的联系对接；引导广船国际有限公司、中船黄埔文冲船舶有限公司、广东粤新海洋工程装备股份有限公司和英辉南方造船（广州番禺）有限公司等船舶制造企业开发高技术含量和高附加值的船型，增强企业国际竞争力。三是摩托车出口基地方面。支持豪进、天马、大阳和三雅等摩托车品牌龙头企业发展，依托出口基地雄厚行业基础、产业链体系、物流枢纽等基础，促进企业培育区域性、行业性自有品牌。四是支持从化新材料基地进一步做大做强。

（3）积极开展国内外业务对接，提升企业国际市场竞争力。赴上海、江苏和郑州等先进省市进行学习。组织企业参加埃及国际汽车配件展览会、中东迪拜摩托车展等国际知名展会，提升广州市作为汽车、船舶、摩托车出口基地的国际影响力，帮助企业抢抓国际订单。组团参加台北国际电脑展等国际知名专业展；并拜访有意在广州市拓展机电、高新技术和加工贸易业务的重点企业，开展产业对接，帮助企业开拓国际市场。

3. 以珠宝钻石创新多种贸易方式为突破点，加快广州市加工贸易转型升级创新发展

重点抓好三个跃升：由一般国际贸易向枢纽型国际贸易的跃升；由传统加工贸易向新型保税贸易的跃升；由转型升级阶段向创新发展阶段的跃升。

（1）推动珠宝钻石优势产业跨越式发展，实现由一般国际贸易向枢纽型国际贸易的跃升。一是在毛坯钻石多种贸易方式进出境业务已经取得突破的基础上，以南沙自贸试验区为依托，进一步探索保税出区展示、保税暂存鉴定和境外挂牌交易等贸易新模式，为全国探索可复制可推广经验。赴瑞士、以色列和俄罗斯等国际著名珠宝钻石国家学习，进一步参与实施金伯利进程证书制度，支持沙湾珠宝产业园申报海关特殊监管区域，力争建立国家级的广州钻石

交易所和珠宝玉石交易所，全面提升广州珠宝钻石产业的国际话语权。二是积极推动斯里兰卡、泰国和印度等国在广州番禺设立珠宝钻石专馆，支持举办国际珠宝钻石看货会，邀请印度、斯里兰卡、以色列、安哥拉、刚果（金）和泰国等地供应商参展，推动国际珠宝钻石贸易的常态化和便利化发展。组织企业参加香港国际珠宝展。三是支持广州钻石交易中心、广东珠宝玉石交易中心与泰国宝石研究院等国际科研机构联系合作，与中山大学、新疆和田玉石交易中心和云南交易中心等国内研究机构和业界合作，形成覆盖全产业链的服务体系，构建国际珠宝钻石交易和综合服务平台。四是办好番禺珠宝文化节，擦亮番禺大罗塘"珠宝小镇"名片，利用其"下店上厂"的模式，引进国际买家和设计团队，争取相关扶持资金，打造广州珠宝产业转型升级和创新发展的升级；支持沙湾珠宝产业园、大罗塘珠宝小镇和从化"钻石之城"棋杆镇等产业集群发展，加强与番禺珠宝厂商会、大罗塘珠宝商会等行业商协会联系，支持举办产业论坛和高端珠宝钻石订货会等，促进国际商贸、会展和设计研发等综合服务集聚发展。

（2）以新模式新业态为重点，实现由传统加工贸易向新型保税贸易跃升。虽然，受全球产业转移、传统贸易方式转型等多重因素影响，加工贸易占全市外贸的比重已由高峰时期的2/3缩减到目前仅占1/3，但从国家改革的方向来看，自贸试验区创新发展政策中，包括平行进口汽车试点，最核心的政策优势依然是保税和国际中转。从国际先进城市发展的历程看，新加坡、香港和迪拜等国际贸易枢纽城市迅猛发展的关键在于充分发挥了保税和国际中转功能。因此，广州市加工贸易的工作重点必须紧扣"保税"。一是着力建设具有国际行业影响力的保税交易平台。二是与"工业4.0""中国制造2025"的产业发展趋势相结合，大力发展广州市加工贸易的特色领域，做到有所为、有所不为。三是利用"互联网＋"引导企业实现线上线下融合发展，促进加工贸易企业与新型商业模式和贸易业态相融合。四是要充分发挥海关特殊监管区域连接国际国内两个市场两种资源的作用，大力发展保税加工、保税分拨、保税物流和保税服务等多元化业务，增强内生发展动力，再创国际竞争新优势。

（3）出台全市加工贸易创新发展若干措施，实现由转型升级阶段向创新发展阶段跃升。要抓住加工贸易在广州落地生根、创新发展的关键环节。一是促进上下游企业集聚发展，重点发展加工贸易创新发展的示范基地和发展平台。巩固提升传统优势领域，重点扶持智能家居（巨大音响、松下电器）、眼镜及光学产品（卡尔蔡司、高科光学镜片）、潮流时装（南大地、捷进制衣）、时尚箱包（世门手袋、永新皮具）、卫浴（阿波罗、蒙娜丽莎、海鸥、健之杰、爵士）和灯光音响（浩洋电子和珠江灯光）等 7 大传统优势企业做大做强，通过支持企业引进先进技术设备、支持产品创新和研发设计，实现从初级加工生产向委托设计（ODM）与自主品牌（OBM）转变。二是加强营商环境建设和专业人才输送。加强出口超 1 000 万美元的 199 家加工贸易重点企业跟踪服务工作，特别是做好乐金显示、索尼电子、捷普电子和喜星电子等重点加工贸易企业的服务工作，引导其增资扩产，扩大业务规模。配合招商部门，做好富士康和西门子等项目落地的服务工作。三是鼓励加工贸易企业开拓内销市场，赴深圳前海、珠海横琴和东莞松山湖等地学习调研，组织企业参加加博会等展会，提升国内市场份额，推动广州加工贸易产业升级和创新发展，打造广州国际产业合作的制高点。

4. 以两个市场两种资源统筹规划为抓手，加快进口贸易促进工作创新发展

一是按照广州市委"三定"职能，牵头贯彻落实国家和省促进进口的各项政策，提出广州市加快进口的有关措施。加强对全市进口的运行分析和监测。充分用好用足国家和省《鼓励进口先进技术和设备目录》给予进口贴息的政策，大力引进数控机床、医疗仪器设备、船舶飞机汽车关键件和节能环保设备等先进技术设备。用好商务部《机电产品国际招标代理机构监督管理办法（试行）》，加强广州市机电产品国际招标代理机构的监督管理，做好广州市国际招投标的管理和服务工作。二是加快建设具有重大影响力的国际资源配置中心，培育商品国际化、集聚程度高、交易功能强和影响范围广的进口商品交易中心，促进广州市整合进口资源、优化进口布局，提升作为枢纽型网络城市和国际商贸中心的辐射力。重点建设和发展 5 大进口商品交易中心，即：先进技术设备和关键零部件进口商品交易中心（汽车及零部件、医疗器械、海洋工程等设备）；能源资源类进口商品储备交易中心（成品油、煤炭）；工业原材料进口商品交易中心（有色金属、钢铁、木材、塑料）；大宗农产品类进口商品交易中心（水果、花卉、水产品）；消费类进口商品交易中心（食品、红酒、化妆品、奢侈品、汽车）。三是支持建设进口商品交易中心，以及检验检测设施、交易展示、投融资服务公共平台和交易信息系统建设。四是吸引跨国公司在进口商品交易中心设立中国区域分销中心，重点支持和引入专业化和品牌化的运营管理企业。五是推进进口商品交易中心管理科学化和便利化。鼓励在有条件的进口商品交易中心内设立海关、检验检疫和税务等一站式便利服务。近期将重点争取国家商务部批准，在南沙自贸试验区先行先试开展进口二手车保税维修、拆解和再制造业务，通过体制机制创新，构建保税监管、专业拆解、再制造处理、拍卖定价、产品追溯系统和环保保障等完整的管理和服务

体系，力争将广州打造为国际重要的汽车零部件进口商品交易中心。

5. 以广州市商务委的中心工作和政策联动为导向，加快作风建设和业务工作两促进创新发展

（1）产业政策与相关政策联动。将机电与科技产业政策，与总部政策、服务贸易政策、跨境电商政策和融资租赁政策等融合。

（2）先进制造业与现代服务业联动。将汽车制造和汽车服务融合、船舶制造与邮轮经济融合、平行进口汽车与跨境电商融合、珠宝钻石加工设计与保税展示融合。

（3）产业工作与相关部门业务联动。一是商务委与发改委、工信委、科创委以及各区的机电与科技产业工作联动；二是机电与科技产业部门配合特种商业部门做好飞机租赁贸易工作，协同会展管理部门做好国际汽车展、摩托车展的组团参展工作等。

（4）政治学习与业务促进联动。一是突出目标导向，落实任务清单。增强政治意识、大局意识、核心意识和看齐意识，打造开拓创新、勇于担当、干在实处和团结向上的工作作风。二是建立创新型的团队。定期开展科技、创新、开放型经济等专题集体学习，深入基层和企业调查研究，抓好运行分析和监测，做到改革有新思路、创新有新举措、发展有新动力。

广州市船舶（含邮轮）产业招商
三年行动计划的思考①

发展船舶（含邮轮）产业，是广州市建设枢纽型网络城市、助力国际航运中心建设的重要举措。进一步加快船舶（含邮轮）产业的发展，将有利于实施"中国制造2025"战略，加快发展邮轮建造等高端制造业，提升服务业国际化水平，促进广州市开放型经济发展。为发挥广州作为国家船舶出口基地的优势，加快做大做强船舶（含邮轮）产业，拟制订广州市船舶（含邮轮）产业招商三年行动计划（2017—2019）。

一、指导思想

贯彻落实习近平总书记对广东工作做出的"四个坚持、三个支撑、两个走在前列"重要批示，树立"创新、协调、绿色、开放、共享"的发展理念，以广州市建设国家船舶出口基地为重要载体，以发展国际邮轮产业为突破口，以粤港澳大湾区发展战略为契机，先行先试，开拓创新，全面提升广州市船舶（含邮轮）产业国际化水平，增强广州市国际商贸中心的全球辐射力。

二、发展目标

依托广州市船舶（含邮轮）龙头企业、机构的国际资源和全球网络，大力开展产业发展工作，力争用3~5年时间，形成船舶（含邮轮）研发设计、生产制造、运营服务的现代产业体系，加快广州市船舶（含邮轮）产业集聚和创新发展，培育广州市开放型经济新的增长点，打造加快广州国际航运中心建设的重要战略支点。到2020年，建立起较为完善的高端船舶与海洋工程装

① 此报告由笔者和广州市商务局机电与科技产业处王媛、陈沫君同志共同于2017年11月撰写。

备产业配套体系，实现总产值突破 1 300 亿元；到 2025 年，产业创新能力进一步提升，产业关键技术得到突破，实现总产值 2 000 亿元。

三、工作措施

（一）成立工作领导小组

成立广州市船舶（含邮轮）产业招商工作领导小组（以下简称"领导小组"），由市商务委主要领导担任领导小组组长，分管委领导任副组长，重点区、龙头企业及相关行业商协会、高校、服务机构等组成成员单位，加强统筹规划，制订行动计划，开展产业促进和业务对接，协调解决存在的问题。领导小组办公室设在市商务委，负责日常协调工作。

（二）制定招商目标库

依托广州广船国际股份有限公司、中交集团股份有限公司、广州港集团有限公司等龙头企业带动，联合全国邮轮设计联盟、华南理工大学、广东造船工程学会、广东省船舶工业协会、广州奥驰展览服务有限公司等单位，瞄准广州市船舶（含邮轮）产业相关的全球船舶及配套企业，开展靶向产业对接，制定《广州市船舶（含邮轮）产业招商目标库》，重点开发生产高技术含量和高附加值的豪华邮轮、客滚船、半潜船、大型矿砂船（VLOC）、特种船（科考船、公务船、军辅船）、极地船舶系列等，重点发展船舶设计、船舶推进、船舶电气、船舶通导、船舶系统、船舶舾装、船舶内装和邮轮船东八大领域，结合广州市船舶（含邮轮）龙头企业开展对配套企业的精准产业招商促进工作。引导企业加快节能环保技术应用，开展无人船等新产品的研发，推动广州市装备制造企业、新材料企业参与船舶企业的智能和环保领域的升级改造，提升产业发展水平。

（三）制定三年工作路线图

明确三年的工作目标和工作进度，加快引入产业链的核心企业项目落户，形成完善的产业配套体系。2017 年，制定《广州市船舶（含邮轮）产业招商目标库》，赴上海等先进城市学习调研，提出三年发展目标和工作保障措施，做好船舶（含邮轮）园区规划建设，完善投资环境配套；2018 年，以国际知名邮轮公司和邮轮制造环节的核心零部件配套企业为目标，通过外引内联，力促项目落户广州和业务对接；2019 年，通过加大招商引资力度和以商引商，形成较具规模的产业链。

（四）构建一核三区的产业发展格局

加快形成以南沙区为核心，以黄埔、番禺和海珠区为一体的国际化船舶（含邮轮）产业集群。南沙区招商侧重以广州国际邮轮母港为载体，拓展国际航线邮轮业务，推进粤港澳游艇自由行，推动免税购物、船舶展览交易、国际论坛、滨海旅游在内的高端服务业集聚发展；以中船集团龙穴造船基地为龙头，重点发展豪华邮轮、远洋特种船、大型港口作业机械与深水航道建设工程机械等船舶及海工装备研发制造；在大岗临港高端装备技术产业基地规划建设船舶海工配套产业园，引进国内外高端游艇研发制造、船舶核心零部件研发制造、船舶智能及节能环保装备研发生产企业并形成集聚；利用明珠湾区、龙穴岛航运服务集聚区等高端载体，引进船舶企业总部以及船舶设计、船舶融资租赁、人才培训等高端产业。黄埔区侧重中小型邮轮（7.5 万吨以下）母港码头、国际航运服务业、港口生活区、船舶（含邮轮）产业总部经济区、船舶建造业、海丝文化博览产业及其带动的国际贸易相关产业、以南海神庙和黄埔军校为中心的旅游服务业等的招商。海珠区侧重以中交集团、中交四航局等龙头企业为引领，开展船舶设计、邮轮运营等配套服务招商。番禺区侧重高附加值、高技术含量的核心零部件和海洋工程装备制造产业的招商和引进。

（五）组建船舶（含邮轮）产业联盟

搭建船舶产业发展和交流平台，汇集船舶（含邮轮）产业的研发、设计、制造和运营等核心环节以及船舶维修、船舶供给等配套服务领域的龙头企业，组建产业联盟，促进行业内的协同合作、优势互补，助力广州市船舶全产业链完善和发展，加强广州市船舶（含邮轮）产业的国际竞争力。联盟下设船舶制造专业委员会、邮轮服务专业委员会，分别负责相关领域的产业发展规划、会员企业召集和组织、举办相关的产业促进活动等。

（六）开展精准产业招商

1. 靶向招商

对标德国、意大利、挪威、芬兰、美国、新加坡和希腊等世界一流的造船国家，按照《广州市船舶（含邮轮）产业招商目标库》及广州市龙头企业实际需求，开展船舶（含邮轮）产业招商推介和促进活动；锁定船舶（含邮轮）

招商产业重点目标企业，推介广州市产业扶持政策，组织企业与其对接，鼓励其来广州投资创业和拓展业务。

2. 展会招商

组织广州市企业参加世界第二大的海事展——2017 年 12 月举办的上海国际海事展、世界第一大的海事展——2018 年德国汉堡国际海事展等重点国际专业展，与参展的主要国家开展船舶（含邮轮）产业对接及重点招商目标"一对一"洽谈；赴上海外高桥造船厂调研学习中外合作建造邮轮的经验和模式，以及产业配套的情况；赴瓦锡兰（中国）有限公司，争取利用其船舶推进系统方面领先的技术助力广州市船舶产业发展；拜访皇家加勒比、嘉年华、诺维真、地中海等主要邮轮公司中国总部，探讨其在穗设立独立法人公司等事宜。办好 2018 年广州国际海事展，发挥主场优势，新设邮轮展区，邀请知名外企参展。探讨利用每年一届的南沙国际游艇展和帆船比赛以及 2018 年 1 月沃尔沃环球帆船赛等促进活动，开展联合展会招商。利用广州市 2017 年 12 月举办全球财富论坛的机遇，与来穗参会的全球船舶（含邮轮）产业相关企业高层开展业务对接。

3. 以商引商

形成《广州市船舶（含邮轮）企业名录》，依托广船国际、新船重工、英辉造船、粤新海工等广州市龙头企业的示范作用，助力广州市企业利用其场地与国外船舶（含邮轮）龙头企业合资合作，引导船舶（含邮轮）产业的研发、设计、建造和运营等高端环节落户广州，打造高端高质高效的现代化产业体系。

4. 联动招商

一是市、区两级联动，调动南沙、黄埔等区出台的"1＋1＋N"政策与广州市政策有机结合，开展产业招商。二是第二、三产业联动，大力支持发展本土邮轮市场主体，推动中国企业在穗设立邮轮公司，拓展以广州为母港的特色旅游航线，并利用邮轮产业带来的人流和资金流，围绕广州及其周边地区的旅游资源进行整合、开发、串联和推介，形成邮轮旅游、服务、餐饮等产业的规模集聚效应和增值效应，做大做强广州邮轮产业。三是中介专业机构联动，发挥全国邮轮设计联盟、中国船级社广州分社、广东造船工程学会、广东省船舶工业协会等中介专业机构的积极性，通过他们广泛的国际化会员资源开展招商。

（七）开展国际化合作

全面参与粤港澳大湾区建设，创新区域合作模式。以广州市为龙头，统筹谋划珠海、中山等地在船舶和海洋工程装备制造、航海等相关产业资源合作，加强与中山、珠海商务主管部门、重点企业的联动，探索形成"以广州总部，珠海和中山生产配套"的船舶（含邮轮）产业协作发展格局。组织广州市企业参加中国汽车及船舶用品（澳门）展览会等国际专业展，以港澳为平台加强与行业顶级龙头企业的对接合作。

四、保障支持

（一）出台配套政策

1. 修订《关于加快广州国际邮轮产业发展的若干措施》

重点增加对邮轮公司设立独立法人公司开展业务以及邮轮（含豪华客滚船）的研发、设计和建造等的支持，推动本土大型国有企业发展壮大，鼓励民营企业积极参与邮轮产业的建造和设计，形成规模化效应。支持企业在船舶研发、设计等环节拓展国际合作。

2. 鼓励企业设立综合型总部、地区总部和职能型总部

鼓励船舶（含邮轮）企业及其配套服务企业在广州投资创业，增资扩股，拓展国际贸易。对在广州设立总部且符合广州市政府发展总部经济有关扶持政策要求的企业，给予相应的支持。

3. 鼓励船舶融资租赁业发展

通过国际船舶融资租赁论坛等活动，开展船舶企业与金融融资机构对接，创新合作模式，扩大业务规模。对符合《广州市关于进一步加快融资租赁业发展工作方案》《广州市融资租赁业发展资金管理办法》的企业，给予相应的支持。

（二）加大人才支持

完善国际化人才引进制度，综合运用市、区两级高层次人才认定和人才绿卡政策服务配套等实施办法，鼓励有条件的区对引进产业管理和技术高层次人才创业、安家、居留便利和子女入学等方面给予相应的支持。加强与华南理工

大学和广州航海学院等高等院校合作，利用其高校以及国际资源培养船舶（含邮轮）研发设计、生产制造、维修保养、航海技术、轮机工程和海事综合服务等各类人才，打造综合人才培养体系。三年里争取培养有硕士、博士学历的邮轮设计专业人才 10 名，并联合龙头船舶企业和落户广州的外资或合资专业设计公司培育 2 个专业设计团队。

（三）加强宣传推介

利用作为中国三大船舶展览会之一的广州海事展的平台优势，大力展示广州市船舶（含邮轮）相关产业的发展成果和投资前景，与参会国外船企高层商讨来广州投资创业和拓展业务的商机。结合广州举办 2019 年中国邮轮发展大会广州国际投资年会和达沃斯论坛"广州之夜"等高端推介活动的机遇，展示广州市船舶（含邮轮）相关产业的技术成果（船模、图片）和投资环境等，开展与国外船企高层对接，吸引全球船舶（含邮轮）相关企业来广州投资创业。支持全国邮轮设计联盟及相关企业在广州市设立邮轮建造和装修的样本间，支持企业参与船舶（含邮轮）产业的相关标准制定。

（四）优化营商环境

加快"单一窗口"和大通关建设，对符合条件的船舶（含邮轮）企业给予便捷通关服务，推动"互联网＋政务"创新发展，提高行政效能和审批效率。加强知识产权保护，加大对知识产权违法行为的查处和处罚力度，支持企业参与行业标准制定。充分发挥行业协会、商会在政府、企业和行业之间的桥梁作用，营造创新创业的良好环境。

加快建设广州南沙平行进口汽车贸易枢纽港的思路和对策^①

汽车进口贸易是一个城市国际化程度和港口发展水平的重要标志，广州是全国重要的整车进口口岸。自 2015 年国务院批准在广东自贸试验区南沙片区开展汽车平行进口试点业务以来，经过近 3 年的努力，2017 年广州南沙口岸汽车进口首次突破 1 万辆，当年进口汽车到港 13 688 辆（其中平行进口13 248 辆），同比增长 59.93%，跃居成为全国第二大和南方地区最大的平行进口汽车口岸。

一、广州南沙建设平行进口汽车贸易枢纽港的重要意义和基本条件

（一）平行进口汽车贸易基本内涵和国内发展情况

1. 平行进口汽车贸易基本内涵

平行进口汽车贸易是指在汽车生产厂商授权销售体系之外，由除总经销商以外的其他进口商从境外直接订购进口汽车，引入中国市场进行汽车销售。由于平行进口汽车渠道与中规车（即专门生产销往中国、适应中国交通法规的商品车）进货渠道相"平行"，因此称为"平行进口汽车"。

平行进口汽车的主要特点，一是性价比较好，平行进口汽车绕过了总经销商、各地区经销商等销售中间环节，且平行进口汽车经销商不受厂商统一定价的限制，因此在价格上有较大优惠；二是车型款式和配置都比中规车更丰富；三是由于省去不少销售中间环节，消费者提车时间更早。

发展平行进口汽车贸易，有利于优化汽车供给侧结构性改革，增强进口汽

——————————

① 此文是笔者与广州市商务委机电与科技产业处陈沫君共同编写，在广州市社科院《广州蓝皮书·广州经济发展报告（2018）》上登载。

车市场活力，为中国消费者提供更多车型选择，并带动汽车相关产业的转型升级，受到汽车行业和消费者的普遍欢迎。2014年，商务部发布了《关于中国上海自由贸易试验区开展平行进口汽车试点有关问题的复函》（商建函〔2014〕869号），国家工商总局发布了《关于停止实施汽车总经销商和汽车品牌授权经销商备案工作的公告》（工商市字〔2014〕145号），鼓励发展汽车平行进口新业态。

2. 国内主要地区平行进口汽车贸易发展情况

2014年10月，国家批准中国（上海）自由贸易试验区率先在全国开展平行进口汽车试点，为全国提供可复制、可推广的制度创新模式。上海市出台了相应的鼓励政策和便利化措施，建立数据交互共享的平行进口汽车公共服务平台，构建平行进口汽车质量追溯体系，对平行进口汽车试点企业采取优化事前入境验证流程、强化事中事后联合监管，有效促进平行进口汽车贸易的发展。2015年8月，国家第二批批准了天津、广东（广州南沙和深圳前海）和福建（福州和厦门）在自由贸易试验区内开展平行进口汽车试点。2016年9月，国家第三批批准了四川省成都国际铁路港、新疆维吾尔自治区（阿拉山口口岸和霍尔果斯口岸）、大连市保税区和宁波市梅山保税港区开展平行进口汽车试点。2017年2月，国家第四批批准了内蒙古满洲里口岸、江苏张家港保税港区、河南郑州铁路口岸、湖南岳阳城陵矶港、广西钦州保税港区、海南海口港、重庆铁路口岸和青岛前湾保税港区开展平行进口汽车试点。至2018年，全国汽车平行进口试点地区已达16个省市，呈现先行先试多元化开放发展的新格局。全国平行进口汽车试点企业共100家，其中上海12家、天津35家、广州11家、深圳4家、厦门5家、福州11家、宁波5家、大连5家、新疆5家、新疆兵团2家、四川5家。其中，天津目前已有500多家平行进口汽车企业、3家大型汽车城和13个汽车保税展厅，平行进口汽车量占全国75.6%，居全国首位。

（二）广州南沙具备建设平行进口汽车贸易枢纽港的良好条件

1. 南沙平行进口汽车贸易枢纽港基本情况

广州南沙汽车码头位于南沙自贸试验区海港区块的沙仔岛，沙仔岛占地面积3.11平方公里，其中南沙汽车码头42.33万平方米，岸线623米，建有3个3万吨级汽车船专用泊位；码头陆地面积43万平方米，堆场面积45万平方米（其中露天37万平方米，室内8万平方米），可同时停放2万辆汽车，年通过能力达 100 万辆汽车，是目前亚洲最大、设施条件最好的汽车滚装专业性码头之一。码头内建有多层保税展示仓，首层的平行进口汽车展览中心占地 1.2 万平方米，是中国南方最大的平行进口汽车展览中心。

2. 南沙发展平行进口汽车贸易枢纽港的优势

广州是中国重要的中心城市、国际商贸中心和综合交通枢纽，广州港是全球 10 大港之一，已开通外贸班轮航线 89 条，建立国际友好港 40 对，枢纽网络发达。南沙汽车码头是广州国际航运中心的重要战略支点，依托南沙自贸试验区政策优势，按照南沙国际汽车物流产业园规划部署，加快南沙片区海港区块（沙仔岛）和南沙汽车出海大通道建设步伐，整合优势资源，实现汽车物流的水陆多式联运，形成集整车进口贸易、检验检测、展示销售、维修保养、定制改装、物流配送、金融服务和零配件销售等全产业链的集散中心和交易中心，打造成为华南地区最具规模的平行进口汽车贸易枢纽港。

3. 旺盛市场需求的带动

广州市是千年商都，2017 年全市地区生产总值逾 2 万亿元，人均 GDP 超过 2 万美元，外国驻穗总领事馆 60 个，与 70 个国际城市结为友好城市。广州位居粤港澳大湾区核心，具有汽车产业集聚、市场辐射力强和营商环境优越等优势，以广州为中心的珠三角地区是中国汽车消费能力最强的区域之一，南沙平行进口汽车贸易枢纽港为旺盛的市场需求提供了强大的支撑。

4. 平行进口汽车的支持政策

广州市商务委联合南沙自贸试验区管委会出台了市、区两级财政扶持政策，从 2016 年起连续 3 年对南沙自贸试验区整车进口业务、新注册企业、服务平台、汽车检测和合规性整改设施等方面给予支持和鼓励。广州市还出台了总部经济政策，包括设立总部企业落户奖、经济贡献奖和办公用房补贴等，大力促进平行进口汽车贸易发展。南沙区出台了南沙新区（自贸片区）"1 + 1 + 10"产业政策体系，对外贸航线、经营贡献、企业落户、物流仓储和人才等方面给予扶持，加快把广州南沙打造成高水平的对外开放门户枢纽产业新高地。

二、广州南沙平行进口汽车贸易现状分析

（一）广州南沙平行进口汽车贸易发展现状

1. 注重顶层设计保障机制有力

广州市成立了市领导任组长的广州市促进整车进口汽车试点工作领导小组（领导小组办公室设在市商务委），还专门成立了由市商务委和南沙区管委会牵头，海关、商检和口岸等单位组成的现场应急工作小组，构建口岸现场、南沙区和市级单位的三级应急工作机制，形成对进口汽车大项目和新项目在广州开展业务的快速跟踪、协调、处理和通报机制，提升通关通检的便利性。

2. 积极招商引资取得较好成效

由市领导和市商务委主要领导带队，联合南沙区、海关、检验检疫和广州港等单位，赴北京、上海和天津等地开展重点企业走访工作，走访庞大集团、天津平禄、中进汽贸、青岛世莫奇和福建平行进口汽车公司等知名企业，以市和区两级促进整车进口政策、总部经济政策和提供通关便利化解决方案，向企业宣讲政策并答疑解惑，提振企业在南沙口岸开展业务的信心。成功引进天津三大平行进口汽车企业之一的天津平禄电子商务有限公司，天津金港和英莲帮公司等行业资深企业也纷纷在南沙拓展业务。2017 年广州南沙口岸进口车型包括宾利添越、玛莎拉蒂莱万特、英菲尼迪 QX80、保时捷 918 等全球顶级豪华车，开展汽车进口贸易的企业已达 78 家，比 2016 年度增加了 40 多家。2017 年进口超 1 000 辆企业 4 家，超 100 辆企业 20 家，企业遍及大连、天津、青岛、厦门、新疆、宁波、重庆、贵阳、深圳和东莞等全国主要进口汽车销售省市及地区。为拓展泛珠三角地区业务，2017 年 12 月，市商务委联合南沙自贸试验区、市汽车服务业协会、海关和商检等部门，主动上门，在贵州、江西（赣州）分别举办平行进口汽车政策宣讲暨业务对接会。其中，贵州贵安新区合一和润汽车贸易有限公司被授牌"南沙平行进口汽车示范基地"，成为促进南沙平行进口汽车直销泛珠三角地区的重要平台。

3. 进口汽车配套产业链初具规模

截至 2017 年年底，广州市已获国家商务部批复的平行进口汽车试点企业有广州汽车集团进出口贸易有限公司、广州广爵汽车销售服务有限公司、广州缘喜商贸有限公司、广州金港汽车国际贸易有限公司、广州庆骏汽车商贸有限

公司和广州顺销汽车贸易有限公司等 11 家。南沙口岸已形成包括合规整改、金融保险、中转保税、展示销售和短驳转运等业务的配套产业体系，各类配套服务企业达 30 多家（其中汽车报关类企业有 6 家，合规整改类企业 2 家，金融保险类企业 4 家，同业担保类企业 5 家，展示销售类企业 11 家，配套运输类企业 4 家），配套产业链不断完善，汽车进口集散和物流通关日益畅顺。

4. 通关通检效率走在全国前列

南沙检验检疫局开设了"智检平台"预约报检，启动进口汽车全球溯源新举措，保证了南沙平行进口车货源的真实性，并实现精准监管和快速验放，做到当天报检，当天查验，当天出证。广州市平行进口汽车试点企业均具备与经营规模相适应的售后服务网点及设施，试点企业严格做好平行进口汽车注册登记，所进口的汽车符合国家规定的强制性产品认证（CCC）和我国现行排放标准，所有进口汽车可溯源，试点企业作为质量责任主体，依法履行质量保障和售后服务等义务。广州海关支持整车国际中转业务，推行 24 小时预约通关和汇总征税新模式，汽车进口的保税延时中转（DIT）模式走在全国前面，并启动了进口汽车同业担保新模式，解决中小企业申办海关税款担保难题。市公安局交警支队实施了平行进口汽车上牌便利规程，车主只要预申报相关材料齐全最快 3 天就可上车牌。广州港集团南沙平行进口汽车展览中心于 2017 年 4 月正式启用，实现海关、商检、口岸和保税展厅一体化运作。市商务委、南沙口岸、港口和市汽车服务业协会等单位联合每月办一场宣传推介活动，并及时解决企业在通关、商检、融资、物流、仓储和展贸等方面遇到的新问题，使南沙汽车进口业务蒸蒸日上。

5. 扶优扶强支持企业发展

每季度召开试点企业座谈会，引导企业加快开展汽车进口业务。发挥市汽车服务业协会的作用，成立平行进口汽车专业委员会，使试点企业抱团扩大进口车源渠道，加强企业信息和资源互补，扩大汽车进口业务。市商务委组织召开试点企业与广州银行、广州农商银行等金融机构融资业务对接会，使平行进口汽车试点企业的授信额度从 2016 年 6 月的 1 亿元增加到 2017 年年底的 6.85 亿元，授信银行也从广州银行 1 家扩大到 5 家（广州银行、广州农商银行、中国银行、汇丰银行和平安银行），有效缓解了平行进口汽车试点企业银行授信不足的融资难问题。根据商务部工作要求，坚持优胜劣汰原则，对长期不开展业务的试点企业进行了清理，并积极争取商务部增加广州市平行进口汽车试点企业的数量。

6. 举办平行进口车展，提升国际影响力

由市商务委和南沙区管委会主办、市汽车服务业协会协办的2017年第15届广州国际汽车展增设平行进口豪华车展区，呈现4个主要特点：一是参展进口汽车都从南沙口岸报关进口，并经出入境检验检疫部门查验，车源全球可溯。二是参展9家企业素质高，都是经商务部批准在南沙自贸试验区注册的平行进口汽车试点企业，以及车源来自上述试点企业的部分汽车经销商。三是展出车型新、奇、特和个性化强，包括最新款的丰田霸道、奔驰GLS450、保时捷918、普京总统座驾奔驰迈巴赫S600 Pullman和路虎揽胜加长版5.98米全球限量版等，深受观众喜爱。四是展区面积和入场观众均创新高，展区面积达1 600平方米（2016年为1 300平方米），到场观众6万多人，组展方精心组织、多方协调，从平行进口汽车展区归入主展馆A区，提供观众知识普及、宣传推介、地铁和展场观众引导、业务对接会等，使展会达到很好的效果。车展期间共成功交易豪华车80辆，成交金额近8 000万元，意向购车客户约2 000人。广州市温国辉市长巡视了广州国际汽车展平行进口汽车展区并给予高度评价，强调要着力营造良好的营商环境，提升广州南沙口岸平行进口汽车贸易的辐射力。商务部外贸司和市场建设司领导率国家八部委调研组来广州检查汽车平行进口工作时均给予高度评价。

（二）制约广州南沙汽车进口贸易发展的主要问题

广州市虽然平行进口汽车工作起步晚且进步较快，但与天津等先进城市相比、与作为枢纽型网络城市的发展地位相比，仍存在较大的差距。主要表现在：

1. 政策支持体系尚未全面建立

虽然广州市和南沙区分别出台了促进南沙口岸汽车进口扶持政策措施，但仅是从资金方面对进口汽车给予奖励，没有真正建立起完整的平行进口汽车贸易政策支持体系，也没有制订专门的中长期发展规划。相比之下，天津市政府出台了《关于支持开展平行进口汽车试点工作若干措施》，天津市商务委联合相关部门出台了《中国（天津）自由贸易试验区汽车平行进口试点管理暂行办法》《天津自贸试验区平行进口汽车检验监管管理规定》《试点企业考核实施细则》和《2017年度天津市支持汽车平行进口发展项目申报指南》等政策措施，通过较完整和配套的政策体系激发了市场活力。2017年天津市平行进口汽车10.3万辆，列全国第一位，占全国平行汽车进口总量的75.6%。广州市亟待加快建立平行进口汽车相关的配套政策支持体系，为扩大汽车进口贸易提供有力的保障。

2. 试点企业数太少，进口后劲不足

目前我国四大自贸试验区认定的 78 家汽车平行进口试点企业中，天津 35 家，上海 12 家，福建 16 家，广东 15 家（其中广州南沙 11 家，深圳前海 4 家）。虽然 2017 年广州市平行进口汽车数量列全国第二，但是，与列全国第一位的天津市相比，广州市的试点企业数和平行进口汽车数量都差距甚大，目前广州市申请试点资格的企业较多，亟待尽快争取商务部支持加以解决，以形成新的增长点。

3. 平台建设和强制性产品认证严重落后使进口成本较高且外贸数据流失

天津市平行进口汽车主要通过供应链平台公司运作，平台公司集中组织车源、开具信用证、代缴关税和录入环保目录，交付给贸易企业的进口车辆均已办结报关和报检手续，通过供应链平台申请车型的强制性产品认证（CCC）较为便利且集中交付汽车有较大的价格优势。但目前南沙试点企业基本上没有平行进口汽车的强制性产品证书，需要向天津和大连等地的 CCC 证书持牌人进行申请录号，认证成本大大高于天津。而且，因为广州市的试点企业采用其他城市的平台公司代开信用证方式进行海外购车，造成广州的外贸统计数据流失到其他城市，2016 年南沙进口汽车口岸数能体现在广州外贸数的仅占 1/10，2017 年虽有所改观但体现在广州外贸数的也仅占 1/3。

4. 售后服务保障体系亟待完善

广州市虽然把平行进口汽车作为中规车市场的补充，以价格较低和车型选择多等优势吸引了许多消费者，但因平行进口汽车未得到总经销商和海外厂商的授权，平行进口车消费者很难享受到中规车的经销商以及全国设点 4S 店那样较好的售后服务待遇。而且，零配件采购方面也因为平行进口车多数是小批量进口，难以大批量进口零配件，造成售后成本比中规车高。

5. 汽车进口贸易融资难的问题未能根本解决

由于广州市汽车平行进口的试点企业大部分是中小型企业，银行授信额度严重不足，平行进口汽车供应链融资难的问题仍未根本解决，使许多试点企业虽有市场订单也因资金不足而无法做强做大。而且，平行进口汽车担保机制的市场化活力不够。

党的十九大报告指出，中国社会的主要矛盾已转变为人民日益增长的美好生活需要和不平衡不充分的发展之间的矛盾。平行进口汽车以"新、奇、特"、个性化强和性价比高的特点，深受广大车迷和消费者的欢迎，这是向往美好生活的有力证明。广东省约占全国进口汽车消费总量的1/4，同时珠三角地区是全国消费能力最强的地区之一。因此，广州市要充分利用好国家赋予南沙自贸试验区平行进口汽车的政策优势和位于粤港澳大湾区核心的区位优势，抓住机遇，加快发展，做大做强平行进口汽车业务，在促进广州市外贸进口和满足泛珠三角地区市场需求的同时，加快提升南沙作为汽车进口贸易枢纽港的地位。

三、发展广州平行进口汽车贸易枢纽港的思路和对策

按照广州作为国家重要的中心城市和枢纽型网络城市的发展战略，贯彻落实商务部等国家八部委《关于促进汽车平行进口试点的若干意见》（商建发〔2016〕50号）和广州市政府《广州市先进制造业发展及布局第十三个五年规划》的部署，充分发挥国家赋予南沙自贸试验区先行先试的政策优势，以提升广州市汽车进口贸易国际竞争力和辐射力为目标，抓机遇，补短板，对标先进城市，加快招商引商，创新发展模式，优化营商环境，力争到2020年，广州平行进口汽车数量达3万辆，比2017年翻一番；到2025年，广州平行进口汽车数量占全国进口总额的1/3，形成"北有天津、南有广州"的全国汽车平行进口发展格局，把广州南沙打造成为立足华南、辐射泛珠三角和影响全球的国际重要平行进口汽车贸易枢纽港。

（一）制定促进广州市汽车进口贸易发展的若干意见

充分发挥广州市促进整车进口汽车试点工作领导小组和现场应急工作机制的作用，尽快制定促进广州汽车进口贸易发展的若干意见和中长期发展规划，以市、区两级促进整车进口政策及广州市总部奖励政策为抓手，大力吸引国际知名汽车品牌经销商在广州投资落户。加快南沙沙仔岛的广汽商贸综合体和太平洋国际汽车城等进口贸易园区的建设，拓展自贸试验区国际中转保税功能，使之成为招商引资和扩大进口的重要载体。进一步优化南沙口岸的营商环境，提升平行进口汽车国际影响力。

（二）重点引进骨干型汽车进口企业

有针对性地加大招商引资力度，由市领导带队，市商务委、口岸办、海关、检验检疫、港口和重点汽车企业等单位组成专项工作小组，赴北京、天津

和上海拜访世界 500 强、重点汽车进口企业和汽车品牌服务商，吸引其落户广州，以龙头企业为带动引领，进一步吸引上下游配套服务企业落户广州。对在广州新注册设立的企业，设立当年度在广州口岸进口汽车整车超过 500 辆（含 500 辆）的企业，给予一次性的奖励。加快完善产业集聚，扩大产业规模。依托国家级汽车研究院所的研发能力，做好对重点跨国公司的以商引商、安商稳商工作，支持骨干型生产企业及配套零部件企业集聚发展，提升国际市场竞争力。积极争取商务部大力支持，增加广州市平行进口汽车试点企业资格的额度，为招商引资和扩大进口提供有力保障。

（三）进一步增强南沙口岸汽车进口的枢纽型功能

加快引进平行进口汽车"一条龙"服务的平台公司，提高资源配置水平。利用平台公司组织车源、银行授信、代缴关税、通关报检以及申请车型 CCC 认证较便利且集中交付汽车的价格优势，帮助中小贸易企业打通进口环节、拓展市场，形成广州市平行进口汽车产业链，并使进口汽车口岸数能更多地体现在广州外贸统计数上。组织试点企业参加中国三大车展之一的广州国际汽车展、南沙平行进口汽车展等国际展会，强化南沙作为汽车零部件进口商品交易中心及枢纽功能。对建设面积超过 1 万平方米的大型进口汽车及零部件综合展贸平台的企业，开业运营后给予一次性奖励。对举办进口汽车展览会，以及参加国际汽车进口展览会的企业，给予一定的展会补贴。加大南沙自贸试验区政策推介，积极推动在泛珠三角经济较发达地区开设南沙平行进口汽车直销网络，将目前市场上多从天津等北方港口平行进口的汽车，通过政策和市场引导，更多地转为从南沙进口，以加快提高南沙口岸汽车进口规模。通过开设泛珠三角地区南沙平行进口汽车直营店，拓展汽车进口销售渠道，打造南沙平行进口汽车品牌分销中心。通过与广州周边地区的汽车行业协会、进口汽车贸易商合作，在周边地区举行小型的平行进口汽车展销会，以实惠的价格和健全的市场管理来推介南沙平行进口汽车，提升南沙平行进口汽车品牌在泛珠三角地区的市场竞争力。

（四）进一步提高平行进口汽车贸易便利化水平

加快建立广州平行进口汽车及零部件采购交易中心建设。引导符合条件的整车进口企业享受预审价、汇总征税等通关便利化措施。落实各项减免税费政策，使广州口岸整体收费标准低于国内其他政策进口口岸。加大对跨国整车进口企业总部、区域总部、结算中心及大型汽车销售集团的招商力度，采取

"一企一策"方式，加大对海外货源、远洋航线、汽车金融、零配件供应、售后服务和仓储物流等企业的招商力度，实现产业集群和规模经营。

（五）创新汽车进口贸易和售后服务保障新模式

学习天津融资供应链的先进经验，建立广州市平行进口汽车融资促进的模式，解决企业融资难的问题。放宽金融机构对平行进口汽车经销商的授信限制，加大授信力度，使平行进口汽车经销商通过抱团合作，以社团的名义获得金融机构授信，做大做活汽车供应链融资。积极尝试搭建 O2O 汽车平行进口电商平台，拓展销售渠道新模式。鼓励有实力保险经纪公司及人保、平安、太平洋等主要保险公司与平行进口汽车企业共同签署"共保体"协议，提供平行进口汽车质量保险，完善平行进口汽车"三包"质保及售后服务保障体系；鼓励试点企业采用三包险、投保保险代理机构、同业共保、区域联保和企业售保基金等多种手段构建覆盖全国的售后服务网络。

（六）制定试点企业动态管理制度

以公开、平等、竞争和择优的原则开展对试点企业的认定工作。由市商务委、南沙自贸试验区南沙片区管委会同海关、商检、口岸、港口和行业协会等部门进行试点企业的认定工作。制定广州市平行进口汽车统计制度。对试点企业实行分类管理，按信用风险等级分为良好、合格、失信和严重失信四个类别，实施从试点企业准入到退出的全过程信用监管。对诚信企业提供预约检测服务、降低现场查验比例、简化市场准入报检手续等便利化服务。制定平行进口汽车试点企业动态调整管理办法，组织相关部门和行业专家对企业上年度进口汽车业务进行综合评价，在商务部批复的广州市试点企业总量内按照能者上、庸者下的原则，对上年度综合评价较差的试点企业取消试点资格；对上年度综合评价较高的非试点企业择优报商务部同意后认定为试点企业。对存在下列情形之一的试点企业，将取消平行进口汽车试点资格：一是上年度没有进口汽车实绩的；二是上年度进口实绩少且综合评价较差、列末位的；三是不具备售后服务保障能力的；四是拒不履行售后、三包及召回义务，存在偷税漏税，伪造、变造、买卖许可证，进口旧车、拼装车及非法改装车等行为的；五是违反商务部、海关和检验检疫等部门平行进口汽车相关管理规定并造成严重后果的。健全对试点企业优胜劣汰的动态管理机制。

（七）先行先试创新进口汽车产业链

争取商务部批准在广州南沙自贸试验区先行先试开展境外汽车及零部件资

源再利用试点，借鉴美国和日本等国家的先进经验和模式，开展进口二手车保税维修、拆解和再制造业务，通过体制机制创新，构建保税监管、专业拆解、再制造处理、拍卖定价、产品追溯系统和环保保障等完整的管理和服务体系，力争打造国际重要的汽车零部件进口商品交易枢纽。进一步整合和拓展集整车采购、装备、通关、仓储、查验、检测、维修保养和金融保险等业务于一体的平行进口汽车全产业链模式，为中小汽车贸易商提供一揽子解决方案，提高客户满意度。加快推进南沙汽车码头平行进口汽车交易中心建设，打造全球进口品牌汽车分销中心。

（八）营造良好的营商环境

利用广州国际汽车展和每月的南沙汽车码头汽车展等平台开展产业对接，加大推介广州汽车进口贸易政策优势、营商环境优势以及通关通检便利高效的优势。及时收集并解决企业提出的有关诉求，进一步营造良好的营商环境，吸引更多的企业在广州投资创业和拓展汽车进口业务。督促试点企业所进口的汽车产品应符合国家质量安全标准和技术规范的强制性要求，并符合国家规定的CCC认证等准入要求。明确试点企业及其投资方作为平行进口汽车产品质量追溯的责任主体，依法履行产品召回、质量保障、售后服务、汽车"三包"和平均燃料消耗量核算等义务，增强售后服务保障能力，切实保障消费者权益。支持汽车贸易行业协会开展平行进口汽车促进活动，鼓励协会在促进政企沟通、推动行业自律、制定行业规范、规范售后体系、开展政策培训、调解交易纠纷、维护消费者权益等方面发挥重要作用。

关于广州市保税燃油业务创新发展的报告①

近年来，广州加快建设国际航运中心，城市影响力和辐射力不断加强，2016 年广州港货物吞吐量、集装箱量分别达到 5.22 亿吨和 1 858 万标箱，全国均排名第四位、世界分别排名第六位和第七位。2017 年 1—10 月，广州国际邮轮码头共营运邮轮 106 个艘次，旅客吞吐量为 351 191 人次，规模仅次于上海和天津，位居全国第三位。保税燃油业务创新发展是广州市三大航运枢纽、粤港澳大湾区建设的重要战略支点，具有重要的发展意义。但是，广州市保税船供燃油服务与消费市场的需求不相称，不仅与国际先进的港口城市——新加坡、鹿特丹、香港存在巨大差距；即使与深圳港相比，广州市船舶保税燃油年供应量仅能达到深圳港供应量的 5%，亟待出台相关政策措施补齐这一短板。日前，海关总署发布了《关于明确保税油跨关区直供业务有关事项的公告》（海关总署公告〔2017〕第 47 号），为广州市保税燃油业务创新发展提供了发展契机。为积极推动这一业务创新发展，助力国际航运中心建设，现提出以下工作方案：

一、保税燃油业务创新发展的必要性

广州市地处珠江三角洲几何中心，地理位置优越，方圆辐射佛山、中山、东莞、深圳、珠海等地。南沙港是我国沿海主要枢纽港之一。立足南沙港区位优势，为珠三角、广东乃至华南地区的经济提供高效完善的港口物流服务，对区域经济发展起着举足轻重的作用。南沙是我市最大的集装箱中转中心，将以发展现代化港口为中心，突出发展临港经济高新技术产业和国际物流产业，对保税燃油的需求将进一步增加。借此契机，利用南沙自贸试验区政策优势，创新发展保税燃油业务，正当其时。

---

① 此报告由笔者和广州市商务局王媛于 2017 年 12 月共同撰写，2018 年广州海关试点推广应用。

（一）保税燃油市场潜在需求量大

目前根据广州港外贸货物吞吐量测算，实际保税燃油年需求量应约 120 万吨，而 2016 年实际供应量仅为 4 万吨，且呈逐年萎缩状态，不到实际需求量的 4%。广州港与世界 170 多个国家和地区的 500 多个港口有贸易往来，拥有 49 条集装箱班轮航线。随着广州南沙港三期、四期等项目建设与投入使用，船舶停靠将会更多，船舶燃油需求量将会进一步增加。

（二）创新保税燃油业务有助于培育新的外贸增长点

据不完全统计，国内目前大部分班轮都选择在新加坡等地补充燃油。如通过价格竞争力和供应服务的提升吸引部分班轮到国内加油，船舶保税燃油将成为广州市外贸的新增长点。

（三）吸引大型集装箱船增挂南沙港有助于促进广州港口经济繁荣

以深圳盐田港为例，盐田港 2016 年全年为班轮供应保税燃油约 600 万吨，港口经济的发展很大程度上就是需要良好的港口配套服务支持。现在南沙港与香港、深圳、珠海配套服务方面相比，主要是保税燃油供应不便利，而燃油供应便利是各班轮公司考虑挂港和装卸箱数目的重要参考因素。目前主要班轮公司为及时得到保税油给，只能优先选择挂靠香港、深圳和珠海等港口。以中海一艘 6 000EU 的集装箱船，在香港、盐田和珠海等港口平均装卸集装箱 1 600 EU 为例，各项直接成本为港口的引水、港建、靠泊等费用 15 万元、集装箱装卸费 47 万元、船舶代理费 3 万元等共计 65 万元。而美国、欧洲、东南亚及澳大利亚等航线一周有 1～3 个班轮航次，每月平均一艘班轮能为南沙港带来 260 万～780 万元的直接收益。如果南沙港能够提供便利的保税燃油服务，不仅能带来直接的经济收益，而且可以吸引更多的班轮公司选择挂靠南沙港，拉动南沙港的货代、拖车运输和堆场等配套产业的发展，促进港口相关产业的繁荣，进一步提升广州港作为国际港口的地位。

二、目前存在的问题

目前，广州地区共有中国船舶燃料油有限责任公司（以下简称"中船燃"）、中石化中海船舶燃料供应有限公司（以下简称"中石化中海"）2 家企业经营国际船舶用的保税燃油，而中石化舟山于 2016 年退出广州市场，将保税燃油经营中心迁往深圳盐田。中船燃和中石化中海公司的注册地均在黄埔，但保税仓库位于番禺新造，由于历史原因，中船燃保税仓库属于黄埔老港海关管辖，中石化中海保税仓库属于广州番禺海关管辖。

2016 年广州港保税燃油船供量仅 4 万吨，仅占全国的 0.49%，占华南地区的 2.2%。保税燃油供应单次数量少，船用轻柴油 MGO 一般 20 吨 ~ 100 吨，燃料油 380CST 一般 100 吨 ~ 1 000 吨，超过 1 000 吨的极少。供应港口主要是新沙港、黄埔新港、黄埔老港、南沙散货码头，而南沙集装箱码头则少有国际航行船挂港加油。主要受制于以下几个因素：

（一） 监管程序过于复杂且操作办法不统一

目前广州船供保税燃油行政管理部门有海关、海事、边防边检、检验检疫、港务等部门。由于广州"一市两关"，即黄埔海关和广州海关，大部分保税燃油供船业务均是跨关区作业，两个直属海关在监管办法上又有所不同，通常办理一宗保税供油业务需要办理 6 ~ 7 道海关的相关手续。例如，从番禺新造转关至黄埔老港供船，第一步，业务人员需等外轮靠泊后登轮在供船申请上盖章，船长签名后去指运地海关办理申请；第二步，启运地海关加贸科申请出库；第三步，启运地海关办理报关、通关、施封；第四步，指运地海关申请外勤核封；第五步，供油完成后指运地海关交单核销；第六步，启运地海关交单结关。以上是以番禺海关转关黄埔老港为例，广州港水域有黄埔老港海关、黄埔新港海关、黄埔新沙海关、广州番禺海关、广州南沙新港海关等，各二级关区没有完全统一的操作办法和流程。

（二） 供油设备旧且效率不高

南沙外贸货物吞吐量及国际航行船舶停靠艘次虽然在广州港占有较大的比重，但是由于现有的两家资质企业注册地不在南沙，转关通关流程较长，一定程度上影响了加油时间，加上广州地区保税燃油供应船舶普遍老旧、泵速慢，而大型集装箱班轮停靠时间一般仅在 10 个小时左右，无法及时满足供应，导致南沙港区保税燃油供应量非常少。

（三） 物流和管理服务成本较高

香港、广州、深圳从地理位置上来讲到新加坡的距离差不多，用大船运输成本也差不多，但广州地区 2 家保税燃油经营企业保税仓均位于广州港浅水道，无法停靠大船，且保税罐容及规模也无法形成大规模优势。这样导致广州的物流运输成本比深圳和香港高，而且部分码头及地方还仍按吨收取码头作业费。

（四）供油价格偏高

新加坡、鹿特丹既是炼油中心，又是自由贸易港，具有双重优势；香港虽然不是炼油中心，但港口配套服务及金融优势也具有一定的竞争力。目前，我国燃料油主要从新加坡、中东地区采购，进口结算基本以新加坡"MOPS＋贴水"来计价。香港贴水价比新加坡高10美元/吨，广州等其他境内港口则比新加坡高出20美元/吨以上。

（五）缺乏配套的航运金融服务及专业的市场服务链

与国外成熟的保税燃油市场相比，广州缺乏专业机构提供保税燃油市场信息、发盘接单、供应监控、油品检测、市场预测和统计分析等综合服务。目前，广州没有专业机构发布燃料油供应价格，上海航交所公布的全国各港口保税燃油供应价格也没有"广州"一栏价格信息，很多船东因无法准确获取广州的保税燃油市场供应价格而倾向选择其他口岸加油。

三、舟山模式参考

（一）舟山自贸区基本情况

2017年4月1日，国务院正式发布《中国（浙江）自由贸易试验区总体方案》，实施范围119.95平方公里，由陆域和相关海洋锚地组成，其中舟山岛北部片区15.62平方公里（含舟山港综合保税区区块2.83平方公里），重点发展油品等大宗商品贸易、保税燃料油供应、石油石化产业配套装备、保税物流、仓储、制造等产业。

按照《中国（浙江）自由贸易试验区总体方案》，国务院首次将区内国际航行船保税加油许可权下放至舟山市人民政府，舟山市制定并从2017年6月1日起开始实施《中国（浙江）自由贸易实验区国际航行船舶保税油经营管理暂行办法》。根据自贸试验区统一规划、首批授予4家企业保税燃油经营资质，包括浙江省属大型能源企业浙江省能源集团有限公司下属舟山浙能石油化工有限公司、中国华信集团下属华信国际（舟山）石油有限公司、中油泰富船舶燃料有限公司、舟山港综合保税区能源化工有限公司。此前，根据国家有关规定，国际航行船舶保税燃油供应业务实施特许经营，国内拥有经营国际航行船舶加油资格的企业仅有中国船舶燃料油有限公司、中石化中海船舶燃料供应有限公司、中石化长江燃料有限公司、中石化浙江舟山石油分公司、深圳光汇股份有限公司 5 家企业。

（二）主要创新措施

杭州海关为浙江自贸试验区"量身定制"了多项保税燃料油贸易举措，其中一船多供（即单艘供油船舶在一个作业航次内可以对多艘受油船舶供应保税燃料油）、一库多供、先加油后申报等举措已实现，跨关区供油、油品勾兑（即同一税号的油品可混放）等也原则上同意，具体实施细则正在加紧推进中。这些举措可叠加使用，将大大提高保税燃油通关效率，也给企业节省一定的成本，提高保税供油企业国际市场竞争力。鉴于原分属杭州海关和宁波海关的舟山港与宁波港已合并，在跨关区供油方面，舟山海关制定了跨关区保税燃油供应监管方案，梳理业务流程，免除了跨关区供油转关手续，方便企业通关，目前已在宁波和杭州关区实现。

舟山自贸区保税燃料油贸易便利举措下一步将在不同税号油品勾兑、与上海海关的洋山港实现跨关区供油、进一步放宽港航部门安全作业范围等方面争取突破。

（三）保税船加油操作流程

（1）保税燃油资质企业向海关、海事、港航、边检和商检等口岸单位申报保税船加油业务，明确加油船的目标船，以及目标船的航线、保税加油量、加油品种和加油时间等信息。

（2）海关从保税罐出油对加油船开始监控，并允许先加后报。然后加油船前往国际航线船舶上加油，班轮集装箱船可在码头加油，散货船大都选在离岸的锚地加油。海关允许企业一船多供，提高了供油船的经济性（广州目前仍为一船一供）。

（3）船舶加油后，如双方有异议，请第三方的商检部门核定出计量数据，加油方和受油方代表双方签字，报海关。

四、广州保税燃油业务发展的创新思路

为加快广州市保税燃料油业务创新发展，将按照统筹规划先行先试、先易后难、分步实施的原则，按照先解决在岸码头加油、再解决离岸锚地加油的思

路，力争"三步走"尽快开展此项业务。

（一）第一步：近期应实施的业务

海关总署近日发布的《关于明确保税油跨关区直供业务有关事项的公告》（海关总署公告〔2017〕第47号）将极大程度地解决保税燃油通关问题。但据了解，目前全国只有舟山能参照47号公告来进行操作，建议广州海关尽快出台有关操作细则，落实有关公告内容。

（1）实现一船多供的模式。因保税油监管目前实行的是一单一监管的模式，即按客户需求数量装载上驳船，客户需求多少就装多少，其余舱全部排干。目前符合海关监管的船舶载重大都在1 000吨以上，如客户仅需求100吨，那么只装100吨燃油去南沙或其他地方加油，成本相当高。如能实现驳船燃油满载为多条船供油，待供完油后再与海关核销，既能提高供油效率，也能节约成本，将大大提高竞争力和服务水平。

（2）先出后结，集中报关。按照目前的保税燃油操作管理办法，以中船燃广州公司为例，其油库属于番禺海关管辖，去南沙、黄埔、深圳等外贸港口供油，所有业务都必须转关完成，转关业务必须先在启运地海关办理申报和出口报关转关等手续后，驳船才能开往指运地，在指运地办理查验放行才能供油作业。按照集装箱班轮停靠时间计算，一般几个小时时间，无法完全保障供应。建议在广州关区内取消转关或实行异地报关放行，以提高通关放行效率。在此基础上，可参考舟山模式，先加油后申报，即先申报出库，出库后14天内集中办理进出口申报；海关采用现代化监管措施对供油公司的保税燃油的电子账册和实物库存进行监管。

（3）简化通关环节。目前保税燃油操作办法中，保税燃油自境外或境内保税库转关至公司保税仓库，入库后，办理各项进口手续，待接到外轮供船订单后，再申请保税燃油出库、装船出口报关等各项出口手续。常规订单按以上操作办法完全可行。因公司保税仓容有限，如遇订单数量大、时间紧等情况，按以上常规操作办法则难以满足客户需求。建议对于此类订单情况，以虚拟形式入库，办理出口报关后直供外轮，以节省物流成本和时间成本。

（4）鼓励企业间开展合作。引导已有资质的中船燃、中石化中海等企业在穗扩大业务；鼓励广州发展碧辟油品有限公司等有意开拓业务公司，开展业务创新，与有资质的企业开展合作，实现优势互补、共同发展。

（二）第二步：近期研究尽快解决的业务

（1）实现跨关区快速通关。目前广州海关转关至黄埔海关供船作业，仍需封舱、上关封，上关封需海关物流监管科出外勤人员到公司保税仓库亲自办理，由于来回车程在一个小时以上，如遇现场外勤人员繁忙或人手不足时，可能会影响到通关效率，建议广州海关与黄埔海关协商出台跨关区作业监管办法，并用现代化监控设备替代人工锁舱，如该办法能出台，将大大提高通关效率，并减少海关人力和企业成本。

（2）进一步提高通关效率。建议广州海关所辖区域统一保税燃油供应监管办法，先行在广州海关范围推广月底集中报关，再逐步向黄埔海关推广。设立企业业务咨询热线，建立企业诉求通道。减少书面文件，实现无纸化通关和"单一窗口"受理，减少企业来回奔波时间，提高效率。加强港务局、南沙港、各港口经营企业及各联检单位的通力合作，上下联动，为国内外船东提供优质高效的服务。

（3）海关、口岸和海事等部门加强协作，科学规划珠江流域港外锚地保税加油，特别是珠江口国际航道上的制高点桂山锚地加油。依托南沙自贸试验区小虎岛、番禺新造等油库资源优势，将广州打造成国际重要的保税燃油船供中心。

（4）在进一步提升保税燃油船供量的基础上，培育为保税燃油提供综合服务的专业机构，发布燃料油供应指数；与上海航交所探讨增加广州港口的保税燃油供应价格，提升广州市国际航运中心的综合影响力。

（5）探讨研究油品勾兑（即同一税号的油品可混放）等业务的监管模式。

（三）第三步：上报国家有关部委争取突破的业务

参照《中国（浙江）自由贸易试验区总体方案》中提出的"推动油品全产业链投资便利化和贸易自由化"有关措施，一是制定南沙自贸试验区国际航运船舶保税油管理办法，结合自贸试验区政策优势，向国家申请将区内国际航行船舶保税加油许可权下放至市；二是在符合监管条件的前提下，向国家申请允许在自贸试验区内的企业开展同一税号下保税油品混兑调和。

2018 年广州汽车产业外经贸发展情况及展望[①]

2018 年是我国供给侧结构性改革的承上启下、全面突破的关键之年。我国发展面临国内外复杂严峻形势，经济出现新的下行压力。受国内外市场环境等诸多因素影响，广州市汽车及零部件产业在进出口领域既面临着困难和挑战，也迎来较好的发展机遇，只有扬长避短，破立并举，才能保持较平稳的发展态势。

一、广州市汽车及零部件产业外贸发展情况

（一）2018 年广州市汽车及零部件产业外贸发展概况

截至 2018 年，广州市共有外商直接投资的汽车及零部件制造企业 388 家，累计吸收合同外资超过 51 亿美元，实际利用外资超过 38 亿美元。2018 年当年，广州市汽车制造业新增合同利用外资 6.15 亿美元，同比增长 129.7%，实际利用外资 3.27 亿美元，同比增长 119.9%。2018 年年底，广汽智联新能源汽车产业园首期 20 万新能源汽车产能项目建成投产，显示目前广州仍然是汽车行业外商投资的热土。

2018 年，广州市企业进出口汽车及零部件数量合计 57 967.19 万件（套），比 2017 年略下降 0.15%，进出口总值 480.87 亿元人民币，同比增长 11.43%。其中，进口汽车及零部件 15 415.12 万件（套），同比下降 1.49%，进口总值 280.14 亿元人民币，同比增长 23.92%；出口汽车及零部件 42 552.07万件（套），同比增长 0.35%，出口总值 200.73 亿元人民币，同比下降 2.31%。

[①] 此文是笔者与广州市商务委机电与科技产业处王凯龙、陈沫君共同编写，在广州市社科院《广州蓝皮书·广州汽车产业发展报告（2019）》上登载。

表1　2018年广州市汽车及零部件进出口情况

贸易情况	统计科目情况	汽车	电动载人汽车	汽车零部件	合计
进出口	数量（件/套/或相关计量单位）	22 614	178	579 649 079	579 671 871
	同比（%）	-18.71	-83.36	-0.19	-0.15
	金额（万元）	360 446.9	8 484.2	4 439 810.8	4 808 741.9
	同比（%）	-14.88	-80.93	14.22	11.43
进口	数量（件/套/或相关计量单位）	4 625	69	154 146 513	154 151 207
	同比（%）	-22.40	-92.50	-1.50	-1.49
	金额（万元）	168 065.6	4 153.9	2 629 173.8	2 801 393.3
	同比（%）	-3.90	-88	26.40	23.92
出口	数量（件/套/或相关计量单位）	17 989	109	425 502 566	425 520 664
	同比（%）	-17.70	-27.30	0.30	0.35
	金额（万元）	192 381.3	4 330.3	1 810 637	2 007 348.6
	同比（%）	-22.60	-56.10	0.20	-2.31

（二）2018年广州市汽车及零部件产业外贸发展特点

2018年广州市汽车及零部件进出口呈现如下显著特点：

1. 零部件进出口高速增长是汽车及零部件保持正增长的关键

据海关统计，2018年广州市汽车整车（不含电动载人汽车）进出口、进口、出口数量增速分别为-18.71%、-22.4%、-17.7%，其进出口、进口、出口总值增速分别为-14.88%、-3.9%、-22.6%，总值降幅略低于数量降幅。其中汽车整车（不含电动载人汽车）出口下滑尤为明显，而同期全国车辆整车（陆路车辆，包括气垫式）进口、出口总值增速分别为0.2%、10.2%，广州远差于全国行业平均水平。目前广州汽车及零部件进出口能保持增长，汽车零部件进口的贡献尤为显著，进出口、进口和出口总值增速分别为14.22%、26.4%和0.2%，汽车零部件出口总值占汽车出口总值的比重从2014年的80.61%攀升到2018年的90.20%，而汽车零部件进口总值占比93.85%，较2014年同期占比的96.74%略有下降。

2. 汽车整车进出口表现劣于其他主要机电产品

进口方面。2018年，广州市机电产品（大类）进口314.85亿件（套），同比增长11.7%，进口总值1 979.66亿元人民币，同比增长15.1%。其中大型机电产品飞机及其他航空器进口 57 架，进口总值 245.03 亿元人民币，同比增长 51.5%。汽车整车进口总值增速远低于机电产品（大类）整体增速和主要机电产品增速。

表 2   2018 年广州市主要机电产品进口情况

产品名	进口数量 （件/套/相关计量单位）	同比 （%）	进口额 （万元人民币）	同比 （%）
机电产品（大类）	31 485 261 470	11.7	19 796 572.2	15.1
汽车	4 625	−22.4	168 065.6	−3.9
电动载人汽车	69	−92.5	4 153.9	−88
飞机及其他航空器	57	−98.5	2 450 278.6	51.5
船舶	18	−37.9	1 942.1	−89.6

出口方面。广州市机电产品出口总值同比下降 5.1%，同期重点机电产品船舶、摩托车和自行车分别呈现 5.7%、1% 和 19.9% 的跌幅，而汽车和电动载人汽车跌幅高达 22.6% 和 56.1%，汽车整车当年出口与其他主要机电产品相比下降更严重。

表 3   2018 年广州市主要机电产品出口情况

产品名	出口数量 （件/套/相关计量单位）	同比 （%）	出口额 （万元人民币）	同比 （%）
机电产品（大类）	49 451 390 415	−26.6	28 205 512	−5.1
汽车	17 989	−17.7	192 381.3	−22.6
电动载人汽车	109	−27.3	4 330.3	−56.1
船舶	84	−13.4	999 185.1	−5.7
摩托车	1 422 026	−1	486 732.7	−1
自行车	1 834 870	−11.5	85 629.6	−19.9

3. 大型汽车及零部件企业是保持增长的主力军

据海关统计，2018 年广州市进出口总值前 300 强企业中，涉及汽车及零部件的企业有 18 家（主业为汽车生产制造及相关贸易服务），其中广汽集团及下属（关联）企业有 11 家，2018 年，上述 18 家企业进出口总值 83.43 亿美元（主要为汽车整车、零部件、技术进出口，另有部分生产设备和其他非汽车类商品进出口），而同期广州市汽车及零部件产业进出口总值仅为81.51亿美元。上述18家汽车及零部件企业在很大程度上决定着广州市汽车及零部件产业外贸发展走向。

表4　2018年广州市主要汽车及零部件企业进出口情况

经营单位	进出口总值（万美元）	同比（％）	出口总值（万美元）	同比（％）	进口总值（万美元）	同比（％）
广汽丰田汽车有限公司	179 297.6	64.2	183.4	-14.7	179 114.2	64.4
广州市东风南方实业有限责任公司	151 450.7	10.9	1 694.4	-19.1	149 756.3	11.3
广汽丰田发动机有限公司	81 756.3	34.3	61 749.6	25.6	20 006.7	70.7
广州汽车集团乘用车有限公司	65 616.7	38.5	6 643.6	123.5	58 973.1	32.8
加特可（广州）自动变速箱有限公司	64 064.9	49.5	1 932.8	258.7	62 132.1	46.8
本田汽车（中国）有限公司	49 716.2	-21.3	40 471.4	-18.1	9 244.8	-32.8
东风本田发动机有限公司	46 830.5	-11.9	79	-10.6	46 751.5	-11.9
广州日产通商贸易有限公司	34 535.9	3.2	16 099.7	6.5	18 436.2	0.5
本田贸易（中国）有限公司	25 108.5	16.1	8 572.5	-5.5	16 536	31.7
丰田通商（广州）有限公司	22 305.9	31.5	1 239.4	35.4	21 066.5	31.2
广州日产国际贸易有限公司	22 061.1	45.1	22 061.1	45.1	0	
敦扬（广州）汽车电子有限公司	17 612.7	25.3	7 565.5	33.4	10 047.2	19.9
欧姆龙（广州）汽车电子有限公司	17 056	-6	6 627.5	3.2	10 428.5	-11.1
广汽商贸有限公司	13 808.1	17.7	3.3		13 804.8	17.6
广汽本田汽车有限公司	11 946.1	-43.7	1 387.1	-68.6	10 559	-37.2
泰极（广州）汽车内饰有限公司	10 865.4	33.7	7 840.9	32.3	3 024.5	37.6
广州金港汽车国际贸易有限公司	10 794.6	51.9	0		10 794.6	51.9
马瑞利汽车电子（广州）有限公司	9 521.8	13	2 320.7	16.9	7 201.1	11.8
合计	834 349.0		186 471.9		647 877.1	

4. 平行进口汽车稳居全国各城市第二位

经过 3 年的发展，南沙已拥有平行进口汽车贸易、融资、贸易服务等 140 多家相关企业，形成集贸易进口、展示销售、物流运输、金融保险、合规整改、PDI 检测等业务于一体的平行进口汽车产业链。2018 年，南沙口岸累计实现平行进口汽车到岸数 13 788 辆，同比增长 0.73%，继续稳居全国第二大和华南地区第一大汽车平行进口口岸的地位，是全国为数不多汽车平行进口保持正增长的口岸之一。据商务部统计，2018 年全国平行进口汽车 13.85 万辆，同比下降 22.2%。而 9—11 月广州南沙平行进口汽车行业也呈现下滑现象，在广州市商务委、南沙自贸区和试点企业的共同努力下，通过新增试点企业名额和相关鼓励政策，终于在 12 月重返升途，实现全年正增长。

二、广州市汽车整车及零部件产业发展目前遇到的挑战和机遇

（一）困难和挑战

当前广州市汽车及零部件进出口仍面临不少困难和挑战，必须及时主动采取措施化解。

1. 中美贸易摩擦影响

受中美贸易摩擦影响，从美国进口汽车整车的关税从 25% 提高至 40%（零部件关税依税号有不同程度的调整），这对广州市汽车行业产生巨大影响。据调查，在汽车零部件进口方面，东风本田发动机有限公司负责进口和生产汽车发动机等主要零部件供应广汽本田汽车有限公司、东风本田汽车有限公司等整车企业，由于从美国进口的变速箱等关键零部件关税提高，如继续执行全年计划，仅变速箱将增加关税支出约 7 000 万元，由于具有不可替代性（设计车款时已确定配置的零部件型号，没有代替可能性），东风本田发动机有限公司已暂时停止了该变速箱进口，讴歌、冠道、东风本田 CRV 等车型随之暂停生产，直接导致相关企业全年产值累计减少 100 亿元以上。在平行进口汽车方面，广州市平行进口汽车基本与全国平行进口汽车趋势相符，2018 年 7 月 1 日起我国正式实施汽车整车及零部件进口关税减税政策，全国平行进口汽车业务经过 7、8 两个月的大幅增长后迅速回落，到 12 月全国平行进口汽车仅 6 846 辆，同比下降 61.6%。目前广州主要进口美规车的平行进口汽车试点企业逐步开辟其他国家和地区的车源市场以替代现有车型。尽管在近期的中美磋商

过程中不断释放利好信号，但大多数企业仍持审慎观望的态度，客观上不利于扩大进口规模。

2. 实施国六 b 排放标准的政策影响

根据《广东省提前实施机动车国六排放标准方案（征求意见稿）》（粤环商〔2018〕830 号），2019 年 7 月 1 日前（不含 1 日），非国六排放标准的小轿车不能在广东上牌（不含广州、深圳）；2018 年 11 月 9 日，广州市政府常务会议审议通过了《广州市提前执行轻型汽车国六 b 排放标准工作方案》（以下简称"《方案》"），决定按程序向省政府报批申请从 2019 年 3 月 1 日起提前执行轻型汽车国六 b（b 阶段）排放标准（后经协调已延迟到 2019 年 7 月 1 日执行），《方案》要求新车和外地车转入广州的二手车执行国六 b 标准。相关工作开展过程中，广州市汽车行业反映强烈。截至 2018 年 11 月底经国家工信部备案的符合国六排放标准的车型（以下简称"国六车型"）只有 554 个，仅相当于国五车型的 12% 左右。到 2019 年 1 月 1 日前，只有宝骏、斯巴鲁、宝马 3 个品牌全系车型、凯迪拉克和长安福特各 1 款车型符合国六排放标准，且能保证稳定供货。另有 26 个品牌可以在 2019 年 1 月 1 日前完成国五车型到国六车型的切换，但无法保证正常供应；还有 25 个品牌及部分车型仍未确定具体切换时间和供货时间，到 2019 年 6 月底甚至更晚时间才能供应。由于预计国外供应商到 2019 年年底方能供应符合国六排放标准的车型，国内汽车进口商持谨慎态度，减少甚至停止整车进口，同时加快清理现有库存；汽车制造商正加快生产线转型升级，加快产品研发，以应对政策实施的预期影响。

3. 市场下行压力的预期影响

从长期来看，我国经济增速由高速增长转为中高速增长，正处于结构调整阵痛期；从短期来看，全球经济疲软、贸易争端层出不穷，经济运行稳中有变、变中有忧。国家经济整体上面临下行压力。据摸查，广汽集团（含下属子公司）预计全年进出口将有一定的下降。主要原因是广汽丰田汽车有限公司第四生产线改造项目启动，主要出口产品停产；广汽本田汽车有限公司受市场预期影响将一定程度减产，进出口业务进一步压缩，间接影响东风本田汽车有限公司等主要汽配供应商进口计划。其他汽车整车及零部件企业大多反映全年进出口将持平或略为下降。

（二）机遇

虽然广州市汽车及零部件产业面临一定的困境，但广州市汽车及零部件产业也具有继续腾飞的机遇。

1. 区域优势

2019 年 2 月，中共中央、国务院印发了《粤港澳大湾区发展规划纲要》（以下简称"《纲要》"），描绘了粤港澳大湾区未来发展蓝图。《纲要》第六章第一节中提出要"支持装备制造、汽车……势产业做强做精"，该章第二节中提出"培育壮大新能源、节能环保、新能源汽车等产业"，同时提出大力发展特色金融产业和现代服务业。广州市地处粤港澳大湾区发展腹地，随着粤港澳大湾区深入推进建设和相关产业政策的实施，广州市汽车及零部件产业将推陈出新，焕发新活力新生机。

2. 政策优势

（1）自由贸易试验区改革创新政策利好。2019 年新春伊始，广东省人民政府印发《支持自由贸易试验区深化改革创新若干措施分工方案》，从营造优良投资环境、提升便利化水平、推动金融创新服务实体经济、推进人力资源领域先行先试等四个方面提出了 40 项具体措施，涉及汽车贸易领域，明确要"支持符合条件的自贸试验区开展汽车平行进口试点""支持自贸试验区试点汽车平行进口保税仓储业务"。这将进一步推动广州市平行进口汽车业务走上新的台阶。

（2）国家汽车及零部件出口基地政策利好。为继续加快广州市国家汽车及零部件出口基地建设，结合《广州市汽车产业 2025 战略规划》，广州市修订和印发了《关于加快广州市国家汽车及零部件外贸转型升级基地建设的意见》，从统筹规划和管理、资金支持等 7 个方面提出了 19 条具体意见，对于广州市国家汽车及零部件出口基地转型升级提供了政策支撑。

（3）市、区两级财政资金政策利好。自 2016 年以来，广州市和南沙自贸试验区分别设置财政资金对在南沙平行进口汽车口岸进口汽车业务及相关的业务和服务进行奖励。根据正在修订的《广州市促进南沙口岸汽车进口扶持政策实施方案》，新增对自主申请强制性产品认证（CCC）证书、提供信用担保等业务进行奖励。

3. 业态创新优势

近年来，为推进实施国家供给侧改革和"一带一路"倡议，结合广州口岸便利化优势、广州关区汽车进出口管理经验优势以及跨境电子商务发展优势，广东省和广州市积极推进汽车贸易业态创新，并积极向商务部、海关总署等上级单位申请境外汽车及零部件资源再利用项目、二手车跨境电子商务出口项目等试点工作，取得一定进展。如近年来广州市积极向商务部、海关总署申请境外汽车及零部件资源再利用项目试点，上述部委对于广州市在项目选址、备案和监管等方面的前期工作高度肯定，并为推动该事项修改了《机电产品进口管理办法》，扫清了项目建设的政策障碍，使该项目有望在 2019 年落地。

4. 产业规模优势

广州是全国三大乘用车生产基地之一、国家汽车及零部件出口基地、国家节能与新能源汽车示范推广试点城市、全国基于宽带移动互联网智能网联汽车与智慧交通应用示范区之一。截至目前，日系三大品牌（本田、日产、丰田）相继落户广州，广汽传祺自主品牌创建发展，Jeep、北汽等相继引入，广州已初步形成日系品牌、欧美品牌和中国品牌共同发展的多元化汽车品牌格局，拥有汽车行业国家级企业技术中心 1 个（广汽研究院）、省级企业技术中心 9 个、省级工程中心 2 个。汽车及零部件产业作为广州市第一大支柱产业，2018 年总产值 5 489.89 亿元，增长 6.1%，占广州市规模以上工业总产值的 30.1%，产量 296.52 万辆，整车产量规模在国内城市中排名第一。成熟的产业制造体系、较为先进的创新能力可为广州市汽车产业创新发展提供有力支撑。

三、下一步工作思路及措施

李克强总理在 2019 年两会做政府工作报告时指出"奋斗创造历史，实干成就未来"。为实现《广州市汽车产业 2025 战略规划》，广州市汽车及零部件产业必须直面新旧动能转换变革中的挑战，紧紧抓住粤港澳大湾区规划建设带来的机遇，勇于创新，加快发展。

（一）发挥政策优势创新新业态

依托粤港澳大湾区，在《纲要》的框架下，与香港、澳门以及珠三角其他 8 个城市探索促进汽车产业从加工生产环节向研发、设计、品牌、营销、再制造等环节延伸发展、各城市间协同发展的政策体系。依托自贸试验区，先行先试，积极创新汽车贸易新业态。一是巩固广州市在全国平行进口汽车口岸中的领先地位，通过靶向招商等方式，引进国内外汽车进口龙头企业和贸易平台，鼓励现有试点企业用好现有优惠政策做强做精，通过建设平行进口汽车营销网络做大贸易规模；主动开拓境外车源市场，丰富平行进口汽车产品内涵，降低贸易保护壁垒对平行进口汽车的影响。二是探索监管区外保税展示销售模式，积极协调广州海关等单位，赋予广州市平行进口汽车试点企业在南沙自贸试验区海关特殊监管区外开展保税展示和销售业务的政策，拓宽平行进口汽车销售渠道，降低营销成本，提升南沙平行进口汽车口岸的辐射力和影响力。三是积极争取境外汽车及零部件资源再利用项目试点资格。推进项目选址建设进度，积极谋划，做好由商务部等多部委组成的联合调研小组的调研评估工作，加快项目运营流程测试和流程监管，上下联动，争取尽快活动试点资格。四是配合广东省完善《关于支持广东省开展二手车跨境电子商务出口试点业务的提案》及相关管理办法，先行筹划搭建产业配套设施，促成试点项目落户广州。

（二）构建产学研相结合的产业支撑体系

一是推进大型汽车制造企业研发中心建设，大力招商引进国内外高水平汽车技术研发机构来穗设立分支机构，鼓励企业发展自主技术和核心技术，扶持新技术、新产品以及自主品牌汽车的研发，支持自主知识产权零部件规模化生产，加快培育汽车电子产业，推进车载系统、导航系统、售后服务、增值服务等在汽车产业中的应用。二是建设现代汽车产业体系。积极发展新能源汽车及零部件生产制造，鼓励加快锂硫电池、锂空气电池、石墨烯电池等新体系电池研发及电池管理系统（BMS）研究。密切跟踪燃料电池汽车等技术的发展，适时开展燃料电池车型示范推广等工作。三是鼓励驻穗高等院校、科学院所开展汽车技术、贸易业态创新研究，通过政府搭建的对接平台促成上述机构与企业在新工艺、新产品、新技术、新业态等方面的交流合作，积极促进成果转化。通过强化研发体系平台创新、鼓励跨界融合创新、探索体制模式创新等，把广州建设成为集汽车技术开发、跨界融合创新和体制机制创新等功能于一体的汽车创新中心。

（三）加快产业园区优化升级

一要引导广州市国家汽车及零部件出口基地（6 个分基地：黄埔、南沙、番禺、花都、增城、从化）、现有汽车工业园升级改造，打造集工业设计、生产制造、物流运输、展览销售、文化创意、人才培训等方面于一体的高端产业园区，尤其要加快发展生产服务业，构建错位发展、优势互补、协作配套的现代汽车产业体系。二要推进国家级广州智能网联和指挥交通特色示范区建设。依托广州市智能网联汽车运营中心，以广汽集团、东风日产、航盛电子等单位、高校、社会资本为主体组建智能网联汽车制造业创新中心，重点建设广汽智联新能源汽车产业园、花都智能网联汽车电子综合基地、中汽中心华南基地项目等园区。三要继续加大产业发展资金投入，推动产业基地和产业园区转型升级。如广州市拟设置广州智能网联汽车产业投资基金 60 亿元，以加快促进广州智能网联汽车产业发展。

（四）加强公共服务平台建设

一是强化公共技术服务平台建设。推动以中国电器科学研究院股份有限公司"国家智能汽车零部件质量监督检验中心"、工信部电子五所、机械工业汽车零部件产品质量监督检测中心（广州）等为代表的汽车及零部件公共研发、检测服务平台建设，提高广州市汽车及零部件产业公共技术服务水平。二是完善公共项目服务平台建设。以政府为引导，企业为主体，围绕境内外汽车检测维修、再制造复出口等新业务，建设集进出口代理、物流服务、检验检测、政策服务等公共服务于一体的公共项目服务平台，加快孵化新业态项目。三是深化政企服务体系。建立重点企业对口联系工作制度，积极协调解决企业在进出口过程中遇到的问题；建立和完善外贸运行分析系统和数据资料库，加强汽车及零部件外贸运行分析、监控和预测，定期向企业提供进出口贸易预警，引导汽车及零部件外贸可持续健康发展。四是支持"走出去"企业依法维权，跟踪、收集、整理国外汽车认证、技术、法规等准入信息，充分发挥行业协会的作用，引导和帮助企业积极应对国际贸易壁垒和贸易摩擦。

（五）积极拓展国际市场

一是继续强化招商引资。围绕整车制造尤其是新能源汽车、智能网联汽车等领域，做好"广东省外资十条"关于制造业领域放开专用车、新能源汽车制造的外资股比限制等优惠政策宣传，吸引国外知名汽车及零部件企业在广州及周边地区集聚发展。二是支持企业扩大出口。鼓励广州市汽车及零部件企业积极"走出去"，鼓励"传祺"等本土自主品牌积极开拓"一带一路"沿线国家、重要节点城市、新兴市场和自贸试验区市场，建设境外生产、维修、研发、营销网络体系。三是提升企业国际影响力。支持骨干优势企业实施品牌并购战略，开展国际合作和技术进出口；组织广州汽车及零部件企业抱团参加国际知名汽车展，提升广州汽车产业的国际影响力。

关于加快广州市商务诚信建设的探讨^①

广州市是商务部首批认定的商务诚信建设试点城市。商务诚信是社会信用体系建设的重要组成部分，是创新行政管理方式的必然要求，是营造共建共治共享社会治理格局的重要手段。广州市加快商务诚信建设对提振消费者信心，促进消费升级，满足人民群众对美好生活的向往，都具有十分重要的意义。

一、商务诚信建设的基本情况

（一）国家商务诚信建设基本情况

商务诚信是我国社会信用体系建设工作的重点。近年来，国家加快商务诚信建设，信用建设正向多层次宽领域推进，向信用大数据智能化方向发展。国务院出台了《社会信用体系建设规划纲要（2014—2020年)》，成为我国推动诚信建设的纲领性文件。2016年国务院出台了《关于建立完善守信联合激励和失信联合惩戒制度加快推进社会诚信建设的指导意见》，构建政府、社会共同参与的跨地区、跨部门、跨领域的齐抓共管工作机制，为营造诚信社会环境提供了顶层设计和强大支撑。

商务部根据国家总体部署相继制定了商务诚信领域相关管理办法，出台了指导意见、实施意见、管理规范和信用评价企业名录等，提出通过建立政府与市场相结合、线上与线下的信用约束机制，鼓励商圈和交易市场建立信用机制，着力打造良好的信用环境，到2020年基本建立商务诚信体系。

（二）先进省市商务诚信建设情况

商务部会同质监总局和财政部联合承担商务诚信体系建设工作，并确定上

---

① 此文是笔者与广州市商务委市场秩序与调节处丘月华共同编写，在广州市社科院《广州蓝皮书·广州国际商贸中心发展报告（2019)》上登载。

海市和广东省等 8 个省市为商务诚信建设试点地区。

1. 上海市商务诚信建设情况

在全国率先开通商务诚信公众服务平台。该平台在政府监管、企业自治和社会监督方面发挥了积极作用，一是实现酒类流通全过程"信用 + 追溯"监管。二是对商户实现"政府部门 + 行业平台 + 消费者"的三重共治监管。三是该平台旗下市场信用子平台的信用数据覆盖市场主体总量从 15 万家提高到 30 万家，从占全市 170 万家市场主体的近 10% 提升到近 20%。

建立商业服务业诚信评估标准。委托第三方专业信用评级机构，对建档企业诚信度每年进行综合评价，并通过网络向社会公布接受监督，实现政府、企业和公众三者网络互动，并逐步实现考评网络化。

成立全国首个商务诚信联盟。依托上海市商务诚信公众服务平台，2017 年 6 月找钢网、阿里巴巴、苏宁云商、携程、红星美凯龙、一号店等 20 多家平台型企业及相关信用机构联合发起成立了全国首个跨领域跨行业的商务诚信联盟，发布商务诚信倡议书，进一步完善政府监管与行业自律、企业自治、社会监督的商务信用格局，构筑从征信、评信到运行的完整生态链。

成立全国首个商务信用标准化技术委员会。为更好地支撑上海市商务信用标准化工作，上海市商务委推动成立了上海市商务信用标准化委员会，主要从事商务信用标准化政策与理论研究、商务信用国内外标准动态跟踪与研究等工作，切实发挥标准化建设在改善上海市商务诚信环境、提升企业商务信用水平、支撑内贸流通体制改革等方面的规范和引领作用。

探索"商务信用 +"的新型流通治理模式。一是"商务信用 + 保障中国国际进口博览会"，引入第三方评信机构，建立信用评估指标，在展前、展中、展后全过程融入信用绩效评价和成效评价。二是"商务信用 + 打响上海购物品牌"，会同第三方机构，发布"商圈信用指数"，积极探索"信用消费"。三是"商务信用 + 探索建设自由贸易港"，在上海自贸试验区打造"6 + 365"的国际医药交易中心，进出的医疗器械可根据国际通用的 GS1 标准全程追溯。四是"商务信用 + 推动长三角区域经济一体化"，建立长三角商务信用信息互联互通，促进市场信用信息共享；同时，加强"长三角—云剑行动"，实现跨区域跨部门联合执法。

2. 广东省商务诚信建设基本情况

广东省人民政府出台了《广东省社会信用体系建设规划（2014—2020年)》和《广东省建立完善守信联合激励和失信联合惩戒制度的实施方案》，

着力推进广东省商务诚信建设。

广东省商务厅相应制定了《关于加快推进商务诚信建设的实施方案》（粤商务秩字〔2015〕1号），并提出用6年左右的时间建成商务诚信体系，打造诚信商都。于2018年5月开通广东商务诚信公共服务平台（诚信粤商），市民可通过平台查询企业诚信情况。委托广州市标准化研究院制定了省级《商圈商务诚信评价规范》。该标准解决了商贸流通企业商务诚信评价内容缺乏规范，以及商圈商务诚信指数评价的内容、要求和流程缺乏规范的问题，填补了国内标准空白，为广东省商务诚信建设和管理提供保障。2018年5月，该标准已通过广东省质监局组织的标准审定发布实施。

（三）广州市商务诚信建设情况

广州市商务委自开展商务诚信试点工作以来，坚持政府推动，社会共建，联合广州市财政局设立了专项资金支持诚信项目建设，打造诚信兴商的流通环境，有效规范市场经济秩序。

1. 诚信平台建设情况

广州市家庭服务行业自律平台。广州市家庭服务业协会积极打造以商务诚信为基础的互联网管理平台"广州市家庭服务行业自律平台"，建立企业及家政人员的诚信档案，从源头上杜绝家庭服务公司和从业人员的违约违规行为，加强企业和从业人员的自律意识。截至2018年7月底，已入驻家政公司238家、服务人员179 179人、客户25 984个，派单61 456次，用户对平台系统投诉率小于1%。

一德路商圈诚信平台。一德路诚信平台是由人民街行业商会联合海味干果商会、玩具协会、食品商会、五金鞋业商会、印刷包装商会和民间金融商会共同建立的广州市首个专业市场商务诚信平台。该平台由越秀区食药监和市场监管等职能部门提供数据支撑，对各类市场产品信息进行全面收集，建立了高效、便捷的食品安全溯源机制和相适应的诚信等级评分标准，制作发布了商圈企业"红名单"和"黑名单"，统一对外公示并做出相应奖励或惩罚。目前，该平台拥有近2 000户海味干果食品商户的最新实时诚信监管信息和80 000个食品备案标签登记信息，市民可以通过微信扫描登录"一德诚信平台"公众号查询商家信用情况；也可以扫描食品上的二维码标签，查询产品的溯源信息。人民街行业商会联合会牵头，由消费者、商场和商会综合评分，评选出90名商家为"一德商圈海味干果行业2018年度五星诚信商家"并在"一德路诚信平台"上公布，比上年度增加15名，通过平台促进活动，企业诚信兴商的意识不断增强。

广州市汽车服务业协会征信体系。积极推进二手车市场主体信用体系建设，推广"广州好车"服务认证品牌，成立"广州放心二手车推广示范点"，完善从业人员征信体系，指导企业积极配合消费者投诉，规范企业的销售行为，净化广州市二手车销售氛围，营造和谐消费环境。该协会和广东省汽车电子商务促进会携手羊城晚报，以及广东省各汽车行业商（协）会联盟在广州举办"2018 广东汽车服务产业百强评选"，评选出一批先进汽车服务类企业和优秀从业人员，树立了行业诚信经营的典范和标杆。

2. 单用途商业预付卡情况

一是 2018 年 2 月，广州市成立了单用途商业预付卡履约保证保险共保体，是继上海市之后全国第二个成立共保体的城市。共保体由领航国际保险经纪有限公司牵头，人保财险广州分公司等 5 家保险公司组成，各保险公司按承保份额分摊风险和保费，大大提升了单用途商业预付卡市场风险抵御能力。截至 2018 年年底，共有壳牌石油、香格里拉大酒店、易卜莲花连锁超市、广东星巴克咖啡和永旺天河城等 10 家企业加入共保体，占全市规模以上单用途商业预付卡备案企业的 23%。

二是印发《广州市商务委关于开展白云区商业特许经营和单用途商业预付卡专项整治的通知》，在白云区开展防范利用单用途商业预付卡非法集资的专项整治行动，进一步加强商业特许经营和单用途商业预付卡等领域的监管。结合"三鼎家政"事件，开展对全市单用途商业预付卡备案企业进行排查工作，对存在违规行为的 10 家企业逐家约谈，责令其中 6 家当即改正，另外 4 家下达整改通知书限期整改，促使企业守规经营。

3. 肉菜流通追溯体系建设情况

一是出台流通追溯体系建设工作方案。根据市政府部署要求，由市商务委起草，以广州市人民政府办公厅印发《广州市肉类蔬菜流通追溯体系建设工作方案》（穗府办〔2017〕37 号），明确肉菜流通追溯体系建设的任务目标及工作重点，落实部门职责分工及进度安排，出台有针对性的政策措施。

二是委托专业咨询公司对广州市肉类蔬菜流通追溯体系建设进行总体规划设计。编制《广州市商务委肉类蔬菜流通追溯管理信息系统项目建设方案》，以及业务规范和技术规范，为广州市肉类蔬菜追溯体系建设提供专业支撑；开发完成肉类蔬菜流通追溯管理信息系统，根据广州市实际需求进行平台部署并与各节点对接和测试追溯数据。

三是制定肉菜追溯资金扶持政策。为进一步加强和规范专项资金项目监督管理及验收工作，制定印发了《广州商务发展资金商务诚信和肉菜追溯管理细则》等政策文件，进一步明确了资金申报条件、扶持内容和标准等有关要求，为各区商务主管部门和有关企业提供了可操作化的参考依据。

4. 诚信文化宣传情况

诚信文化宣传是商务诚信建设的重要一环，积极开展诚信宣传活动，可使企业和商户树立诚信经营理念，提高诚信经营意识。近年来，广州主要的商圈围绕确保商品质量、提升服务品质、坚持诚信经营、树立商业品牌等内容，积极组织开展了各具特色的诚信文化的主题宣传活动。

广州地区商圈 2012 年以来开展商务诚信宣传活动表

序号	时间	商圈	活动及主题
1	2012 年	岗顶 IT 商圈	"通讯诚信经营，明白和谐消费"志愿服务活动
2	2012 年	沙溪陶瓷城	番禺区"三打两建"为民、利民、惠民宣传日暨洛浦街社会诚信体系建设启用仪式
3	2013 年	美博城	"中国美容美发化妆品行业规范行动誓师大会暨广州美博城新十年'信誉市场'发展战略启用仪式"
4	2015 年	石井鞋业商圈	2015 石井鞋业商圈发展论坛——引导商户诚信经营，促进经营转型升级
5	2015 年	白马服装市场	"诚信兴商月"活动以"倡导诚信兴商理念，共创诚信营商环境"为主题
6	2015 年	江南西商圈	"诚以待人信以兴商"海珠区"诚信宣传"主题实践活动
7	2017 年	一德路商圈	一德诚信平台宣传活动
8	2017 年	琶洲商圈	"广州市海珠区 2017 年放心消费共建活动暨'双 11'购物节电商诚信承诺活动"
9	2018 年	岗顶 IT 商圈	百脑汇携手天河区举行 2017—2018 年放心消费共建活动
10	2018 年	一德路商圈	一德商圈海味干果行业 2018 年度五星诚信商家评选活动

备注：由广东商圈诚信平台整理。

二、广州市商务诚信建设存在的主要问题

（1）相关部门思想认识和重视程度不够。各区商务主管部门较重视经济指标和相关考核指标，对诚信工作重视不够。

（2）商务部和省商务厅奖惩标准制定滞后。"红、黑名单"和联合惩戒措施由省级以上单位制定，但目前省相关标准仍未出台，因此广州市商务诚信"红名单"和"黑名单"认定工作无法开展。

（3）行业协会和商圈开展诚信建设活动较少。大部分协会和商圈只重视行业联谊性活动，但对开展行业诚信自律，以及对诚信企业的认定和宣传较为缺乏，日常活动多数以业务信息交流和娱乐联谊为主，没有使协会的诚信自律工作常态化、专业化，商务诚信平台项目少。

（4）企业参与度不高。企业对诚信建设不够重视，标杆企业少。

（5）商务诚信宣传活动不够。诚信文化宣传活动组织次数少，各个商圈和各协会之间缺乏互动，影响宣传活动的效果。

三、加快广州市商务诚信建设的工作思路和建议

（一）工作思路及目标

1. 工作思路

以政府引导、协会和商圈统建、商贸流通企业参与为主体，以建立守信激励和失信惩戒机制为重点，以信用评价机制为支撑，创立与国际接轨的商务诚信建设体系，努力实现法制化、国际化和市场化的营商环境。

2. 工作目标

争取用三年的时间，构建以信用为核心的新型监管机制，通过政府与市场相结合、线上与线下相结合，建成商贸领域信用平台，企业诚信意识显著增强，放心消费环境明显改善，到 2020 年基本建成商务诚信体系。

（二）基本原则

1. 政府引导，社会共建

充分发挥政府部门统筹推动诚信建设的作用，注重政策引导，鼓励和调动

企业、行业组织、中介机构等社会各方力量广泛参与，合力加快商务诚信体系建设。

2. 统筹规划，分步实施

按照国家和省、市部署，结合广州市实际，制订广州市诚信体系建设的长远规划和整体设计，培育、引导和规范市场信用机制，明确阶段性目标，有序建设和逐步完善广州市商务诚信体系。

3. 共建共享，突出应用

打破"条块分割"，推进行业、协会、商圈建设商务诚信管理系统，鼓励行业、协会、商圈间信用信息的共享和共认。按上级标准逐步推进"红、黑名单"认定、信用信息和信用服务的应用，加强对信用行为的联合奖惩。

（三）重点领域

1. 肉菜及重要产品追溯领域

一是推进平台数据共享。加快平台建设，完成与市农业局、食药监局等部门的数据对接；鼓励本地商超企业通过企业资源计划（ERP）系统对接、交易系统对接等方式实现追溯；发挥平台兼容整合的功能，为各企业打通上下游链条信息服务，共建可持续发展的追溯体系。二是运用先进技术创新追溯工作。鼓励农产品、食品企业与信息技术企业合作共建，利用区块链和云技术等现代信息技术提高广州市肉菜等追溯系统建设水平。三是注重数据挖掘和分析，主动给节点企业和广大消费者反馈食品安全的真实信息，形成来源可追溯、去向可查证、责任可追究的工作机制，实现"要我追溯"向"我要追溯"的转变。

2. 家政服务领域

发挥"广州市家庭服务行业自律平台"作用，指导行业协会和企业认真执行《家庭服务业管理暂行办法》，建立和健全家政企业及人员的诚信档案，推行家政服务业服务规范，推广《家政服务机构登记划分及评定》，鼓励企业参加"守合同重信用"评选，促进家政行业诚信建设。

3. 电子商务领域

按照省《电子商务平台诚信评价指标》，推进电子商务领域诚信制度建设，推进实施国家有关电子商务经营主体、交易行为和交易信息管理规范，推广应用 CA（证书签发、认证、管理机构）数字证书。开展创建诚信网店、星级网站活动。按照国家发改委和八部委《八部门加强电商失信问题专项治理》

的要求，加强电子商务企业信用信息的共享，防范电子商务欺诈，推动电子商务信用评价，逐步实行信用分类管理。加强自我监管和自我评估，推动行业自律。

4. 会展和广告领域

按照省《会展组展企业商务诚信指标》，推进展会主办机构诚信办展，践行诚信服务公约。探索引入第三方信用中介机构，从诚信理念、组织规范、平台形象、财务能力、人员保障能力等方面，健全市场主体信用评价机制，逐步完善会展、广告失信惩戒机制和严重失信淘汰机制。

5. 对外经济合作领域

探索在"一带一路"建设中建立商务信用信息共享和信用互认机制，建立与相关国际信用服务组织的交流合作平台。建立完善对外援助实施主体诚信评价体系，对实施主体参与援外项目过程中的行为进行评价。联合惩戒对象为被对外经济合作主管部门和地方列为对外经济合作领域严重失信行为的责任主体和相关责任人。对开展"一带一路"建设和国际产能合作中，违反国内及合作国相关法律法规，违反国际公约、联合国决议，扰乱对外经济合作秩序且对实施"一带一路"建设造成严重不良影响，危害国家声誉利益等情节特别严重、影响极为恶劣的行为，相关主管部门将失信主体、责任人和失信行为记入信用记录，实施联合惩戒。

6. 国内贸易流通领域

联合惩戒对象为批发零售、商贸物流、住宿餐饮及居民服务等国内贸易流通领域存在严重违法失信行为的市场主体。该主体为企业的，联合惩戒对象为企业及其法定代表人、主要负责人和其他负有直接责任的人员；该主体为其他经济或行业组织的，联合惩戒对象为其他经济或行业组织及其主要负责人和其他负有直接责任的人员；该主体为自然人的，联合惩戒对象为本人。

7. 对外贸易领域

探索建立重要进出口商品信息追溯和信用保证体系。对虚假贸易、恶意低价竞争、编造虚假业绩或者因企业产品质量安全问题给社会及进出口贸易造成重大危害和损失的，将失信主体、责任人和失信行为记入信用记录，并实施联合惩戒。鼓励企业在一般贸易、跨境电子商务等跨国贸易活动中，使用信用报告、保理服务、信用保险等信用服务，有效化解信用风险。

8. 外商投资领域

构建外资企业信用监管和服务体系，发挥外商投资企业诚信档案及信息公示平台的激励和警示作用。在自贸试验区积极探索建立事前告知承诺、事中分类监管、事后联合惩戒的信用管理体系，规范招商引资行为，营造良好投资环境。

9. 服务贸易领域

建立健全服务贸易市场主体信用记录和信用评价体系。在贸易促进活动中，开展信用审查、可信交易对手推荐和失信警示等信用支撑服务。依托展览业重点企业联系检测制度，开展企业信用评价。

（四）信用体系

1. 完善信用评价机制

一是鼓励协会和商圈认定商务诚信企业"红名单"和"黑名单"，评选诚信经营标杆企业和示范企业。二是引导商圈、协会、平台企业与第三方信用服务机构合作，不断优化信用评价标准和方法，防范信用操作风险。三是引导消费者在交易过程中使用商户信用评价信息，并有效反馈消费评价。四是推动商圈、协会、平台企业共享和互认信用评价信息。五是鼓励信用保险公司、商业保理公司成立履约保证保险共保体，在单用途商业预付卡、商业特许经营、平行进口汽车等领域建立企业信用交易记录，完善企业交易信用评价机制。六是鼓励第三方信用服务机构开展电子商务信用评估与认证，以信用促消费。

2. 健全联合奖惩机制

健全褒扬和激励诚信行为机制，探索除专项资金申请外，在政府采购、招标投标、评选评优等事项中使用信用记录和信用报告。对守信者实行优先办理和简化程序。健全惩戒和约束失信行为机制，对失信者采取惩戒措施，加大失信成本，逐步建立失信企业市场限期禁入机制。制定信用信息异议制度，健全信用修复机制。

3. 优化市场经营秩序

一是继续做好单用途商业预付卡风险排查工作；督促企业按存管比例做好单用途商业预付卡资金管理工作。二是加大履约保证保险共保体宣传推广力度，积极联系发卡企业，宣传单用途预付卡的相关规定，以及以保险替代存管资金的相关优点，争取更多的企业在改进资金存管方式上有突破。三是报请商务部修改单用途商业预付卡管理办法，对预付卡的预存折扣优惠做出严格限制；对规模发卡企业预存，要求发卡企业上年度的资产负债率在 80% 以下，预存折扣原则上不能超过九折，若超过的必须报商务部批准。四是借鉴上海市的做法，政府引导并提示消费者"预付卡有风险，购买时要谨慎"，通过多种形式切实降低监管风险。

（五）保障措施

1. 建立长效工作机制

发挥市信用办社会信用体系建设统筹协调小组作用，加强商务诚信建设，构建政府协调、商（协）会主导、企业参与的三方共治共管的模式。制定实施工作方案，齐抓共管，推动商务诚信建设。

2. 加快公共服务平台建设

利用互联网和大数据技术，不断扩大信息归集范围，鼓励商圈、协会和平台型企业建设商务诚信平台，建立企业诚信档案，通过诚信平台对企业及从业人员经营信用信息进行归集、管理和共享。逐步扩大商务诚信数据市场覆盖率。

3. 加大宣传力度

借助"诚信兴商月""百城万店无假货"等活动大力开展诚信文化宣传活动，树立诚信企业典范，助推诚信促消费活动。加强商务领域信用体系建设研究，组织商务系统信用工作知识培训，提升工作能力。引入第三方评价机制，逐步建立健全企业商务诚信档案。开展联合惩戒工作，鼓励协会、商业加快企业"红、黑名单"认定。积极探索"商务信用＋"的流通治理模式，逐步建成具有广州市特色的商务诚信体系。

4. 发挥各集聚区作用

越秀区和天河区重点推进家政、国内贸易流通、对外经济合作和对外贸易领域的诚信工作；荔湾区重点推进电子商务领域的诚信工作；海珠区重点推进会展和广告领域的诚信工作；黄埔区和南沙区重点推进外商投资、电子商务领域的诚信工作。鼓励各区对辖区商圈和企业开展肉菜及重要产品追溯、服务贸易等领域商务诚信促进活动，提振消费者信心，提高诚信促消费水平。

5. 相关业务处室齐抓共管，做好商务诚信工作

市场秩序与调节处牵头商务诚信建设工作，并负责肉菜及重要产品追溯的诚信建设工作；政策法规处负责商务诚信建设有关规范性文件的合法性审核；财务与运行分析处负责财税政策对商务诚信建设工作的支持；商贸服务业处负责家政、国内贸易流通领域的诚信建设；对外贸易发展处负责对外贸易领域的

诚信建设；电商物流处负责电子商务领域的诚信建设；会展促进处负责会展和广告领域的诚信建设；服务贸易处负责服务贸易领域的诚信建设；对外投资与经济合作处负责对外经济合作领域的诚信建设；信息中心负责商务诚信信息归集及大数据分析。各部门齐心协力共同提升广州市商务诚信工作的质量和水平。

出实招　重实效
推动汽车及零部件出口基地发展[①]

近年来，在商务部产业司的正确领导下，我市以汽车及零部件出口基地为重要载体，以抓出口和调结构为工作主线，积极应对国际金融危机的冲击，有效促进了汽车产业发展。2009年，汽车产量首次突破100万辆大关（达113.02万辆），增长28.2%。规模以上汽车工业总产值2 280.6亿元，增长30.4%，居广州三大支柱产业首位。汽车及零部件出口9.48亿美元，列国家汽车及零部件出口基地城市第二位。汽车产业已成为推动开放型经济又好又快发展的重要力量。

一、汽车出口基地工作主要做法

（一）着力开展汽车零部件公共平台建设

针对珠三角地区近年汽车产业集群发展迅猛而零部件检测服务机构规模小和服务能力弱的现状，为帮助企业应对国际贸易壁垒，加快提升产品质量，我局（广州市外经贸局）重点指导和扶持国家级产品质量检测机构——广州电器科学研究院和广州机械科学研究院大力开展汽车零部件公共技术支撑平台建设。经不懈努力，广州电器科学研究院实现了为各类汽车及零部件提供6大类300多个标准的检测评价及技术支持，并获得中国质量认证中心，通用、大众和日产等20多家国内外权威机构或著名汽车企业认可授权，累计为450多家企业减免服务费用100多万元。广州机械科学研究院建立了发动机、滤清器和变速箱检测等6个项目实验室，累计服务企业80多家，检测服务优惠200多

①　此文是笔者写的广州市外经贸局在2010年1月20日商务部召开的全国机电科技产业商务工作会议上的先进经验介绍稿。

次。这两个平台得到商务部产业司的充分肯定，在优化机电进出口专项资金中分别给予 300 万元和 200 万元的支持。面向未来，将建成立足广州、服务全省、辐射全国的汽车技术检测平台，更好地发挥公共服务的效能。

（二）着力推进汽车出口基地产业集聚

为进一步发挥汽车出口基地的产业集聚和辐射作用，去年（2009 年）我市成立了由市领导为组长和相关政府职能部门组成的汽车零部件招商工作领导小组，认定了国家汽车及零部件出口广州从化基地，形成以广州汽车集团和东风日产乘用车公司为代表的总数逾 600 家企业的汽车产业集群。目前，全市已建立汽车出口分基地 6 个，规划汽车出口基地面积达 125 平方公里，成为扩大出口和招商引资的重要载体，构成了以轿车为龙头，客车、货车及零部件协调发展的格局。

（三）着力发挥汽车出口基地资金的政策导向作用

重点扶持有自主品牌、技术含量高、出口前景好的汽车及零部件项目。去年通过综合评估、择优遴选 9 个项目上报商务部产业司和广东省外经贸厅，得到优化机电进出口结构资金 945 万元的支持，13 个项目得到市、区两级汽车出口基地资金约 1 500 万元扶持。为帮助企业进入跨国采购链，全额资助 9 家企业参加我局与香港生产力促进局合办的"提升广州汽车零部件企业整体竞争力一期培训"，其中 4 家企业进入二期培训，6 家企业获得了国际 TS 16949 认证。此外，争取广汽集团汽车工程研究院进口自主品牌商用车研发设备得到商务部 657 万元贴息资金，通过引进消化吸收再创新，该院已获得电磁偶合无级变速传动系统等 15 项专利。

（四）着力帮扶企业抢抓出口订单开拓国际市场

面对去年初国际金融危机使企业出口订单锐减的严峻形势，我局领导每月带队深入汽车出口基地，通过政策说明会和协调会等形式，及时解决企业在外汇核销和货物通关中遇到的问题；组织 70 多家企业先后参加了土耳其国际汽车零部件展、巴西里约国际汽车汽配展和印尼机械电子产品贸易展等国际专业展，并全额资助展位费，获得新订单 2 230 万美元。全年汽车及零部件出口企业 343 家，其中出口超亿美元企业 3 家，有效帮扶企业克服困难，开拓国际市场。

（五）着力借助国际汽车展等促进活动扩大出口基地国际影响力

去年 11 月我市与中国汽车工业协会等单位共同举办了第七届中国（广州）国际汽车展。恰逢我国汽车产量首次突破 1 000 万辆的历史性时刻，车展盛况空前，总面积 15 万平方米，吸引了国内外观众 50 万人以及 1 450 多家新闻媒体的 5 000 多名记者。我局借此举办了一系列宣传汽车出口基地的活动，一是中国汽车零部件行业年会在广州召开，邀请商务部产业司、中国汽车工业协会和中国汽车工程学会等领导莅临指导；二是举行了国家汽车及零部件出口基地广州从化基地授牌仪式和广州汽车及零部件产业投资发展推介会；三是精心特装大型的"广州国家汽车及零部件出口基地"展示区，突出宣传汽车出口基地良好的投资环境和发展成果；四是组织近 4 万平方米的零部件及用品展区，吸引了中国汽车零部件工业公司和日本贸易振兴机构以整馆承包方式加盟。系列活动取得良好的成效，中央人民广播电台、新华网和香港商报等境内外 20 多家新闻媒体对汽车出口基地的发展做了专题报道。

二、2010 年重点工作与措施

2010 年，广州市汽车出口基地将认真贯彻落实商务部等国家六部委《关于促进我国汽车产品出口持续健康发展的意见》精神，以提高汽车产业竞争力为核心，加快技术进步与产业优化升级，促进汽车及零部件出口，全面提升广州汽车产业的国际化水平。

（一）突出抓好基地发展规划和考核验收，努力增强产业发展集聚力

根据国家汽车及零部件出口基地管理办法的要求，以迎接商务部等部委对汽车出口基地的考核验收为契机，上半年对全市 6 个汽车出口分基地在健全组织机构、园区建设、服务支持体系、出口规模、资金扶持和产业集聚等主要指标上进行考核，以考核促落实，以考核促提升，高标准做好国家对出口基地考核的各项准备工作。同时，按照国务院《珠江三角洲地区改革发展规划纲要》的部署，认真总结"十一五"时期广州汽车出口基地的发展历程，科学制订"十二五"期间广州汽车出口基地的发展规划，努力打造高新技术企业集中、研发力量雄厚、产品竞争力较强的国际化汽车产业基地。

（二）突出抓好产学研相结合支撑体系，努力增强自主创新驱动力

加快推进广汽集团以汽车工程研究院为核心平台的自主品牌整车和发动机

系列产品的技术研发。重点支持广汽客车公司纯电动广州亚运会大客车项目、奥迪威公司汽车用数字式超声波传感器等战略性新兴产业项目。加快中国电器科学研究院"国家新能源汽车零部件技术公共支撑平台"的检测标准制定并通过国家级认可。鼓励华南理工大学汽车学院等高等院校不断为汽车出口基地培养和输送专业人才。支持有条件的企业建立国家级和省级企业技术中心。通过产学研相结合，形成以市场为主导、企业为主体、人才为支撑的汽车自主创新研发生产基地。

（三）突出抓好开拓国际市场支持体系，努力增强企业国际竞争力

进一步优化汽车及零部件出口产品结构。通过外引内联，引进一批技术含量高、与广州整车配套的汽车零部件厂商，推动零部件出口从以机械类为主向机电类、电子类产品为主转变。组织企业参加墨西哥2010年中美洲国际汽车零部件、原料加工及售后服务贸易展览会、印尼中国机械与电子产品贸易展览会和中国国际汽车零部件展览会，进一步开拓新兴国际市场。

（四）突出抓好综合服务效能，努力增强基地可持续发展向心力

发挥汽车出口基地建设工作领导小组的作用，加强对汽车出口基地的指导和协调，在园区规划、土地利用、项目审批和通关便利等方面创造条件，强化对出口基地专项资金的绩效评估制度，为汽车出口提供良好的制度保障。办好第八届中国（广州）国际汽车展，吸引更多的汽车及零部件企业进入汽车出口基地展示区，提升产品的国际知名度和影响力。争取国家汽车及零部件出口基地城市年会在广州召开，虚心学习兄弟城市的先进经验，请汽车行业专家为汽车出口基地的发展献计献策，促使汽车出口基地成为加强汽车行业交流与合作的友好平台。

在汽车及零部件出口基地工作中，我市虽然进行了一些有益的探索，但与外经贸发展形势的要求、与兄弟省市相比仍有不少差距。我们将在商务部产业司的指导下，虚心学习兄弟省市的先进经验，不断开拓创新，争取把我市汽车及零部件出口基地工作提高到一个新的水平。

广州市外资企业联合年检发展情况及
未来发展对策研究[①]

各位领导、同志们：

非常荣幸参加全国外资统计、联合年检及进出口工作会议，聆听商务部领导对外资管理工作的重要指示，聆听兄弟省市的经验和做法。感谢商务部外资司给广州市外经贸局（以下简称"我局"）这个机会。下面，我局对 2005 年广州市（以下简称"我市"）外商投资企业联合年检工作向大家做简要汇报。

一、联合年检的基本情况

在国家六部委的正确领导下，广州市外商投资企业联合年检工作以服务外商投资企业为核心理念，不断开拓创新，推动管理服务更上新的台阶，在全国各城市中率先开展外商投资企业网上联合年检。

2005 年，我市网上参检企业 6 436 家，超过上年度 5 871 家的水平，占应参检企业 6 917 家的 93.05%，大大超过去年 75.14% 的参检比例，取得较好的成效。年检企业中，外资企业 3 814 家，占全部年检企业的 59.26%，高于去年 54.47% 的水平；合资企业 1 301 家，合作企业 1 310 家，股份企业 11 家，分别占全部年检企业的 20.21%、20.35% 和 0.10%。

通过对年检数据的综合分析，我们掌握了我市外商投资企业的基本经营情况，主要如下：

（一）投资建设完成情况良好

年检企业中，投产开业企业 5 461 家，比上年增长 377 家，占年检企业的

---

① 此文是 2005 年 10 月广州市外经贸局在商务部召开全国外资统计联合年检及进出口工作会议上的经验介绍稿。

84.85%；筹建企业 885 家，比上年增加 205 家；停业企业只有 99 家，比上年 107 家减少了 7.48%。

（二）投资总体规模稳步提高

年检企业投资总额为 494.20 亿美元，比上年 440.22 亿美元增长 12.26%；外商的注册资本 213.88 亿美元，比上年提高 17.875%。外商历年累计应出资 194.79 亿美元，比上年增加 12.12%；外商历年累计实际出资 179.21 亿美元，比上年增加 16.68%；外商出资率 81.05%。

（三）企业经营状况良好

外商投资企业经营规模继续扩大，共实现销售收入 3 763.25 亿元，比上年增长 21.45%；平均企业实现销售收入 5 847 万元，比上年增长 10.78%。

纳税总额 281.33 亿元，同比增长 35.37%；其中缴纳关税 30.72 亿元，却比上年大幅下降 54.22%。

资产总额 16 546.05 亿元，比上年 4 834.63 亿元大幅增长 242.24%；而负债总额为 3 777.46 亿元，增长 35.08%。

利润总额 364.13 亿元，同比增长 40.63%；净利润达 318.71 亿元，比上年增长 12%。

（四）外商投资企业就业形势向好

外商投资企业从业人数达 106.41 万人，比上年增长 9.40%，其中外籍人员 7 637 人；平均企业就业人数也由 2002 年的 153 人增加到 165 人，增幅 7.84%。

二、联合年检的主要做法

（一）大力推广电子政务应用，以信息化提高年检工作效率

广州市贯彻落实国家商务部等六部委《关于开展 2005 年全国外商投资企业联合年检的通知》的精神，精心组织安排联检工作。在广州市联合年检工作领导小组组长陈明德副市长的领导下，各联检成员单位领导高度重视，组织周密，统一部署。虽然国家六部委布置联检工作比往年晚，且首次使用新版网上联检系统，使推广网上年检面临较多的困难，但是各成员单位一致认为，通

过推行网上联合年检是推动电子政务，进一步提高年检工作效能的重要举措，而且广州市作为全国最早推行外商投资企业联合年检的城市之一，网上年检工作也应走在全国的前列，大家统一思想，决定启用全国网上联合年检系统。联检办公室做好部署，各参检单位克服困难、团结协作，确保了今年联合年检工作的顺利进行。

为让企业和基层及时了解年检工作的新情况，我们注重做好政务公开工作，利用政府网站公布年检信息提高透明度。从年检开始之初，即将年检实施细则、有关规定以公告的形式在网站上发布，对于企业咨询较集中疑难问题及时汇总，以问答的方式在网站上公开答疑，使企业和基层掌握运用，有效解决了企业遇到的操作难题。

网上联合年检运用计算机网络技术创新了工作方式，企业网上录入申报，审核机关先初审反馈，企业避免了往年手工报送时因资料不完整需多次往返重报之苦。既大大方便了企业，又减轻了审核机关的繁重数据录入量，受到基层和企业的普遍欢迎。《国际商报》、广州电视台等新闻媒体也对广州市网上联合年检工作专题做了报道。国家六部委检查组莅临我市检查指导并对网上联合年检工作给予高度的评价，认为广州网上联合年检工作走在全国前列。

（二）加强联合年检各部门协同配合工作

为使联合年检工作做到统一程序、统一数据、统一协调，今年决定市属十区和两个县级市全部推行网上联合年检系统。在年检过程中，我们主动做好各部门之间的协调工作。在横向上，加强外经贸、财政、国税、地税、外汇管理、工商、广州海关、黄埔海关等联合年检职能部门的沟通协调，每天对各部门网上年检进度进行跟踪，及时掌握各部门年检初审、复核等各环节的进程；主动了解各部门现场办公人员在审批、复核过程中遇到的问题，马上进行反馈处理。在纵向上，加强跟踪番禺等四个独立组织联合年检区、县级市的进展状况，在技术和业务上悉心指导，每天进行统计汇总。在联合年检中，我们还与市财政局、广州市注册会计师协会密切配合，共同加强对会计师事务所审核联合年检会计报表质量的监督管理。全市共组织 140 多家注册会计师事务所参与联合年检审核，进一步提高了年检数据的权威性和准确性。对年检中错漏现象较多的个别事务所，以网上通报、重新换发用户密码的形式，对其进行批评整改，保证年检数据的准确、规范。

（三）创建人性化联合年检工作环境

今年在联合年检高峰期，各单位窗口平均每天接待人数 400 人次。我们采取多种人性化方式：一是在年检大厅增设自助录入电脑，方便有需要的企业自行录入；二是为使年检工作有序进行，开设专用自动排队叫号系统，并在不同楼层设置取号设备；三是专设 180 多个企业候检座位；四是配备专职指引人员，缩短办事人流在集中办公场所的聚集时间；五是在复核中启用二维码读码器，职能部门平均 1 分钟就可以完成 1 家企业资料的确认，大大提高了审批效率。据现场了解，大部分外商投资企业只需约半个小时就完成全部职能部门的资料复核手续，较往年办理时间缩短了一半以上。

在联合年检过程中，注重做好相关技术和业务指导工作。设立多条咨询热线，累计接听了企业 12 000 多次咨询电话，每天召开总结会议，对当天发现的问题进行归类、分析，及时加以解决，保障联合年检工作的顺利进行。联合年检工作人性化的服务得到企业的普遍认可，联合年检期间共接到企业表扬信近 30 封。

（四）充分做好技术保障，提高应急问题处理能力

如何保证系统网络的畅通、解决系统的突发性故障、如何做好高峰期企业疏导是做好今年网上年检工作的三大关键点，年检系统的技术保障尤为重要。联合年检工作小组办公室各成员单位研究决定全市联合年检时间较往年提前半个月，从 3 月 1 日起试用新系统，为熟悉和适应新系统操作、及时发现问题、解决问题预留了充足的时间。同时，为使各年检职能部门工作人员掌握新系统的操作方式，特邀系统开发公司来我市举办了培训班。由于今年全国网上年检系统是首次启动，某些功能尚不完善在所难免。在工作中，我们与联合年检应用系统开发公司相互配合，不断发现并及时解决技术问题，把握工作的主动权：一是请商务部系统开发公司负责人先后两次来我市现场解决系统技术问题；二是专门邀请系统开发公司 1 名技术人员进驻年检办公现场，及时解决各联合年检单位和企业在年检中出现的问题；三是每天与系统开发公司技术人员密切沟通，指派专人对有关系统问题进行分析，及时反映问题，提出建议，先后针对系统的技术隐患、网络信息通道拓宽、改良系统设置等方面提出建议。在商务部外资司和系统开发公司的大力支持下，及时在高峰期前将系统通信通道拓宽 3 倍，使年检系统基本运行畅通，没有出现高峰期"大塞车"现象。据系统开发公司反映，广州市是全国在线企业访问量最大、各职能部门网上审批效率最高的网上联合年检城市之一。

三、联合年检工作中存在的问题及建议

（一）联合年检的行政许可依据亟待设立

外商投资企业联合年检是配合国家实施宏观调控的重要手段之一。目前外商投资企业联合年检的开展都是按照国家商务部等六部委关于联合年检工作的通知来进行的，但国家《行政许可法》实施以后，联合年检没有相应的行政许可依据。因而，建议国家尽快对联合年检进行行政许可立法。

（二）保持部门之间统一高效的联合年检，亟须尽快明确运作模式

一些部门年检的方式将进行调整，联合年检中有些部门的运作方式会出现差异。如国税、地税部门反映，今年年底税务部门将统一换证，可能会影响到明年年初的联合年检；海关部门反映年检将改变方式，由每年年检改为每 2 到 3 年验证 1 次。明年联合年检如何保持高效统一的运作模式亟待国家有关部门给予明确。

（三）会计报表的申报种类需进一步简化

联合年检系统中要求企业上报 10 张会计报表，部分会计报表与财政部门汇总的外商投资企业年度会计报表格式一样，企业已通过财政部门报表系统上报，没有必要再在网上重复填报；网上报表没有自动审核校验功能，造成报表数据错误较多，企业和会计师事务所对此多有反映。会计师事务所认为审计报告只包括《资产负债表》《利润表》，不愿为企业审核审计报告以外的报表，企业不得不委托其他事务所进行网上审核，拖延了年检进度。因此，建议简化网上年检会计报表的报送，如只保留《资产负债表》《利润表》及《利润分配表》等主要报表。

（四）需加快联合年检系统与工商年检系统的衔接

由于每年工商部门的年检从 1 月 1 日开始，而今年国家网上联合年检工作从 3 月 1 日开始，主要是注册会计师事务所审定企业年度审计报告一般需 3 月份才完成，所以今年企业需分别向工商部门系统和网上联合年检系统申报，增加了企业的申报工作量，而且这两个系统的数据仍未互通合并，也影响了年检数据的完整性。建议国家有关部门尽快建立有效的、统一的、数据共享的网上

联合年检系统，并统一各部门的联合年检时间。

（五）外汇部门的年检审核需根据实际下放到外商投资企业较为集中的区一级政府

我市番禺、花都撤市建区后，两区的企业办理外汇年检要专门往广州市区跑。由于两区的企业数占全市40%，使集中年检期间人流过度集中，给企业和职能部门都造成了很大的工作压力，企业反映较强烈。建议国家外汇部门参照顺德撤市建区的做法，考虑在番禺、花都两区设立外汇部门以方便企业办事。

（六）进一步完善网上联合年检系统

网上联合年检系统总体上能适应年检企业和各职能部门的需要，从今年的实际运作情况看，系统的数据安全保密性、企业身份认证、报表之间的自动计算和平衡校验、数据综合查询利用、分类统计分析等方面仍需进一步完善，以更充分发挥联合年检为加强外商投资企业后期管理，以及为各地政府宏观调控决策提供科学依据的作用。

（七）需进一步加强会计师事务所管理

建议国家有关部门采取相应措施，进一步加强会计师参与联合年检的责任意识，如在联合年检中能加强会计师网上审核账号、人员标识和密码等的管理，将会计师事务所审核网上年检数据与开展年终企业审计报告业务挂钩，并定期考核事务所联合年检数据质量。

四、做好明年外商投资企业联合年检的工作设想

（一）进一步做好年检的协调配合工作

我市外商投资企业联合年检涉及多个政府职能单位和近7 000家外商投资企业，业务面广，企业多，综合性强。切实做好各成员单位的协调配合是联合年检顺利高效开展的前提和关键。我们要从横向加强与财政、国税、地税、外汇管理、工商、海关等联合年检职能部门的沟通协调；要从纵向加强对各区、县外经贸部门年检工作情况的了解，加强技术和业务指导工作力度，从而保证年检各环节的顺畅。

（二） 加强对会计师事务所联合年检会计报表质量的监督管理

注册会计师事务所参与联合年检工作，能更加提高年检数据的权威性和准确性，在今年的年检中，发现某些会计师事务所没有认真审核会计报表就网上通过。为保证年检数据的真实有效，要继续加强与市财政局、广州市注册会计师协会的联系，共同加强对会计师事务所审核联合年检会计报表质量的监督管理。

（三） 继续加强技术保障工作力度

要总结和发扬今年联合年检中的好做法，在技术保障方面，继续加强与系统开发公司的密切沟通，及时反映问题，为系统的完善和合理化发展提出切实可行的建议。

虽然，我市在外商投资企业网上联合年检工作中取得了一定的成绩，但与外经贸工作的新形势、新要求相比仍有一定的差距。我们将更加努力工作，虚心学习兄弟省市的先进经验，不断开拓创新，争取把我市外商投资企业联合年检工作提高到一个新的水平。

把握机遇　创新思路
努力提升服务外包产业国际化水平[①]

同志们：

今天，我们在这里召开全市服务外包工作会议，主要目的是对去年（2009年）我市服务外包工作进行回顾，安排今年服务外包工作，并为迎接今年国家对服务外包示范城市的考核进行工作部署。刚才，市外经贸局通报了我市去年服务外包的工作情况并提出了今年的工作计划，各单位也进行了讨论，我完全同意。下面，我讲三点意见：

一、总结经验，把握机遇，增强加快服务外包发展的紧迫感和责任感

国务院领导高度重视服务外包产业的发展，2009年以来，王岐山副总理先后5次召开全国服务外包专题会议部署工作，他强调，我国服务外包产业发展潜力很大，在大力发展离岸服务外包的同时，要积极培育在岸服务外包市场；要进一步扩大政策覆盖面，突出特色，强化服务，营造环境，增强集聚效应，推动服务外包产业实现量的扩张和质的提升。今年4月初，商务部会同国家有关部委专程来我市督查服务外包示范城市的政策落实情况。在国务院及国家有关部委的正确领导下，我市近年来紧紧把握国际产业转移机遇，以做强做大服务外包产业为目标，发展高端外包业态，推动服务业结构调整，全市服务外包工作迈上了新的台阶。突出表现为"三个新"。

一是领导重视机构健全呈现新面貌。市委、市政府高度重视服务外包产业发展，把服务外包作为现代服务业的重点进行培育和优先发展。由市政府分管领导挂帅，外经贸、发展改革、科技和信息化、教育、税务、财政等21个成

---

　①　此文是笔者写的2011年5月13日广州市陈明德副市长在全市服务外包工作会议上的讲话稿，刊登在《广州外经贸简报》〔2011〕14号，题目是笔者后加的。

员单位组成了市服务外包工作领导小组，市政府印发了《服务外包示范城市动态评价工作责任制实施方案》，对全市服务外包工作进行指导、管理和协调，协助解决发展难题，形成有力的工作保障机制。建立了省、市和示范区三级共建服务外包的工作机制，制订了全市服务外包"十二五"发展规划，制定了年度服务外包工作指导目标，逐层分解，落实责任，上下合力，推动了全市服务外包工作的有效开展。虽然近两年许多区（县级市）进行了较大幅度的机构改革，但各级领导高度重视，把服务外包作为一项重要工作来抓，日常管理有专门部门牵头抓落实，确保了各项工作有序进行。

二是落实各项政策措施取得新成效。市外经贸局制定了《广州市服务外包公共服务平台资金管理办法》，近年来共安排了 1 000 万元支持 16 个公共服务平台的发展。市外经贸局会同市地税局出台了《关于广州市离岸服务外包业务收入免征营业税管理的通知》，目前已开始办理企业有关营业税减免申请。市科信局会同市外经贸局制定了《广州市技术先进型服务企业认定管理办法》，市地税局出台了《关于执行技术先进型服务企业营业税优惠政策若干处理意见的通知》，为技术先进型企业落实政策提供操作指引。去年我市为技术先进型服务企业减免营业税 1.14 亿元，减免企业所得税 1 970.7 万元，有力促进了外包产业的发展。广州海关出台了《关于推广国际服务外包业务进口货物实行保税监管模式的通知》，以友邦资讯科技（广州）有限公司为试点开展服务外包保税监管。市外经贸局会同科信局、教育局和人社局出台了《广州市服务外包人才培训机构认定及管理办法》，认定了广东外语外贸大学等 11 家国际服务外包培训机构，安排专项资金资助培训人员近万人。

三是优化投资环境得到新提高。为加强政策宣传，普及外包知识，抓好业务统计，去年编印了《服务外包政策汇编》和《服务外包合同登记工作指引》，举办多场服务外包政策和统计业务宣讲会，指导和帮助企业做好合同登记。制定了我市服务外包企业办理特殊工时的管理办法，目前已有 3 家技术先进型服务企业共 816 人获批实行特殊工时制。同时，组织了赴美国、日本、欧洲、印度、新加坡和中国香港等国家和地区的投资推介活动，在国内的北京、上海和大连等地开展了合作交流活动，组织开展了多场接、发包企业对接交流会，邀请了中国银行、广州地铁、联邦快递、中国移动等发包企业和接包企业对接合作，有效吸引了一批国内外知名服务外包企业来广州发展。

在强有力的工作推动下，我市服务外包工作取得"三个突破"。

一是扩大服务外包规模取得新突破。去年，全市服务外包合同额（含在岸和离岸）18.34 亿美元，同比增长 167.02%；其中，离岸合同额 10.79 亿美元，同比增长 79.53%，离岸执行额 7.64 亿美元，同比增长 119.83%。汇丰软件、汇丰环球客服和电讯盈科等 18 家企业合同执行额超千万美元，占全市离岸业务执行额的 70%。新增服务外包企业 262 家，新增从业人数 8.66 万人，其中新增受训人数 2.13 万人，新增国际认证 190 个。截至去年年底，全市累计登记服务外包企业 468 家，从业人员 10.11 万人，服务外包企业通过各项专业认证的数量为 302 个。今年第一季度我市服务外包规模再创新高，全市服务外包合同额 2.73 亿美元，同比增长 2.07 倍；其中，离岸合同额 2.57 亿美元，同比增长 2.83 倍；离岸执行额 1.73 亿美元，同比增长 60%，为全年工作打下良好的基础。

二是示范区发展特色取得新突破。广州开发区已形成以软件开发、研发与创意设计、集成电路与电子电路设计、咨询管理服务等优势行业，聚集了微软外包设计中心、IBM 软件创新中心、百事高创意中心、英特尔数据安全管理中心和新华社金融信息平台南方总部等服务外包企业，规划金融创新服务区为企业提供金融软件开发、数据安全和数据交换等金融外包服务。南沙开发区重点打造以南沙资讯科技园、科创中心和蒲州高新技术开发园为核心的服务外包示范区，UL 检测中心和华工南沙产学研基地、广州润衡软件基地、达力集团软件培训和 IBM 高级软件人才培训等一批项目相继落户。天河软件园高唐新建区规划面积 12.25 平方公里，已引进中国移动南方基地、中国电信广州互联网数据中心（IDC）和广州超级计算中心等重点项目，以及中华网和亚洲脉络等知名服务外包企业落户。区内的广州软件（动漫）人才培养培训基地、国际孵化器为企业提供软件外包、动漫人才培训支撑和企业孵化服务。黄花岗科技园已形成信息产业园、创意产业和健康产业园三大产业集聚区，拥有汇丰电子、友邦资讯、新一代数据中心和奥飞动漫等骨干企业，涉及软件开发、动漫制作、财务外包和呼叫中心等服务外包业务。番禺区着力打造数字家庭与数字电视产学研孵化基地、清华科技园广州创新基地和星力动漫游戏产业园，重点发展软件设计、工业设计、动漫及网游设计等服务外包业务，拥有清华力合国际技术转移中心和中科院广州技术转移中心等企业。5 个服务外包示范区集聚了全市六成以上的离岸服务外包企业，成为招商引资和扩大服务外包规模的重要载体。此外，荔湾区、白云区和海珠区等区域的服务外包业务也颇具特色，有力促进了区域产业结构调整和升级。

三是高端业务集聚取得新突破。去年离岸执行额中，软件和信息技术外包（ITO）占 30.93%，业务流程外包（BPO）占 45.85%，知识流程外包（KPO）占 23.22%，推动了我市产业的转型升级。其中，金融后台服务是我市业务流程外包的一大特色，汇丰银行、东亚银行和花旗银行等 16 家国际金融机构的后台外包业务快速发展。电信服务领域形成了新一代和中国移动南方基地等从事服务运营、服务器托管和网络运营管理的企业。一批重点项目如耐克全球订单中心、印度塔塔信息技术智慧健康服务项目、中华网 IT 服务、三星通信研究院全球新型手机研发基地、中金数据系统公司华南数据中心、亚洲脉络（中国）有限公司云计算运营和服务等相继落户。以承接港澳台客户服务为主的业务规模不断提升，为中国香港及欧美企业提供了专业和优质的远程服务。目前，广州服务外包业务主要来自中国香港、欧美和日本地区，在去年的离岸执行额中，中国香港业务占 40.82%，英国业务占 19.99%，美国业务占 9.50%。

我市服务外包工作得到国家有关部委的积极评价，今年 4 月初商务部、教育部、税务总局和海关总署等组成的联合督查组来我市检查，对我市服务外包的工作及做法给予了充分肯定。以上成绩的取得，都是服务外包领导小组各成员单位、各区（县级市）和示范区等单位共同努力工作的结果，在此，我对同志们一年来为广州市服务外包发展所付出的辛勤劳动表示衷心的感谢！

虽然我市服务外包工作取得了较好的成绩，但是也必须清醒地看到，我们在工作中仍存在着一些突出的问题亟待解决。主要表现在：

一是服务外包的领域亟待拓展。目前，我市服务外包主要集中在信息技术外包和业务流程外包，而高端的知识流程外包比重偏低，特别是工业设计研发外包还大有潜力可挖，例如，我市机电出口产品中，相当部分是 ODM（按订单自行设计生产）方式出口，其中船舶和摩托车几乎都是 OBM（自有品牌营销）方式出口。又例如，汽车及零部件、手机研发等的外资研发机构和研发中心，还有集成电路和电子电路设计，这都是我市的传统优势项目，蕴含着丰富的离岸知识流程外包，亟待扬长避短，重点突破。

二是业务发展规模和承接外包能力较弱小。去年广州市离岸外包执行额 7.64 亿美元，与上海（23 亿美元）、杭州（15.54 亿美元）、无锡（15 亿美元）、北京（15 亿美元）、苏州（12.69 亿美元）、深圳（11.3 亿美元）、南京（11.25 亿美元）和大连（9 亿美元）等地相比还有较大差距。而且，我市大部分服务外包企业承接的订单较小，仅 2 家企业年执行额超 5 000 万美元，整体接包能力亟需提升。

三是上规模的领军服务外包企业少。缺乏在国内外具有影响力的总部型外包企业。广州员工最多的服务外包企业仅 5 000 人，与北京、上海、大连均有超万人的服务外包企业有较大差距。

四是个别区（县级市）和示范区服务外包统计工作有待加强。对重点企业的指导跟踪、对新企业和新领域的宣传和发动工作力度仍需加大。

加快推进服务外包是国家发展战略，也是我市加快经济方式转变、推动外经贸科学发展的战略选择。据商务部研究院分析，全球财富 1 000 强中 95% 以上的企业已经制定了服务外包战略，未来几年全球的服务外包市场每年将以约 40% 的速度增长。2010 年，中国承接服务外包离岸合同执行额达 144.50 亿美元，同比增长 43%。到 2013 年中国服务外包产值将达 300 亿美元，年均增长 40%，市场空间巨大。今年，国家有关部委将首次对全国服务外包示范城市进行考核，且采用末位淘汰制，对此我们决不能掉以轻心。虽然广州亚运会后财政资金较紧，但市政府坚持今年服务外包专项资金规模不减，这充分体现出对服务外包工作的高度重视。去年我市离岸服务外包执行额虽然同比增长较快，但是与北京、上海、江苏（南京、无锡和苏州）、杭州、大连和深圳等先进城市相比，差距却进一步拉大了。这就是说，自己跟自己比，有进步；自己跟别人比，要跑步。我市发展服务外包，正如逆水行舟，不进则退，如果我们不倍加努力，就有掉队的危险。对此，我们必须认清形势，增强忧患意识和责任意识，必须牢牢把握这个新的经济增长点，通过加快发展服务外包，带动开放型经济的科学发展。

二、明确任务，突出重点，高质量做好迎接国家有关部委考核的各项工作

一是按时高质量完成我市服务外包考核的主报告。请市外经贸局牵头，各有关单位共同协作，按国家有关部委的考核通知要求，以完成考核指标为重点，抓紧落实服务外包示范城市考核和评价准备工作，明确分工，各尽其责，高质量地准备好广州服务外包示范城市的考核汇报材料。要统筹外经贸、发展改革、教育、科技、统计、人力资源和劳动保障等多个部门的政策资源、鼓励措施和各项统计数据，突出展现广州服务外包产业的促进政策、发展规划、区域布局、产业集群、发展前景、产学研等投资环境。请各单位按照工作方案要求认真准备，最后由市外经贸局负责汇总，考核主报告一定要写出广州服务外包的分量和特色。

二是积极与上级部门和行业专家沟通汇报。要借鉴我市国家汽车出口基地考核和成功申报国家船舶出口基地的做法，市外经贸局和相关部门要及早主动上门加强与国家商务部等部委和行业专家的沟通，听取意见和指导，争取得到

支持和帮助。同时，要积极向省外经贸厅等单位汇报工作，争取省对我市工作的支持。要发挥行业协会和重点企业与国家服务外包行业专家沟通联系的桥梁作用，积极向专家们宣传广州服务外包示范城市的投资环境和发展成果，争取得到专家们的支持。大家共同做好向国家有关部门的汇报工作，使考核汇报工作做得更主动更扎实。

三是由市外经贸局牵头拟定迎接国家考核验收工作组的汇报和接待方案。要按照国家有关部委的通知要求，由市领导带队，外经贸局、科信局和行业专家等组成汇报工作小组，精心策划准备，高质量完成向国家有关部委和专家组的汇报工作。同时，请市外经贸局牵头、领导小组各成员单位紧密配合，做好国家有关部委和专家组来广州实地考察的准备、接待和汇报等工作。请各示范区挑选出本地区 2~3 个典型，作为国家验收工作组实地考察的备选项目。希望各单位领导要高度重视，切实组织、配合和落实好相关准备，力争圆满达到国家有关部门和专家组实地考察的工作要求，确保我市顺利通过中国服务外包示范城市的考核验收。

三、创新思路，齐抓共管，努力提升我市服务外包产业的国际化水平

今年是"十二五"发展规划的开局之年，是广州服务外包产业突破瓶颈、加快发展的关键一年。今年我市服务外包工作的指导目标是：服务外包合同额 26 亿美元（含在岸和离岸），同比增长 41%；离岸服务外包合同额 16 亿美元，增长 48%；离岸执行额 13 亿美元，增长 70%，进入中国服务外包示范城市前列。今天会议将工作目标分解下达各区（县级市）和示范区，请各单位尽心尽责，齐心协力，共同努力完成。为完成这一目标，我市服务外包工作要以科学发展观为指导，以"创面"与"扩额"为中心工作，以服务外包示范区为重要载体，以引进和培育相结合为根本手段，努力做优产业集聚区，做大知识流程外包，做强信息技术和业务流程外包，做好投资环境服务，切实增强服务外包在全市服务经济中的引领带动作用，全面提升服务外包产业竞争力，努力将广州建设成为国际服务外包接发包中心。

（一）活用招牌，做优产业集聚区

充分发挥"中国服务外包示范城市"政策优势。规划完善服务外包示范区的创业环境和人居环境，引导企业向示范区集聚。同时，要打出"国家软

件出口创新基地""国家医药基地""国家汽车及零部件出口基地",以及有望获批的"国家船舶出口基地"等相关国家级金字招牌,形成整体推介广州服务外包承接实力的"众星拱月效应"。按照广州市服务外包产业的中长期发展规划,突出重点和特色,加快发展软件开发外包、生物医药研发外包、检验检测服务外包、现代物流服务外包、动漫和游戏服务外包;重点突破工业设计研发外包、金融服务外包、旅游会展服务外包和商务服务外包;着力培育知识产权服务外包和云服务等行业。

重点引导和促进服务外包示范区形成各具特色的发展模式。广州开发区重点发展科学城和中新知识城,在软件开发、数据处理、创新设计和生物研发等领域吸引一批创新能力强、市场潜力大、附加价值高的知识经济项目。南沙开发区重点发展南沙新区、南沙穗港澳合作示范区和南沙智慧岛,大力推进与香港服务外包合作。天河区重点培育天河软件园和珠江新城中央商务区,开展以金融服务、数据处理、软件开发和咨询服务等为主的服务外包。番禺区重点发展工业设计研发、动漫网游设计等为主的服务外包。越秀区和荔湾区发展以动漫、设计等为内容的创意设计区等。同时,大力推动海珠科技园、国际生物岛、白云民营科技园、花都空港物流园区等服务外包特色集聚区发展,不断培育新的服务外包增长点。

(二)狠抓关键,做大知识流程外包

要找准工作的切入点,重点突破。不但要扶持现有存量企业保持一定的增长,更重要的是大力拓展服务外包新领域。

一是统筹资源。综合运用服务外包专项资金、技术引进合同登记、汽车出口基地专项资金、外资联合年检、加工贸易生产能力证明和业务批准证等手段,充分调动区县积极性,形成合力,引导以 ODM 或 OBM 方式出口的企业,在订立出口产品合同时将技术设计合同单列,力争在工业设计研发外包取得新突破。

二是抓重点领域。重点发展船舶、汽车、集成电路和电子电路设计、嵌入式软件、数码家电等工业设计研发外包,以及内置系统、解决方案等工业设计研发外包。主动深入重点企业,悉心指导,拓展工业设计研发外包业务,进一步做大做强,抢占服务外包的制高点。

三是抓企业转型。抓高新技术企业、100 个重点培育的自主品牌企业、有企业技术中心或自主设计能力的企业,鼓励已落户的出口企业设立自主研发设计机构,加快实现由 OEM 向 ODM、OBM 的转型升级,提升服务外包的接包能力。

四是抓招商引资和增资扩股。争取新的外资研发机构和研发中心落户广州，增强服务外包的发展后劲。同时，支持有接包能力的出口企业不断增资扩股，在"创面"上取得新进展。

（三）内外结合，做强信息技术和业务流程外包

一是以天河软件园、黄花岗科技园、广州科学城、黄埔国际动漫城和增城开发区等组成的服务外包集聚区为重点，主要发展软件开发外包、生物医药研发外包、现代物流服务外包、金融服务外包、动漫研发和创意设计服务外包等。

二是深化穗港台服务外包合作机制。充分利用 CEPA 政策，加快建设南沙穗港澳合作特别实验区、穗港现代服务业合作园区等，通过参展和企业对接等多种方式，推进穗港在金融后台服务、呼叫中心、电信服务、数据处理、供应链解决方案、人才培训和创意设计等领域服务外包的全面合作，加强与台湾地区行业机构和潜在发包企业的沟通与联系，办好下半年的我市台湾服务外包促进活动，推进对台接包业务。

三是着力挖掘现有企业投资潜力。我市开展离岸业务服务外包处在前列的汇丰环球客服、爱立信等外资企业，它们既是接包的重要载体，也是发包的重要来源。因此，一要动员其扩大投资和业务规模，二要发挥龙头企业的作用，带动更多相关联的外包企业来穗拓展业务。

（四）以商引商，做好投资环境服务

一是加大招商引资力度。大力吸引国内外服务外包知名企业以及具有接包和发包双重能力的跨国公司落户广州。第一，"走出去"，组团赴欧美等地区推介广州服务外包产业的发展商机；建立日本、美国、英国软件外包合作中心，推动广州外包产业与欧美国家的直接对接；加强与印度、爱尔兰和新加坡等服务外包业界的沟通和交流，吸引国际服务外包企业进入我市。组织企业参加欧洲服务外包大会等国际大展和境外企业对接会，主动承揽国际服务外包业务。第二，"请进来"，重点组织下半年的亚太客服中心协会领袖峰会，开展城市宣传和产业推介，吸引更多的服务外包企业落户广州。同时，积极参加国家牵头举办的服务外包展览会和行业组织年会，利用"中国国际软件和信息服务交易会"和"中国服务外包博览会"等平台，加大推介力度，重点吸引世界服务外包100强企业为主的发包商和提供商、我国前20名的领军企业到

广州投资发展。第三，"借智脑"，加强与麦肯锡、毕马威和埃森哲等国际服务外包专业咨询机构的合作与交流，从科研权威机构的角度推介广州服务外包产业，及时掌握全球服务外包市场和重点企业发展动态，使服务外包的投资推介和项目引进更有成效。

二是发挥财税资金的政策导向作用。及时认定技术先进型服务企业以享受优惠税收政策扶持。支持企业"走出去"在境外设立机构承接服务外包合同。支持企业参与国际认证，培育广州服务外包品牌，打造具有国际市场竞争力的骨干企业。切实督导落实对服务外包专项资金的预算和执行力度。各示范区所在区（县级市）政府要确保服务外包专项资金的预算安排，通过市、区两级财政联动，确保每年全市投入在服务外包的各类资金不低于1亿元。专项资金的配套落实也是评判工作业绩的重要指标之一。

三是加大对服务外包公共平台建设的支持力度。积极构建公共技术服务平台、信息服务平台和培训服务平台。开展技术服务、推进外包人才培训。支持广东外语外贸大学服务外包研究院开展前瞻性专业研究，鼓励企业和学校联合培训服务外包专业人才。

四是强化服务外包产业统计体系。建立每月服务外包统计报表制度，及时跟踪合同签订、网上申报，向商务部确认反馈情况，做到月月心中有数。市、区两级联动，深入重点企业，突出重点领域开展督导。建立和完善我市服务外包企业信息资料库，拓展服务外包合同登记对象范围和覆盖面，加强服务外包信息报送和问题的反馈。

五是进一步强化服务外包组织保障。发挥市服务外包发展领导小组的指导作用，积极争取国家和省对我市服务外包更多的政策支持。在园区规划、土地利用和项目审批等方面创造条件，为招商引资和产业集聚创造良好的投资环境。建立区（县级市）、示范区、行业协会和重点企业的定点联系责任制，定期通报服务外包发展动态和工作进展情况，主动解决企业在经营中存在的问题，提供一站式的良好服务，通过以商引商，不断吸引更多的服务外包企业投资广州。

同志们，广州服务外包工作已经处在新的历史发展时期，我们要紧紧围绕全市服务外包工作的发展目标，齐心协力，开拓进取，全面做好迎接国家部委对广州服务外包示范城市考核的各项准备工作，为把广州建设成为具有国际一流水平的中国服务外包示范城市而努力奋斗！

同心协力　狠抓重点
提升服务外包发展水平^①

各位嘉宾，女士们、先生们：

大家晚上好！今天晚上，高朋满座，俊彩星驰。我很高兴参加广州服务外包行业协会第一届理事会第二次会议。受局领导的委托，我谨代表广州市外经贸局，对本次会议的召开表示热烈的祝贺！对理事会新增成员表示热烈的祝贺！

一

广州服务外包行业协会成立以来，在理事会及监事单位的大力支持下，全体人员勤奋敬业，热情高效地为广大的服务外包企业服务，正如协会的工作报告所述，成功承办了杭州外博会、大连软交会、北京京交会、广州中博会，以及美国、澳大利亚、中国香港等国家和地区的一系列重大的国际展会，承担了全市服务外包离岸营业税减免审核、外包数据统计、国家和省市外包资金管理、公共平台和培训机构的认定，举办了形式多样的促进活动，积极推动了我市服务外包产业的良好发展。在此，我代表广州市外经贸局，对协会所作出艰辛而卓有成效的工作表示衷心感谢！

二

广州毗邻港澳，发展服务外包具有得天独厚的优势。广州是全国三大互联网国际出口之一，承载了全国近一半的国际出口流量。广州是中国两大卫星基站之一，以"亚太信息引擎"为首的中国电信广州互联网数据中心（IDC）提供的互联网出口宽带达到了200Gbps，雄居全国第一，是全国5大灾备中心之一。目前已认定广州开发区、南沙开发区、天河软件园、黄花岗科技园和番禺

---

① 此文是 2011 年 10 月 18 日在广州服务外包行业协会第一届理事会第二次会议上的讲话稿。

区等 5 个服务外包示范区，广东外语外贸大学等 11 家服务外包培训机构，登记服务外包业务的企业 570 多家。企业投资扩股势头迅猛，拓展服务外包新领域取得突破性进展。今年（2011 年）1 – 9 月，全市服务外包全口径合同额 26.68 亿美元，其中离岸合同额 14.64 亿美元，离岸执行额 9.96 亿美元，三项指标均超过去年全年数，同比增长达 90% 以上，广州正朝着全年离岸执行额 13 个亿美元的历史新高大步前进，力争成为珠三角及华南地区规模最大、发展最快的示范城市。

同时，我们也清醒地看到自身的不足，突出表现在：

一是园区的配套建设亟待改进。目前天河数码港等成熟园区已经爆满，企业难以就近扩张；而一些新园区的配套如地铁、24 小时楼宇供电、便利店等商务设施缺乏，给企业带来诸多不便；而地铁和便利店配套较好的地段又缺乏 24 小时供电的专业楼宇和小区，载体不足日益突出。

二是城市的服务外包形象亟待大力提升。我本周参加市委组织部委托中山大学举办的"广州市领导干部现代服务业发展专题研修班"，其中一位教授上课时说到，目前中国服务外包的区域分布是：环渤海占 22.1%，长三角 64.7%，中西部 8.5%，珠三角 4.7%。这数字是不对的。去年离岸执行额为广州 7.64 亿美元，深圳 11 亿美元，两者相加，应占全国 144 亿美元的 13%。从另外一个指标看：国家规划布局内的 240 家重点软件企业中，环渤海地区 67 家占 28%（其中北京 54 家，天津 3 家），长三角 79 家占 33%（其中上海 31 家，杭州 28 家，南京 17 家，无锡 2 家，苏州 1 家），珠三角 44 家占 18%（其中深圳 27 家，广州 17 家）。若不及时纠正视听，将会误导国际业界使之发包时对广州的承接能力产生怀疑，很不利于广州企业的对外接包。

此外，还有软件等服务外包专业人才吸纳不足等，这些问题亟待各相关部门、区（县）、行业协会和企业共同努力加以解决。

当前，中国服务外包正处于难得的机遇发展期，根据国际服务外包两大权威机构 Gartner 和 IDC 的预测，"十二五"时期，中国服务外包年均增长率将达 40% 以上。我们应及时把握面临的机遇与挑战，加快服务外包的发展。

三

下阶段，我市将以迎接中国服务外包示范城市考核为中心，以"创面"和"扩额"为工作重点，以示范园区为重要载体，切实做大做强我市服务外包产业，增强服务外包产业在全市服务经济中的引领带动作用，力争各项工作在全国服务外包示范城市中位居前列。

一是狠抓外包统计。

大力拓展服务外包合同登记对象范围和覆盖面，在巩固传统优势领域如金融后台服务、软件开发、客户服务、呼叫中心、数据处理、电信服务等的同时，大力拓展供应链管理、集成电路与电子电路、工业设计和动漫创意等外包新领域。建立服务外包督导工作制度，继续借助行业协会力量，依靠区县和各示范区，实现服务外包规模的扩张和质量的提升。

二是狠抓城市营销。

重点策划组织好今年 11 月我局与香港客户中心协会主办，市外包协会承办的"2011 亚太客户中心领袖联盟博览会"。还要告诉大家一个好消息，在市委市政府领导的亲自牵线下，经过我局与相关部门的商定，明年 2 月，将由广州市人民政府与中国国际投资促进会共同主办高规格的首届"中国国际服务外包合作发展交易会"，形成"货物贸易广交会，服务贸易京交会"的发展格局，由此结束广州无国际服务外包大展会的历史。同时，将抓紧编制《广州服务外包企业名录（中英文版）》《广州服务外包投资环境报告》和《广州服务外包政策汇编（新版）》，推动广州与国际行业机构的沟通与交流，吸引更多的国际知名机构和外包企业落户广州。

三是狠抓园区载体。

推动天河软件园、黄花岗科技园和番禺服务外包示范区优化基础设施和企业发展环境。以南沙新区和中新知识城为契机，加强在软件开发、金融服务、数据中心、客户服务、创新设计、生物研发、物流服务等领域的国际化对接和交流，支持南沙申报国际离岸数据试验区。结合"退二进三"计划，推动海珠、荔湾、黄埔、增城和从化等发展服务外包特色集聚区。

四是狠抓产业促进。

今年下半年，我局将牵头认定第二批市国际服务外包培训机构，进一步推动服务外包和软件人才的引进及培训。出台加强服务外包信息安全的指导意见，关于服务外包特殊工时制的相关规定。认定和支持一批技术、培训和信息服务的公共服务平台。制定《广州市服务贸易"十二五"发展规划》，使之成为我市服务贸易产业发展的重要指引，推动我市服务外包的科学发展。

女士们、先生们，今天的广州已成为服务外包投资创业的热土。唐代诗人刘禹锡写道："自古逢秋悲寂寥，我言秋日胜春朝。晴空一鹤排云上，便引诗情到碧霄。"我们将一如既往地为国内外的投资者提供热情周到的服务,让我们共同努力,营造和体验广州服务外包天时、地利、人和的优势,使大家共同赢得更多更好的发展商机。

最后,祝愿本次会议取得圆满成功!祝各位嘉宾和朋友们身体健康,事业兴旺!

谢谢大家!

发挥核心集聚功能
再创外包发展新优势[①]

很高兴参加今天天河区促进服务外包产业发展政策宣讲暨工作交流会。天河区商务和金融工作局领导一贯高度重视服务外包工作，部门工作勤奋扎实，企业积极拓展业务。去年，天河区服务外包规模居全市各区首位，占全市1/4，在年度考核中被评为优秀。在此，我首先对天河区商务和金融工作局以及在座各企业卓有成效的工作表示衷心感谢！

2015年全市服务贸易总额291.72亿美元，增长14.53%，超额完成省下达的12%的目标。服务外包作为服务贸易产业的重要组成部分，持续保持较高增长，服务外包全口径合同额91.06亿美元，同比增长21.91%；离岸合同额54.12亿美元，同比增长22.11%；离岸执行额38.66亿美元，同比增长21.62%。各项指标均超额完成省下达的工作目标。"十二五"期间，广州市服务外包规模已连续5年超过深圳，稳居广东省及华南地区首位。在商务部对全国21个服务外包示范城市综合评价中广州名列第三，被列为示范城市第一梯队的4个城市之一。其中广州5大评价指标中的"人才培训与就业"居全国首位，广州的企业也是享受税收优惠金额最多的。

截至2015年年底，全市服务外包企业首次突破千家（达1 015家），其中汇丰环球客服连续第二年居全球十大在华供应商首位，三星通信也蝉联第7名。在全国服务外包百强企业评选中，我市11家企业入选，企业数比2014年多了4家，居全国21个示范城市前列。可以说，广州已是服务外包企业投资创业的热土。

这里，我还向大家通报两个与服务外包相关的服务贸易好消息：第一，由市商务委牵头起草的《广州市人民政府关于加快服务贸易发展的实施意见》

---

① 此文是2016年4月12日在天河区促进服务外包产业发展政策宣讲暨工作交流会上的讲话稿。

（穗府〔2015〕29 号）获市政府通过并发布，这是我市出台的第一个促进服务贸易发展的政策文件，从今年起每年市财政资金 2 000 万元，支持服务贸易示范区（基地）、公共平台、示范企业和产业促进活动，我市发展目标是：到"十三五"期末的 2020 年，全市服务贸易翻一番、规模居全国前列。

第二，去年底由我委（市商务委）牵头，集中全市智慧向国家申报服务贸易创新发展试点城市，春节后上班第一天央视《新闻联播》传来喜讯，国务院总理李克强主持召开了国务院常务会议，批准广州成为国家服务贸易创新发展试点城市（共批准 10 个省市和 5 个国家级新区），并给予"两高"（高技术和高附加值）的服务贸易企业可享受技术先进型服务企业的财税优惠政策大红包。决定用两年时间，开展服务贸易创新发展试点，重点对服务贸易管理体制、发展模式、便利化等 8 个方面的制度建设进行探索，有序扩大服务业开放准入，形成可推广可复制的经验。这就意味着，广州可以在服务贸易各领域先行先试，可以发挥中国服务外包示范城市和服务贸易创新发展试点城市的政策叠加优势，加快发展，在激烈的城市竞争中抢得先机，在国际竞争中赢得新优势。

近日，广州市主要领导要求我委重视服务贸易促进工作，用足用好服务贸易创新试点政策。在今年全市商务工作会议上市领导强调要专题研究服务贸易创新发展工作，这充分体现出市领导对服务贸易工作的高度重视。

为此，市商务委通过召开全市各相关部门政策座谈会，进一步完善了《广州市服务贸易创新发展试点实施方案》，由市商务委领导带队赴北京向商务部专题汇报，商务部高度评价广州和海南是全国制定实施方案最好的两个试点地区。下一步，我市将成立以市领导为组长的市服务贸易领导小组，通过政策创新和方案的有效实施，推动我市服务贸易和服务外包产业再上新的台阶。

今年是"十三五"开局之年，我委将围绕国家"创新、协调、绿色、开放、共享"五大发展理念，重点实施服务贸易创新发展示范工程和服务外包能级提升先导工程，力争实现全市服务贸易和服务外包离岸执行额均同比增长 13% 的工作目标。

服务外包方面，将重点实施 4 个计划：

一是实施总部企业集聚发展计划，对广州服务外包企业吸收集聚广州地区以外的外包业务予以支持；广州的企业不应只是广州的企业，而应是华南的企业、中国的企业、亚太区乃至全球的企业，要有北京和上海企业的气魄。二是实施知名企业引进和培育计划，对落户广州的世界 500 强企业、国际服务外包 100 强企业、全国服务外包十大领军企业、跨国公司十大在华服务供应商和百家服务外包成长企业等 5 类企业给予支持，并推荐我市企业参选全球十大在华供应商和中国百家成长型企业。三是实施新业态企业引导计划，重点拓展医药研发、大数据、融资租赁、跨境电商等服务外包新业态领域，以及云服务、知识产权、商业保理、动漫及影视制作外包等新兴领域；四是实施传统企业转型升级计划，引导生产型企业将生产制造与服务剥离，新增研发、采购、结算等共享中心和供应链外包业务。

服务贸易方面，重点是贯彻落实中央赋予我市的服务贸易创新试点工作：

一是推广技术先进型服务企业税收优惠政策，将享受政策的企业范围由服务外包扩大到高技术、高附加值的其他服务行业，给予减按 15% 缴纳企业所得税的优惠，并对职工教育经费不超过工资薪金总额 8% 的部分据实税前扣除（注意：企业要向主管税务机关申请才能享受）。二是用好中央服务贸易创新发展引导基金，为中小服务企业提供融资支持；对进口国内急需的研发设计、节能环保和环境服务给予财政贴息。三是鼓励金融机构创新供应链融资等业务，对经认定的技术先进型服务企业全面实施服务外包保税监管。四是重点建设穗港澳金融服务数据中心、引进和培育外籍家政服务模式、创新服务贸易统计方式等 5 项工程。五是认定一批服务贸易示范区和示范基地，使之成为扩大规模和招商引资的重要载体；同时认定一批服务贸易示范企业和重点培育企业，支持公共平台和服务出口品牌建设，帮助企业进一步做大做强。

今年我市服务外包政策支持力度不减。我委将一如既往支持天河区的服务外包工作。我们将组织企业参加香港国际资讯科技博览会、中国国际软件和信息服务交易会（大连软交会）、以及赴欧洲和澳新生物医药开展服务贸易促进活动，开展政策和业务培训、给予财税政策扶持，及时解决企业反映的问题，营造更好的投资营商环境。

天河区是广州服务贸易和服务外包最发达的地区，是全市经济发展的黄金三角洲和重要引擎，希望天河区再接再厉、不断开拓创新、加强政策引导和发展新业态，引导企业在技术、品牌、质量和服务等方面再创发展新优势。

千年商都的广州充满着商机和活力，我们欢迎广大服务外包企业把更多的业务，特别是具有总部特征的业务如采购、供应链、结算、金融后台和软件等共享中心放到广州放到天河，共享政策叠加红利，共赢创新发展商机。

事实证明：广州的服务外包昨天美好、今天美好、明天更加美好！

谢谢大家！

携手汽车平行进口
拓展粤黔合作新领域[①]

各位领导、各位嘉宾，女士们、先生们：

下午好！

很高兴来到贵阳，参加今天的南沙自贸试验区平行进口汽车政策宣讲暨业务（贵州）对接会。在此，我谨代表广州市商务委员会，向莅临本次活动的领导和嘉宾表示热烈的欢迎！对粤黔两地一直以来关心支持南沙自贸试验区平行进口汽车发展的各相关单位和社会各界人士表示衷心的感谢！

（一）广州南沙平行进口汽车发展情况

汽车进出口贸易是一个城市国际化程度和港口发展水平的重要标志，广州是全国重要的整车进口口岸，汽车产业居广州三大支柱产业首位。2017 年 1—10 月，全市汽车产销率达 100%，行业产值为 4 179.63 亿元，同比增长 19.1%；实现汽车及零部件出口额 142.36 亿元，同比增长 16.04%；实现进口额 164.1 亿元，同比增长 32.89%。

国务院批准在广东南沙自贸试验区开展平行进口汽车试点业务。截至目前，我市已获商务部批复的平行进口汽车试点企业有广州汽车集团进出口贸易有限公司等 11 家，并成功引进天津平禄、大连金港等一批全国龙头企业，目前在南沙汽车口岸开展平行进口汽车贸易的企业已达 78 家，较去年同期翻一番。2017 年，南沙汽车口岸汽车进口首次突破 1 万辆，截至 10 月底，累计进口汽车 11 519 辆，同比增长 193%，跃居成为华南地区最大、全国第二大平行进口汽车口岸。预计全年可进口超 1.3 万辆，同比增长 50% 以上。

广州市成立了以市领导为组长的促进汽车进口工作领导小组，我委与南沙

---

① 此文是 2017 年 12 月 1 日在南沙自贸区平行进口汽车政策宣讲暨业务（贵州）对接会上的致词。

区牵头，南沙海关、南沙检验检疫局、广州港集团等单位建立了整车进口应急工作小组，构建了三级应急协调机制，专门针对进口汽车大项目和新项目在广州开展业务的跟踪、协调、处理和通报工作。南沙检验检疫局启动了进口汽车全球溯源新举措，保证了南沙平行进口汽车货源的真实性，并实现精准监管和快速验放，做到当天报检，当天查验，当天出证。目前我市平行进口汽车试点企业均具备与经营规模相适应的售后服务网点及设施，试点企业严格做好平行进口汽车注册登记，所进口的汽车符合国家规定的强制性产品（CCC）认证和我国现行排放标准，所有进口汽车可溯源，试点企业作为质量责任主体，依法履行质量保障和售后服务等义务。广州海关对汽车进口实行的保税延时中转（DIT）模式走在全国前面，并启动了进口汽车同业担保新模式，解决中小企业申办海关税款担保难题。市公安局交警支队实施了平行进口汽车上牌便利规程，车主只要预申报相关材料齐全，最快 3 天就可上车牌。广州港集团南沙平行进口汽车展览中心于今年 4 月份正式启用，实现海关、商检、口岸和保税展厅一体化运作。南沙口岸、港口、市汽车服务业协会等单位坚持每月办一场活动，共同解决企业在通关、商检、融资、物流、仓储、展贸等方面的问题，使南沙汽车进口业务蒸蒸日上。

（二）广州市促进南沙口岸汽车进口扶持政策

广州市每年安排资金对在南沙口岸开展汽车进口业务的企业进行扶持。一是对广州市的企业进口汽车给予 500 元/辆扶持，其中对通过平行进口方式进口汽车给予 1 000 元/辆扶持。二是对广州市汽车服务企业和未在广州市注册的汽车进口企业提供服务，每年从南沙口岸进口汽车超过 200 辆的，给予 500 元/辆扶持。三是对汽车专业检测机构和汽车企业在南沙口岸建设汽车检测、合规性整改设施给予不超过 50%（最多不超过 200 万元）的费用补贴。四是将对在广州新注册设立的符合下列条件的企业予以奖励：设立当年度在广州口岸进口汽车整车超过 500 辆（含 500 辆）的，给予一次性不超过 25 万元的奖励；对超过 1 000 辆（含 1 000 辆）的，给予一次性不超过 50 万元的奖励。

广州市还出台了总部经济政策，包括设立总部企业落户奖、经济贡献奖、办公用房补贴等。南沙区级财政也设立了专项资金，大力促进汽车进口贸易。

（三）广州国际汽车展平行进口汽车展

广州国际汽车展是全球十大车展之一，已连续举办 15 届。今年刚于 11 月 26 日圆满结束，广州市专门设立的平行进口豪华车展区受媒体和观众高度关注，据统计，车展十天，平行进口豪华车展区成功交易豪华车 80 辆，成交金额近 8 000 万元。此次展区除了展出最新款的丰田霸道、奔驰 GLS450 等车型外，特别展出了保时捷 918、普京总统座驾奔驰迈巴赫 S600Pullman 和路虎揽胜加长版 5.98 米全球限量版，让广大观众大饱眼福。

车展期间，商务部市场建设司领导率国家八部委组成调研组专程到广州国际汽车展平行进口汽车展区，广州市温国辉市长也专门莅临，对广州南沙平行进口汽车工作给予了高度评价。在此，我们诚挚邀请贵州的朋友们明年来广州车展欢聚一堂，到南沙汽车码头（也是全亚洲最大的汽车专用码头）来看一看。

下一步，我们将继续发挥广州市汽车产业集聚、市场辐射力强、营商环境优越等优势，加大招商引资力度，加快通关便利化，做好企业的服务，优化营商环境，进一步提升广州市汽车进口贸易的影响力，我们的工作目标是：力争广州平行进口汽车占全国总量的1/3，形成"北有天津、南有广州"的全国平行进口汽车发展格局。

党的十九大报告指出，中国社会的主要矛盾已转变为人民日益增长的美好生活需要和不平衡不充分的发展之间的矛盾。大家都知道，贵州有好酒，广州有好车。平行进口汽车以"新、奇、特"、个性化强和性价比高的特点，深受广大车迷和消费者的欢迎，这是向往美好生活的有力证明。我们衷心希望贵州各汽车企业和朋友们利用好广州南沙汽车的各项促进政策，加强与我市平行进口汽车试点企业和协会的联系与合作，抓住机遇，合作共赢，共同享受美好的生活。

最后，祝各位领导和企业代表和朋友们事业兴旺，身体健康！

谢谢大家！

后 记

改革开放是决定当代中国命运的关键一招。作为中国改革开放的先行地和"排头兵",广州市的开放型经济经过 40 年风雨历程,敢为人先,不断开拓创新,为经济发展提供了许多有益经验,确立了国际商贸中心城市的地位。广州将在国家粤港澳大湾区建设中,发挥核心区和试验区的作用,先行先试,再创辉煌。

我 1978 年高中毕业,恰逢中国改革开放的元年,赶上了恢复高考,大学毕业后一直在外经贸系统工作,有幸经历了中国外贸体制改革、加入世贸组织、到当前开放型经济高质量发展的新时代。我把在中国"入世"以来自己所撰写广州开放型经济相关领域的文章,结集出版,主要内容包括进口政策、加工贸易转型升级、国家汽车出口基地、平行进口汽车、保税物流体系建设、国际邮轮产业、保税燃油机制创新、服务外包、服务贸易创新发展、外资企业运行分析、社保金征收政策、商务诚信建设等开放型经济相关领域热点、难点和亮点的实践研究,希望对从事开放型经济工作的读者朋友们有所帮助。

感谢广东省委党校副校长、我读在职研究生期间的导师余甫功教授拨冗作序。我是在余教授的悉心指导下,由纯业务型干部逐步成长为研究与业务相结合型干部的。感谢广州市商务局的领导和同事们一直以来对我的指导和帮助,特别感谢与我合作编写本书相关文章的广州市商务局的青年才俊们:韩桢祥、黎慧、王德胜、林岚、陈沫君、朱文静、乐尧、易俗、王凯龙、王媛、丘月华。同时,也感谢与我合作编写相关文章的有关单位同志:游庆爱、黄小颖(广州海关),肖庆文、杨美(广州市统计局)。同时还要感谢暨南大学出版社苏彩桃、武艳飞两位老师对本书提出了很好的修改意见,感谢暨南大学科技处处长欧仕益教授的热心推荐。是大家的大力支持,才使本书得以顺利出版。

由于笔者水平有限,本书难免有错漏之处,欢迎读者朋友们批评指正。

刘 旭

2019 年 10 月 26 日于广州